古典文獻研究輯刊

六　編

潘美月・杜潔祥　主編

第 27 冊

陳書本紀校注

〔唐〕姚思廉　撰

林礽乾　校注

國家圖書館出版品預行編目資料

陳書本紀校注／林礽乾 著 —— 初版 —— 台北縣永和市：花木蘭文
化出版社，2008〔民 97〕
序 2+ 目 2+246 面；19×26 公分
（古典文獻研究輯刊 六編；第 27 冊）

ISBN：978-986-6657-29-0（精裝）
1. 南朝史

623.5401　　　　　　　　　　　　　　　　　97001658

ISBN - 978-986-6657-29-0

9 789866 657290

古典文獻研究輯刊
六 編　第二七冊　　　　　　　ISBN：978-986-6657-29-0

陳書本紀校注

作　　者　林礽乾
主　　編　潘美月　杜潔祥
企劃出版　北京大學文化資源研究中心
出　　版　花木蘭文化出版社
發 行 所　花木蘭文化出版社
發 行 人　高小娟
聯絡地址　台北縣永和市中正路五九五號七樓之三
　　　　　電話：02-2923-1455 ／傳眞：02-2923-1452
電子信箱　sut81518@ms59.hinet.net
初　　版　2008 年 3 月
定　　價　六編 30 冊（精裝）新台幣 46,500 元

陳書本紀校注

林礽乾　著

作者簡介

林礽乾，臺灣新竹縣人，1941年生。臺灣師範大學國文研究所畢業，曾任臺師大國文系助教、講師、副教授、教授，韓國外國語大學中國語科客座教授，臺師大人文教育研究中心主任。在校主授治學方法專題研究、史學專書研討、資治通鑑、史記等課程，撰有〈「海陵紅粟」辨正〉、〈《史記・張釋之傳》「縣人」新詮〉、〈太史公牛馬走析辨〉、〈駱賓王討武曌檄標題商榷〉、〈《台灣文化事典》編纂與出版誌言〉、〈孕育台灣上一代菁英的搖籃——台灣師大前身台北高等學校〉、〈漢王就封南鄭所過棧道考辨〉、《陳書異文考證》、《通鑑陳紀糾謬》等論著及合著《國學導讀叢編》、《白話史記》、《白話資治通鑑》、《十三經注疏標斷》、《台灣文化事典》等多種。

提　　要

　　《陳書》六本紀，三十列傳，凡三十又六篇，唐散騎常侍姚思廉繼其父梁、陳史官姚察未竟之業，博訪撰續而成。

　　其書修輯，歷三世，傳父子，更數十寒暑而后乃成，宜乎趙翼《陔餘叢考》、邵晉涵《南江書錄》及紀昀《四庫全書總目提要》稱其「編次得宜」、「首尾完善」、「體例秩然」。

　　顧此用力甚勤之作，成書千百年來，猶未得如馬、班、范、陳諸史之有名賢為之作注。且其書經歷代之輾轉傳鈔，帝虎魯魚，脫誤殊甚。如卷二十二〈錢道戢傳〉：「以功拜直閣」下，汲古本脫「將軍，除員外散騎常侍、假節、東徐州刺史，封永安縣侯，邑五百戶」等二十五字；卷四〈廢帝紀〉：「光大二年，章昭達進號征南大軍將」下，汲古本、武英殿本俱脫「中撫大將軍、新除征南大將軍」十二字；卷三十〈顧野王傳〉：「野王又好丹青」下，汲古本及殿本亦脫「善圖寫」三字。此外，一、二字之譌奪，則星布全書，不勝僂指。

　　爰據清武英殿版為校記藍本，而以宋浙本、三朝本、明南監本、北監本、汲古閣本，及唐、宋類書之所徵引者，以校其異同。於其記事之儳互者，及官制禮數之沿革，郡縣之興建與變遷，則博窺約取，以為注釋。俾夫覽者，能明陳氏之典章，及姚書之體要，與夫文字之是非，且以補表志之闕也。全書校注，非數載可以竟功，因以本紀六篇，先付剞劂，讀者亦可嘗鼎一臠，以見全書之立例也。

目

次

書　影

列傳第一　　　　　　　　　　　　　　　陳書

　　　　　　　散騎常侍姚　思廉　撰

高祖章皇后

廢帝王皇后　　　　　　世祖沈皇后

後主沈皇后　　張貴妃　　高宗柳皇后

周禮王者立后六宮三夫人九嬪二十七世婦

八十一御妻以聽天下之內治然受命繼體之

主非獨外相佐也蓋亦有內德助焉漢魏已來

六宮之職因龍襲增置置代不同矣高祖承微接亂

陳書傳一　　　　　　　一

書影二：宋紹興間刊元明修補九行本陳書

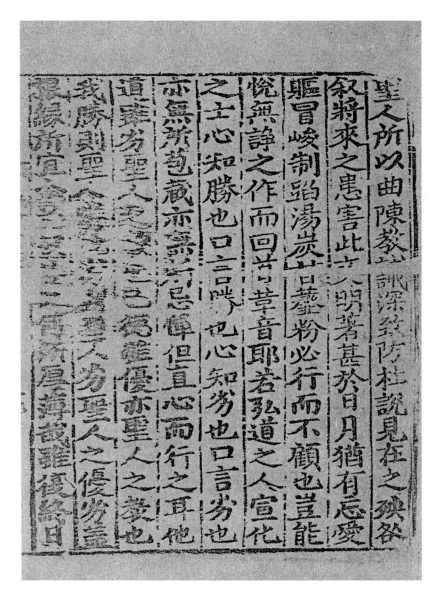

書影三：明南京國子監刊陳書

紀第一

大明南京國子監　祭　酒　趙用賢校

唐　散騎　常　侍　姚思廉

　　　　　　　司　業　余孟麟同校

陳書一

高祖上

高祖武皇帝諱霸先字興國小字法生吳興長
城下若里人漢太丘長陳寔之後也世居潁川
寔玄孫準晉太尉準生匡匡生達永嘉南遷爲
丞相掾歷太子洗馬出爲長城令悅其山水遂

萬曆十六年刊

書影四：明北京國子監刊陳書

陳書卷五　　本紀第五

唐散騎常侍姚思廉撰

皇明右春坊右諭德兼翰林院侍講署國子監事臣李騰芳等

勅重較刊

皇明朝列大夫國子監祭酒臣吳士元

勅奉承德郎司業仍加俸一級臣黃錦等奉

旨重修

宣帝

高宗孝宣皇帝諱頊字紹世小字師利始興昭烈王第

二子也梁大通二年七月辛酉生有赤光滿堂室少寬

大多智畧及長美容儀身長八尺三寸手垂過膝有勇

力善騎射高祖平侯景鎮京口梁元帝徵高祖子姪入

書影五：明毛氏汲古閣刊陳書

高祖上

本紀第一

陳書卷一

書影六：清武英殿刊陳書

陳書卷一

唐 散騎常侍姚思廉撰

本紀第一

高祖上

高祖武皇帝諱霸先字興國小字法生吳興長城下若
里人漢太丘長陳寔之後也世居潁川寔玄孫準晉太
尉準生匡匡生達永嘉南遷爲丞相掾歷太子洗馬出
爲長城令悅其山水遂家焉嘗謂所親曰此地山川秀
麗當有王者與二百年後我子孫必鍾斯運達生康復
爲丞相掾咸和中土斷故爲長城人康生盱眙太守英

乾隆四年校刊　陳書卷一　本紀　一

陳書本紀校注序

　　《陳書》六本紀，三十列傳，凡三十又六篇，唐散騎常侍姚思廉繼其父梁、陳史官姚察未竟之業，博訪撰續而成。

　　《陳書・姚察傳》稱：「察性至孝，有人倫鑒識。專志著書，白首不倦。尤好研覈古今，謑正文字。於墳籍無所不覩，每有製述，多用新奇，人所未見，咸重富博。徐陵名高一代，每見察製述，尤所推重。後主嘗從容謂朝士曰：『姚察達學洽聞，手筆典裁，求之於古，猶難輩匹，在於今世，足爲師範。』陳滅入隋，文帝指察謂朝臣曰：『聞姚察學行當今無比，我平陳，唯得此一人。』煬帝即位之始，詔授太子內舍人。車駕巡幸，恆侍從焉。及改易衣冠，刪正朝式，切問近對，察一人而已。」《舊唐書・姚思廉傳》曰：「父察，陳吏部尚書（領著作），隋祕書丞，北絳（郡）公。學兼儒史，見重於二代。思廉少受漢史於其父，能盡傳家業。初，察在陳，嘗修梁、陳二史，未就，臨終，令思廉續成其志。貞觀初，（思廉）遷著作郎，弘文館學士。受詔與祕書監魏徵同撰梁、陳二史。思廉採謝炅諸家梁史，續成父書；并推究陳事，刪益傅縡、顧野王所修舊史，撰成《陳書》三十（六）卷。魏徵雖裁其總論，其編次筆削，皆思廉之功也。」據是，知姚氏父子，并爲學兼儒史，見重於當代之名士也。而《陳書》之修纂，經其父子相繼，歷三世，更數十寒暑而后乃成，宜乎趙翼《陔餘叢考》、邵晉涵《南江書錄》及紀昀《四庫全書總目提要》稱其「編次得宜」、「首尾完善」、「體例秩然」。

　　顧其書自貞觀十年寫定進呈以來，流布人間者甚少，自非大力藏書之家，罕有能備之者。而藏於祕府之稿本，則因數遭兵火戰亂之厄劫，幾經播遷流徙，已不免頗有亡闕；加以歲月侵尋，復多蠹蝕蟲蠶之損。故至北宋仁宗嘉祐六年，發禁中所藏，詔三館祕閣詳加讎校時，曾鞏已稱：「祕府所藏，往往脫誤，列傳名氏多闕謬。」及至英宗治平二年鋟版之後，又因鈔刊屢改，迭經變竄，是以其書流傳至今者，紕謬百出，殊失舊帙本眞。如：卷二十二〈錢道戢傳〉：「以功拜直閣」下，汲古本脫「將軍，除員外散騎常侍、假節、東徐州刺史，封永安縣侯，邑五百戶」等二十五字；卷四〈廢帝紀〉：「光大二年，章昭達進號征南大軍將」下，汲古本、武英殿本

俱脫「中撫大將軍、新除征南大將軍」十二字；卷三十〈顧野王傳〉：「野王又好丹青」下，汲古本及殿本亦脫「善圖寫」三字。此外，一、二字之譌奪，則星布全書，不勝僂指。

　　勝清校讐之學，遠逸前代，馬、班、范、陳諸史，皆有名家爲之校理，然於《陳書》，迄無廣蒐眾本，博核群書，以校其異同，考其禮制，而釐定牴牾者。爰據清武英殿版爲校記藍本，而以宋浙刻大字本、宋刊元明修補本、明南京國子監刊本、北京國子監刊本、暨虞山毛氏汲古閣刊本，并參稽李延壽《南史》、杜君卿《通典》、司馬氏《通鑑》，及唐、宋類書之所徵引者，以校其異同。於其記事之儳互者，及官制禮數之沿革，郡縣之興建與變遷，則博窺約取，以爲注釋。俾夫覽者，能明陳氏之典章，及姚書之體要，與夫文字之是非，且以補表志之闕也。全書校注，非數載可以竟功，因以本紀六篇，先付剞劂，讀者亦可嘗鼎一臠，以見全書之立例也。

　　　　　　　　　　　　　　一九七〇年六月林礽乾識於臺灣師範大學

凡　例

一、本篇之作，係以藝文印書館影印清乾隆四年武英殿刊本（簡稱殿本）為底本，
　　而以左列各本比勘之：

1. 南宋紹興間浙杭重刊北宋監本（簡稱宋浙本）

　　是本舊藏北京圖書館，存者僅二十一卷，缺卷由中華學藝社向日本東京靜嘉堂文
　　庫影印得同式印本補配，今俱影入商務印書館百衲二十四史及成文出版社仁壽二
　　十六史中，此為現存陳書最古之版本。過去藏書家均以為係宋蜀刻本，近人趙萬
　　里〈兩宋諸史監本存佚考〉（中央研究院歷史語言研究所集刊外編第一種）則提
　　出堅確證據，斷其為浙刊而非蜀刻。茲根據趙氏之考證，稱之為「宋浙本」。是
　　本原書板匡高二十三公分，寬十九公分。首載《陳書》目錄，目錄後有臣恂、臣
　　穆、臣鞏等校上序。紀、傳各為起訖。每半葉九行，行十八字。線口，版心上記
　　字數，下記刻工：周明、項仁、王全、楊昌、劉文等，或單記名。避宋諱至慎字
　　止，弘、匡、胤、徵、敬、恆、貞、慎等字均缺末筆。

　　陸心源《皕宋樓藏書志》、《儀顧堂續跋》，傅增湘《雙鑑樓善本書目》、《藏園群
　　書題記》，王文進《文祿堂訪書記》、日本《宮內省圖書寮漢籍善本書目》，及《靜
　　嘉堂祕籍志》均曾著錄。

2. 宋紹興間刊元明修補九行本（簡稱三朝本）

　　是本版式行款與宋浙本同，係就宋浙本版片修補而刷印者。元時版印模糊，藏書
　　家稱之為「邋遢本」。經元至明，遞有修補，世稱「三朝本」。是本版印，有甚清
　　晰者，亦有極漫漶者（詳如卷首書影二）。是本國家圖書館藏有數帙。其中一部六
　　冊，鈐有「莅圃收藏」_{朱文長方印}、「張芹伯」_{朱文方印}。又一部六冊，修補同前帙，鈐有「曾
　　經東山柳蓉邨過眼印」_{朱文方印}、「吳興劉氏嘉業堂藏書印」_{朱文方印}、「劉翰怡印」_{朱文方印}、「求
　　恕居士」_{朱文方印}。

　　又一部四冊，修補同前帙，鈐有「秀水朱士楷藏」_{朱文方印}、「希古右文」_{朱文方印}、「不薄
　　今人愛古人」_{白文長方印}。

3. 明萬曆十六年南京國子監刊本（簡稱南監本）

　　是本凡四冊。板匡高二十點五公分、寬十四點九公分。每半葉九行、行十八字。首載萬曆十六年戊子五月朔日祭酒吳郡趙用賢序及覆校博士張廷相、視鐫典簿鄭子俊、典籍吳聘等銜名五行。次《陳書》目錄，目錄後載臣鞏等校上序。

　　書中鈐有「湘西瞿氏藏書之印」朱文長方印、「文弨借觀」朱文方印。是本現藏國家圖書館。

4. 明萬曆三十三年北京國子監刊本（簡稱北監本）

　　是本凡四冊，板匡高二十二點五公分、寬十五點三公分。每半頁十行、行二十一字，左右雙邊，白口，書口上鐫「萬曆三十三年刊」。清乾隆四年武英殿刊《陳書》，即據北監本重刻。

　　北京大學圖書館、東京大學東洋文化研究所藏有是本；杭州大學圖書館、京都大學人文科學研究所有康熙二十五年重刊本。

5. 明崇禎四年虞山毛氏汲古閣刊本（簡稱汲古本）

　　是本共四冊。板匡高二十一點六公分、寬十五點三公分。每半葉十二行、行二十五字。版心上鐫有「汲古閣」與「毛氏」五字。首葉背面題「皇明崇禎四年歲在重光協洽相月七夕琴川毛氏開雕」。

　　書中鈐有「漢鹿齋金石書畫印」朱文長方印、「慈谿畊餘樓」朱文長方印、「琴川毛鳳苞審定宋本」白文長方印、「毛晉」白文方印「馮氏辨齋藏書」朱文方印。是本現藏國家圖書館。

二、凡陳代名家文集，以及後人所集全陳文彙，若有可據以核校《陳書》者，皆取以讐校。如：

　　1. 陳後主撰《陳後主集》（國家圖書館藏明崇禎刊本《漢魏六朝百三家集》之一）

　　2. 陳沈烱撰《沈侍中集》（同上）

　　3. 陳江總撰《江令君集》（同上）

　　4. 陳徐陵撰、清吳兆宜箋注《徐孝穆集》（新興書局四部集要本）

　　5. 清嚴可均輯《全陳文》（世界書局影印清光緒二十年黃岡王毓藻刊本）

三、凡史部相關之書有可以正今本《陳書》之闕誤者，皆取以參校。如：

　　1. 唐房玄齡等撰《晉書》（藝文印書館影印清武英殿刊本）

　　2. 梁沈約撰《宋書》（同上）

　　3. 梁蕭子顯撰《南齊書》（同上）

　　4. 唐姚思廉撰《梁書》（同上）

5. 唐李百藥撰《北齊書》（同上）

6. 唐令狐德棻撰《周書》（同上）

7. 唐魏徵等撰《隋書》（同上）

8. 唐李延壽撰《南史》（同上）

9. 唐杜佑撰《通典》（新興書局影印清武英殿刊本）

10. 宋司馬光撰《資治通鑑》（簡稱《通鑑》。世界書局印行新校本）

11. 宋鄭樵撰《通志》（新興書局影印清武英殿刊本）

12. 元馬端臨撰《文獻通考》（新興書局影印清武英殿刊本）

四、凡唐宋類書有徵引《陳書》而可以正今本《陳書》之誤者，皆取以參校。如：

1. 唐歐陽詢等撰《藝文類聚》（新興書局影印宋刊配補明刊本）

2. 唐徐堅等撰《初學記》（臺灣師範大學圖書館藏明嘉靖十年錫山安國刊本）

3. 宋李昉等撰《太平御覽》（簡稱《御覽》。商務印書館影印宋蜀刻本）

4. 宋李昉等撰《文苑英華》（華文書局影印明隆慶元年胡維新等福建刊本）

5. 宋王欽若等撰《冊府元龜》（簡稱《冊府》。中華書局影印明崇禎十五年黃國琦刊本）

五、凡前賢有關《陳書》考訂之作，苟有可引用者，多予以採錄。如：

1. 清顧炎武《日知錄》（世界書局排印本）

2. 清王鳴盛《十七史商榷》（樂天出版社影印光緒十九年廣雅書局校刊本）

3. 清錢大昕《廿二史考異》（藝文印書館影印清光緒廣雅書局原刻本）

4. 清趙翼《二十二史箚記》（世界書局排印本）

5. 清洪頤煊《諸史考異》（藝文印書館影印清廣雅書局原刻本）

六、凡陳書之紀與紀、傳與傳、或紀與傳前後敘事有差異，年月有出入，職官地名有不同者，本篇皆加以校出，並就其典制，或全書文例以釐定其牴牾。

七、凡生難事典，均探本索源，注明出處。注中所引書籍，亦詳載其篇名。而出處語義有難明者，則并其注採入。

如卷三注釋〔20〕式膺景命：《尚書・仲虺之誥》：「式商受命。」孔安國《傳》：「式，用也。」《後漢書・班固傳》：「膺萬國之貢珍。」李賢注：「膺，受也。」《文選》班固〈典引〉：「逢吉丁辰，景命也。」李善注：「言逢此吉，當此時者，皇天之大命也。」

八、凡食貨、禮樂、輿服諸制，其為今人所不易知曉者，則據《漢書・食貨志》、《後

漢書‧禮儀志》、《晉書‧輿服志》、《通典‧食貨典》等，博窺約取，爲之注釋，俾夫覽者能明有陳一代之典制。

如卷五注釋〔207〕初用大貨六銖錢：《通典》卷九〈食貨九‧錢幣下〉：「陳初，承梁喪亂之後，鐵錢不行。始梁末有兩柱錢及鵝眼錢，於時人雜用，其價同。但兩柱錢重而鵝眼輕，私家多鎔鑄，又間以錫鐵，兼以粟帛爲貨。文帝天嘉五年，改鑄五銖，初出，一當鵝眼十。宣帝太建十一年，又鑄大貨六銖，以一當五銖之十，與五銖並行。後還當一，人皆不便，乃相與訛言曰：『六銖錢有不利縣官之家。』未幾而帝崩，遂廢六銖而行五銖，竟至陳亡。」

九、凡山川州郡地名，或據《宋書‧州郡志》、《魏書‧地形志》、《隋書‧地理志》、《水經注》、《太平寰宇記》、《輿地記勝》、《讀史方輿紀要》、《通鑑地理今釋》等爲之注釋。其郡縣之興建及變遷有可考者，則詳其建置，且據臧勵龢《古今地名大辭典》爲之釋以今地。

如卷一注釋〔2〕長城：縣名。《宋書‧州郡志》：「晉武帝太康三年，分烏程立。」《太平寰宇記》卷九十四〈湖州‧長興縣〉：「《吳興記》云：『吳王闔閭使弟夫概居此城，築城狹而長，故曰長城。』」故治在今浙江長興縣東。

十、凡四夷諸國遣使來獻方物者，或據《梁書‧諸夷傳》、《南史‧夷貊傳》、《新唐書‧南蠻傳》等爲之注釋；簡介其地理位置、對華關係、與所貢之方物，俾夫覽者能窺見陳代中國與外國往來之一斑。

如卷六注釋〔44〕頭和國：按《魏書》、《梁書》、《南史》等四夷傳中，俱不見有頭和國，《陳書》亦僅此一見，乃陳後主時，始遣使來獻方物。《通典》卷一八八〈海南諸國〉，及《新唐書‧南蠻傳》並有「投和國」，蓋即此「頭和國」也。《通典》云：「投和國，隋時聞焉（陳後主之禎明元年，正即隋之開皇七年），在南海大洲中，眞臘之南。王姓投和羅，名脯邪迄遙，理數城，覆屋以瓦，並爲閣而居。有州及郡、縣，國無賦稅，俱隨意貢奉，無多少之限。多以農商爲業。國人乘象及馬。有佛道，有學校，文字與中夏不同。大唐貞觀中，遣使奉表，以金函盛之。又獻金榼、金鎖、寶帶、犀、象、海物等數十品。」

十一、凡百官品秩，或據《晉書‧職官志》、《宋書‧百官志》、《隋書‧百官志》、《通典‧職官》等爲之注釋。其有沿革、職掌、品秩可考者，亦詳明注之。

如卷一注釋〔148〕開府儀同三司：開府者，謂開建府署也。儀同三司者，謂同司徒、司馬、司空之儀制也。《晉書‧職官志》：「殤帝延平元年（106），鄧騭爲車騎將軍，儀同三司；儀同之名，始自此也。及魏，黃權以車騎將軍

開府儀同三司；開府之名，起於此也。」漢制：惟三公得開府，置官署。《宋書・百官志》：「江左以來，將軍則中、鎭、撫、四鎭以上或加大，餘官則左右光祿大夫以上竝得儀同三司。」《隋書・百官志上》：「梁制十八班，班多者爲貴，諸將軍開府儀同三司爲十七班；陳制：開府儀同三司秩萬石，品第一。」

十二、凡地方行政制度特異，爲三代兩漢所未見者，亦詳爲之考釋。

　　　如卷一注釋〔62〕督七郡諸軍事句：按郡守加戎號、加督之制，西晉末葉傾覆之際始有之。《晉書・應詹傳》：「遷南平太守。督南平、天門、武陵三郡軍事。及洛陽傾覆……。」是也。自是之後，要郡太守加戎號、加督之制，遂極普遍。如《宋書・申恬傳》：「加寧遠將軍，遷督魯、東平、濟北三郡軍事，泰山太守。」《南齊書・劉懷慰傳》：「爲輔國將軍、齊郡太守，進督秦、沛二郡。」《梁書・南平王偉傳》：「子恭，爲督齊安等十一郡事、寧遠將軍、西陽武昌二郡太守。」及本書〈陳武帝紀〉：「除振遠將軍、西江都護、高要太守，督七郡諸軍事」皆其例也。郡守若加督或加都督，品級則隨之而遷。《隋書・百官志上》述陳官制云：「丹陽尹，會稽太守，品並第五。加督，進在第四品；加都督，進在第三品，諸郡若加督及都督，皆以此差次爲例。」

十三、凡書中有隱約其詞，爲某人委曲廻護，而沒去事實眞相者，則爲之增補相關資料，還其事實本眞。

　　　如卷二注釋〔79〕江陰王薨：趙翼《陔餘叢考》卷七〈陳書書法〉云：「陳書避諱處太多，如武帝受禪，以江陰郡奉梁主爲江陰王，車旗正朔，一如故事。宮館資給，務極優隆。永定二年，江陰王薨，詔遣太宰弔祭。絕不見篡弑之迹，此固循宋、齊、梁之舊例。然考《南史》〈沈恪傳〉、〈劉師知傳〉，則敬帝被害事，直書不諱。」按《南史・沈恪傳》云：「武帝受禪，時恪自吳興入朝。武帝使中書舍人劉師知引恪，令勒兵入，因衛敬帝如別宮。恪排闥入見武帝，叩頭謝曰：『恪身經事蕭家來，今日不忍見此事，分受死耳，決不奉命。』武帝嘉其意，不復逼，更以盪主王僧志代之。」〈劉師知傳〉：「梁敬帝在內殿，劉師知常侍左右。及將加害，師知詐帝令出。帝覺，遶牀走，曰：『師知賣我，陳霸先反。我本不須作天子，何意見殺？』師知執帝衣，行事者加刃焉。」

十四、凡書中人物事跡之記敘，其有過於簡略，而致後人無從識其原委本末者，則或據本書列傳，或據《梁書》、《北齊書》、《北周書》、《資治通鑑》等爲之注

釋。注中務詳其本末，以見事之終始。

如卷五注釋〔168〕吳明徹破周將梁士彥眾數萬于呂梁：《通鑑》卷一七三〈陳紀七〉云：「上聞周人滅齊，欲爭徐、兗，詔南兗州刺史、司空吳明徹督諸軍伐之。明徹軍至呂梁，周徐州總管梁士彥帥眾拒戰，戊午，明徹擊破之。」

又同卷注釋〔170〕北討眾軍敗績於呂梁：按卷十六〈蔡景歷傳〉云：「是時高宗銳意河南，以爲指麾可定。景歷諫稱：『師老將驕，不宜過窮遠略。』」卷二十九〈毛喜傳〉亦云：「眾軍北伐，得淮南地。高宗問喜曰：『我欲進兵彭、汴，於卿意如何？』喜對曰『竊以淮左新平，邊氓未乂，周氏始吞齊國，難與爭鋒，豈以弊卒疲兵，復加深入？且棄舟檝之工，踐車騎之地，去長就短，非吳人所便。臣愚以爲不若安民保境，寢兵復約，然後廣募英奇，順時而動，斯久長之術也。』高宗不從。」至是，北討眾軍果敗績於呂梁。其敗亡經過，詳見卷九〈吳明徹傳〉，及卷三十一〈蕭摩訶傳〉。

十五、原著係直排，爲適應潮流，今版式改爲橫排，正文並加分段標點。一卷中，每年提行，頂格排印。每年之下括注干支、公曆，如卷二「永定元年」下即加注「丁丑、五五七」等字。年下紀事，每段一律提行，首行低兩格排印。

陳書校注卷一

本紀第一
高祖上

　　高祖武皇帝，諱霸先，字興國，小字法生，吳興〔1〕長城〔2〕下若里〔3〕人，漢太丘〔4〕長陳寔〔5〕之後也。世居潁川〔6〕。寔玄孫準〔7〕，晉太尉〔8〕。準生匡，匡生達，永嘉〔9〕南遷，為丞相掾〔10〕，歷太子洗馬〔11〕，出為長城令，悅其山水，遂家焉。嘗謂所親曰：「此地山川秀麗，當有王者興，二百年後，我子孫必鍾斯運。」達生康，復為丞相掾，咸和〔12〕中土斷〔13〕，故為長城人。康生盱眙〔14〕太守英，英生尚書郎〔15〕公弼，公弼生步兵校尉〔16〕鼎，鼎生散騎侍郎〔17〕高，高生懷安〔18〕令詠，詠生安成〔19〕太守猛，猛生太常卿〔20〕道巨，道巨生皇考文讚。

【注釋】

〔1〕吳興：郡名。《宋書·州郡志》：「孫皓寶鼎元年，分吳丹陽立。」故治即今浙江吳興縣治。

〔2〕長城：縣名。《宋書·州郡志》：「晉武帝太康三年，分烏程立。」《太平寰宇記》卷九十四〈湖州·長興縣〉：「《吳興記》云：『吳王闔閭使弟夫概居此城，築城狹而長，故曰長城。』」故治在今浙江長興縣東。

〔3〕下若里：按「若」當作「箬」。《太平寰宇記》卷九十四〈湖州·長興縣〉：「箬溪，在長城縣南五十步。顧野王《輿地志》云：『夾溪悉生箭箬，南岸曰上箬，北岸曰下箬，二箬，村名。』」

〔4〕太丘：古縣名，亦作太邱。《讀史方輿紀要》卷五十〈歸德府·永城縣〉：「太丘城，在縣西北三十里，漢為敬丘縣，東漢曰太丘，陳寔為太丘長，即此。」故治在今河南永城縣西北。

〔5〕陳寔：字仲弓，東漢潁川許人。有志好學，坐立誦讀。少為縣吏，桓帝時，除太丘長，修德清靜，百姓以安。靈帝初，太將軍竇武辟為掾屬。遭黨錮之禍，歸於鄉里。平心率物，其有爭訟，輒求判正，曉譬曲直，退無怨者，至乃歎曰：

「寧爲刑罰所加，不爲陳君所短。」太尉楊賜、司徒陳耽，每拜公卿，羣僚畢賀，賜等常歎寔大位未登，愧於先之。及黨禁始解，大將軍何進、司徒袁隗遣人敦寔，欲表以不次之位。寔謝絕之。時三公每缺，議者歸之，累見徵命，遂不起，閉門懸車，棲遲養老。中平四年，年八十四，卒於家。何進遣使弔祭；海內赴者三萬餘人，制衰麻者以百數，共刊石立碑，諡爲文範先生。有六子，長子紀、四子諶最賢，父子並著高名（見《後漢書》卷六十二本傳）。

〔6〕潁川：郡名，秦置，有今河南中部及南部地。地有潁水，郡以水名。

〔7〕寔玄孫準：《唐書·宰相世系表》：「寔六子：紀、夔、洽、諶、休、光。諶生青州刺史忠，忠二子：佐、和。佐二子：準、徽。準，字道基，晉太尉。」

〔8〕晉太尉：晉以太尉主四方兵事，與司徒、司空爲三公，官品第一。晉惠帝永康元年八月，光祿大夫陳準爲太尉（見《晉書·惠帝紀》）。

〔9〕永嘉：晉懷帝年號（307～312）。

〔10〕丞相掾：丞相屬官。

〔11〕太子洗馬：《晉書·職官志》：「洗馬，職如謁者秘書，掌圖籍。釋奠講經則掌其事，出則直者前驅，導威儀。」《通典》卷三十七〈晉官品〉：「太子洗馬爲第七品。」

〔12〕咸和：東晉成帝年號（326～334）。

〔13〕土斷：永嘉之亂，士族南遷，其流寓江左者，政府輒爲僑立州郡以招徠之。然流寓人口並未落戶，當地政府既無從登記其戶口，課征其賦稅，且境土屢分，傷治爲深。成帝咸和中，爲求國力之充實，遂行土斷之法：即併省僑置郡縣，令北人僑居江南者，所在以土著爲斷，不得挾注本籍，俾利政府登記戶口，課征賦稅也。

〔14〕盱眙：郡名。《讀史方輿紀要》卷二十一〈鳳陽府·泗州·盱眙縣〉：「州南七里。秦爲盱眙縣，晉義熙中，置盱眙郡。」故治在今安徽盱眙縣東北。

〔15〕尚書郎：即尚書省之郎官。晉自過江後，尚書省有殿中、祠部、吏部、儀曹、三公、比部、金部、度支、都官、左民、騎部、倉部、庫部、中兵、外兵等十五曹郎，品並第六（詳見《通典》卷二十二〈歷代郎官〉及卷三十七〈晉官品〉）。

〔16〕步兵校尉：《通典》卷三十四〈諸校尉〉：「後漢以屯騎、越騎、步兵、長水、射聲爲五校，皆掌宿衛兵。五校，官顯職閒，而府寺寬敞，以皇族肺腑居之。自魏、晉以下，五校之名與後漢同。」又卷三十七〈晉官品〉：「晉步兵校尉爲第四品。」

〔17〕散騎侍郎：魏初，與散騎常侍同置。魏、晉散騎常侍、侍郎與侍中、黃門侍郎共平尙書奏事（見《宋書・百官志》）。晉散騎侍郎爲第五品（見《通典》卷三十七〈晉官品〉）。

〔18〕懷安：縣名。《讀史方輿紀要》卷二十八〈寧國府・寧國縣〉：「懷安城，在縣南四十里。後漢建安十三年，孫權分宛陵置懷安縣。」故城在今安徽寧國縣東南。

〔19〕安成：郡名。《宋書・州郡志》：「孫皓寶鼎二年，分豫章、廬陵、長沙立。」故治在今江西安福縣東南。

〔20〕太常卿：九卿之一，掌陵廟、臺祀、禮樂、儀制（見《隋書・百官志》）。晉太常卿爲第三品（見《通典》卷三十七〈晉官品〉）。

　　高祖以梁天監〔21〕二年癸未歲生。少俶儻〔一〕，有大志，不治生產。既長，讀兵書，多武藝，明達果斷，爲當時所推服。身長七尺五寸，日角龍顏〔22〕，垂手過膝〔23〕。嘗遊義興〔24〕，館於許氏，夜夢天開數丈，有四人朱衣捧日而至，令高祖開口納焉，及覺，腹中猶熱，高祖心獨負之〔25〕。

【校證】

〔一〕少俶儻有大志

　　俶儻，宋浙本、三朝本、南監本、北監本、汲古本、《南史・陳武帝紀》、《冊府》卷一八六同。《御覽》卷一三三引作「倜儻」。

　　按俶儻之「俶」，作「倜」與「俶」同。宋丁度《集韻》：「俶，俶儻，卓異也。或作倜。」清鄭珍《說文新附考》：「倜，讀與俶同。六朝以來所作。」證以《漢書・司馬遷傳》所載史遷〈報任少卿書〉：「唯俶儻非常之人稱焉。」梁昭明太子《文選》所錄司馬遷〈報任少卿書〉則作：「唯倜儻非常之人稱焉。」是知俶儻之「俶」，作「倜」爲六朝以來所作，前此則作「俶」也。《陳書》爲六朝以後所修，唐初姚思廉撰此書時，「俶」、「倜」二字，已混用無別。如見於本書卷三十一〈樊猛傳〉者，作「俶儻」，見於卷十一〈章昭達傳〉、卷十二〈徐度傳〉、卷十四〈南康愍王曇朗傳〉、卷十八〈陸山才傳〉、卷二十五〈孫瑒傳〉者，作「倜儻」。今以俶儻之「俶」，作「倜」與「俶」同，故此處無庸改「倜」爲「俶」，或改「俶」作「倜」。後遇此，不悉出校證。

【注釋】

〔21〕天監：梁武帝年號（502～519）。

〔22〕日角龍顏：謂帝王之容貌也。《後漢書·光武帝紀》：「身長七尺三寸，美須眉，
　　　大口，隆準，日角。」唐李賢注：「隆，高也。許負云：『鼻頭爲準。』鄭玄
　　　《尚書中候注》云：『日角，謂庭中骨起，狀如日。』王先謙《集解》引惠
　　　棟曰：「朱建平《相書》云：『額有龍犀入髮，左角日、右角月，王天下也』。」
〔23〕垂手過膝：謂有異相也。《三國志·蜀書·蜀先主傳》：「身長七尺五寸，垂手
　　　過膝。」《晉書·劉曜載記》：「曜身長九尺三寸，垂手過膝。」
〔24〕義興：郡名。《宋書·州郡志》：「晉惠帝永興元年立。」故治在今江蘇宜興
　　　縣南五里。
〔25〕心獨負之：《漢書·高祖紀》：「高祖夜徑澤中，有大蛇當徑，乃前，拔劍斬蛇。
　　　蛇分爲兩，道開。後人來至蛇所，有一老嫗夜哭，人問嫗何哭？嫗曰：『吾
　　　子，白帝子也，化爲蛇，當道，今者赤帝子斬之，故哭。』後人至，告高祖，
　　　高祖乃心獨喜，自負。」唐顏師古注引應劭曰：「負，恃也。」

　　　大同〔26〕初，新喻侯蕭暎〔27〕爲吳興太守〔二〕，甚重高祖，嘗目高祖謂僚
佐曰：「此人方將遠大。」及暎爲廣州刺史，高祖爲中直兵參軍〔28〕，隨府之
鎮。暎令高祖招集士馬，眾至千人，仍命高祖監宋隆郡〔29〕。所部安、化二
縣〔30〕元不賓，高祖討平之。尋監西江都護〔31〕、高要郡〔32〕守。

【校證】

〔二〕大同初，新喻侯蕭暎爲吳興太守

　　　新喻，宋浙本、三朝本、南監本、北監本、汲古本、《南史·陳武帝紀》、《冊
　　　府》卷一八六同。
　　　蕭暎，宋浙本、南監本、汲古本同。《南史·陳武帝紀》、《冊府》卷一八六
　　　竝作「蕭映」。
　　　按新喻，即今江西新喻縣。宋樂史《太平寰宇記》卷一〇九〈袁州·新喻縣〉
　　　云：「新喻縣，本漢宜春縣之地，屬豫章郡。吳孫皓分宜春立。創縣之初，
　　　采渝水爲名。」新喻既采渝水爲名，則新喻之「喻」，本字自當從水作「渝」。
　　　其從口作「喻」，據《唐書·地理志》所載，乃天寶後，因聲變，始相承作
　　　「喻」。然《陳書》爲天寶以前所修，當時姚思廉記此字時，當不用天寶後
　　　相承而譌之「喻」可知。本書卷八〈杜僧明傳〉、卷十二〈杜稜沈恪傳〉，三
　　　見「新渝」，字正從水作「渝」。明此「新喻侯蕭暎」之「喻」，當作采渝水
　　　爲名之「渝」爲是。
　　　又按蕭暎之暎，作「暎」爲「映」之俗字。《華嚴經音義·上》：「映，傍照

也。」明張自烈《正字通》:「暎,俗映字。」

【注釋】

〔26〕大同:梁武帝年號(535～545)。

〔27〕蕭暎:梁武帝弟始興忠武王憺之子。梁普通中,封新渝侯。累官吳興太守、北徐州刺史,在任弘恕,人吏懷之。後卒於廣州刺史任所(見《南史》卷五十二〈梁宗室下〉)。

〔28〕中直兵參軍:刺史督府之僚佐,位次府司馬,同爲佐府主統領兵政之官。梁制:定官品爲十八班,班多者爲貴,皇弟之庶子府中直兵參軍爲七班,相當陳之六品。

〔29〕宋隆郡:《宋書·州郡志》:「文帝元嘉十八年,以交州流寓立昌國、義懷、綏寧、新建四縣爲宋熙郡。二十七年,更名宋隆。」,故治在今廣東高要縣東南三十里。

〔30〕安、化二縣:錢大昕《廿二史考異》卷二十七曰:「按《隋志》:『信安郡平興縣,舊置宋隆郡。領初寧、建寧、熙穆、崇德、召興、崇化、南安等縣』,未見安化之名。或云即南安、崇化二縣,各舉下一字,猶稱山陰、會稽爲稽、陰也。」崇化,即今廣東崇明縣地。南安,隋平陳後并入平興縣,故治在今廣東高明縣西。

〔31〕監西江都護:南朝地方官吏之任命,以資歷較淺而試守某較高之職曰監某。如上文之「監宋隆郡」、下文之「臨賀內史歐陽頠監衡州」等是。西江,南粵之主流也。其上游有三源,曰黔江、鬱江、桂江,自廣西蒼梧縣合而東流爲西江,入廣東境,流過三瀝沙,歧分爲二:東支經中山縣西爲古鎮海,由磨刀門入於海;西支爲天河海,經新會縣東北,西南注熊海,出厓門入於海。《南齊書·州郡志》云:「廣州濱際海隅,委輸交部,民戶不多,而俚獠猥雜,皆樓居山險,不肯賓服。西、南二江,川源深遠,別署督護專征之任。」

〔32〕高要郡:《元和郡縣志》卷三十四〈廣州·端州〉:「本秦南海郡地,漢爲蒼梧郡之高要縣,梁大同中,於此立高要郡。」故治即今廣東高要縣治。

　　先是,武林侯蕭諮〔33〕爲交州〔34〕刺史,以衰刻〔35〕失眾心,土人李賁〔36〕連結數州豪傑同時反。臺〔37〕遣高州〔38〕刺史孫冏、新州〔39〕刺史盧子雄將兵擊之。冏等不時進〔40〕,皆於廣州伏誅。子雄弟子略與冏子姪及其主帥杜天合、杜僧明共舉兵,執南江都護沈顗,進寇廣州,晝夜苦攻,州中震恐。高祖率精兵三千,卷甲兼行以救之,頻戰屢捷,天合中流矢死,賊眾大潰,僧

明遂降。梁武帝深歎異焉，授直閣將軍〔41〕，封新安子〔42〕，邑三百戶〔三〕，仍遣畫工圖高祖容貌而觀之〔43〕。

【校證】

〔三〕封新安子，邑三百戶

新安子，宋浙本、三朝本、南監本、北監本、汲古本、《冊府》卷一八六、《御覽》卷一三三引同。《南史·陳武帝紀》作「新枋縣子」。

按《陳書》記功臣封爵之例，凡言某封子爵者，皆書某封某某縣子。如卷八言杜僧明封「臨江縣子」、侯安都封「富川縣子」，卷十言周鐵虎封「沌陽縣子」，卷十一言黃法𣰰封「巴山縣子」，卷十六言趙知禮封「始平縣子」、蔡景歷封「新豐縣子」，卷二十言韓子高封「文招縣子」，卷二十二言陸子隆封「益陽縣子」等皆是。此處云陳高祖於梁大同中，封「新安子」，「新安」下獨無「縣」字，與全書記封子爵之例不合，疑「子」字上，脫一「縣」字。《南史·陳武帝紀》「子」字上正有一「縣」字，不誤，當據補。

又按新安縣，《南史·陳武帝紀》作「新枋縣」，未審梁代於何時何地置「新枋縣」？即諸地志亦未見有「新枋」之名。各本《陳書》作「新安縣」，據清洪齮孫《補梁疆域志》「高州巴山郡新安縣」條云：「新安，《寰宇記》：『梁大通二年，分豐城立。』《陳書·武帝紀》：『梁大同中，封新安子。』」是梁末確有「新安縣」，且其舊縣在今江西豐城附近。疑此《南史》作「新枋」者，有誤，當從《陳書》作「新安」爲是。

【注釋】

〔33〕武林侯蕭諮：梁武帝弟鄱陽忠烈王恢之子。武帝世，以姪子封武林侯（見《南史》卷五十二〈梁宗室下〉）。

〔34〕交州：《隋書·地理志》：「交趾郡，舊曰交州。」故治即今北越河內。

〔35〕裒刻：《爾雅·釋詁》：「裒，聚也。」裒刻，謂聚斂刻薄也。

〔36〕李賁反句：《通鑑》卷一五八〈梁紀十四〉云：「交趾李賁，仕不得志。同郡有并韶者，富於詞藻，詣選求官，吏部尚書蔡撙以并姓無前賢，除廣陽門郎；韶恥之。賁與韶還鄉里。會交州刺史武林侯諮以刻暴失眾心，時賁監德州，因連結數州豪傑俱反。」

〔37〕臺：《讀史方輿紀要》卷二十〈江寧府〉：「今府城即明京城，亦六朝時故都也。內爲宮城，《建康宮闕簿》云：『吳大帝所築苑城，東晉以後，亦曰宮城，亦曰臺城。」臺者，臺城之省稱也。臺城爲朝廷所在，此即以臺爲朝廷之稱。

〔38〕高州:《隋書·地理志》:「高梁郡,梁置高州。」故治在今廣東陽江縣西三十
　　　里。

〔39〕新州:《隋書·地理志》:「信安郡新興縣、梁置新州。」故治即今廣東新興縣
　　　治。

〔40〕冏等不時進句:《通鑑》卷一五八〈梁紀十四〉云:「孫冏、盧子雄討李賁,
　　　以春瘴方起,請待至秋;廣州刺史新渝侯映不許,武林侯諮又趣之。冏等至
　　　合浦,死者什六七,眾潰而歸。武林侯諮奏冏及子雄與賊交通,逗留不進,
　　　敕於廣州賜死。」

〔41〕直閣將軍:驍騎將軍屬官,掌宿衛侍從。

〔42〕新安子:《通典》卷三十一〈歷代王侯封爵〉:「晉有王、公、侯、伯、子、男
　　　六等之封。梁封爵亦如之。」子者,其六等爵之第五等封爵也。

〔43〕遣畫工圖高祖容貌句:梁世有畫工張僧繇者,善寫人貌。若武帝思見某人,
　　　而其人不能來,輒遣僧繇往圖之。如《南史》卷三十八載:「柳仲禮勇力兼
　　　人,身長八尺,眉目疏朗。中大通中,西魏將賀拔勝來逼樊、鄧,仲禮出擊
　　　破之。武帝思見其面,使畫工圖之。」唐張彥遠《歷代名畫記》卷七云:「張
　　　僧繇,吳中人也。天監中,為武陵王國侍郎,直祕閣,知畫事。武帝崇飾佛,
　　　多命僧繇畫。時諸王在外,武帝思之,遣僧繇乘傳寫貌,對之如面也。」

　　　其年冬〔44〕,蕭暎卒。明年,高祖送喪還都,至大庾嶺〔45〕,會有詔高祖
為交州司馬,領武平太守〔46〕,與刺史楊瞟〔47〕南討。高祖益招勇敢,器械精
利,瞟喜曰:「能尅賊者,必陳司武〔48〕也〔四〕。」委以經略。高祖與眾軍發
自番禺〔49〕,是時蕭勃〔50〕為定州〔51〕刺史,於西江相會。勃知軍士憚遠役,
陰購誘之,因詭說瞟〔五〕。瞟集諸將問計,高祖對曰:「交趾叛渙〔六〕,罪由宗
室〔52〕,遂使僭亂數州,彌歷年稔,定州復欲昧利目前,不顧大計。節下〔53〕
奉辭伐罪,故當生死以之,豈可畏憚宗室,輕於國憲?今若奪人沮眾,何必
交州討賊,問罪之師,即回有所指矣!」於是勒兵鼓行而進。十一年六月,
軍至交州,賁眾數萬於蘇歷江〔54〕口立城柵以拒官軍。瞟推高祖為前鋒,所
向摧陷。賁走典徹〔七〕湖〔55〕,於屈獠界立砦,大造船艦,充塞湖中。眾軍憚
之,頓湖口,不敢進。高祖謂諸將曰:「我師已老〔56〕,將士疲勞,歷歲相持,
恐非良計。且孤軍無援,入人心腹,若一戰不捷,豈望生全!今藉其屢奔,
人情未固,夷獠烏合,易為摧殄。正當共出百死,決力取之,無故停留,時
事去矣!」諸將皆默然,莫有應者。是夜,江水暴起七丈,注湖中,奔流迅

激。高祖勒所部兵，乘流先進，眾軍鼓譟〔57〕俱前，賊眾大潰，賁竄入屈獠洞中，屈獠斬賁，傳首京師。是歲太清元年也〔八〕。賁兄天寶遁入九真〔58〕，與劫帥李紹隆收餘兵二萬，殺德州〔59〕刺史陳文戒，進圍愛州〔60〕。高祖仍率眾討平之。除振遠將軍〔61〕、西江都護、高要太守、督七郡諸軍事〔62〕。

【校證】

〔四〕能尅賊者，必陳司武也

尅，宋浙本、三朝本、南監本、北監本同。汲古本作「尌」，《冊府》一八六作「克」。

按尅賊之「尅」，正字當作「勊」。《說文·力部》：「勊，尤劇也。从力克聲。」段玉裁注：「勊者，以力制勝之謂，故其事為尤勞。許書勊與克義不同。克者，肩也。肩者，任也。勊之字譌而从刀作尅，猶勮之譌而从刀也。經典有克無尅，百家之書克、尅不分，而勊乃廢矣。」是尅賊之「尅」，正字當从力作「勊」，从刀作「尅」，乃「勊」之後起俗字。从寸作「尌」，為字書所無，當是「勊」之俗譌字。作「克」則為「勊」之假借字。

〔五〕勃因詭說暠

詭說暠，宋浙本、三朝本、南監本、北監本、汲古本、《冊府》卷一八六同。《南史·陳武帝紀》作「詭說留暠」。

按「詭說」下有「留」字是。上文云：「勃知軍士憚遠役，陰購誘之。」其詭說楊暠，即在留暠止兵不進也。《南史·陳武帝紀》「詭說」下有一「留」字，語意較《陳書》完足。《通鑑》卷一五九〈梁紀十五〉「詭說」下，亦正有一「留」字，當據補。

〔六〕交趾叛渙，罪由宗室

交趾，三朝本、南監本、北監本、汲古本同。宋浙本、《南史·陳武帝紀》、《冊府》卷一八六並作「交阯」。

叛渙，汲古本、《南史·陳武帝紀》、《冊府》卷一八六同。宋浙本、南監本、北監本、《文苑英華》卷四四七並作「叛換」。

按交趾之「趾」，南監本、汲古本與殿本作「趾」字是。趾為足趾（見《爾雅·釋言》）。阯為城阜之基（見《說文·阜部》阯字下段注）。《太平寰宇記》卷一七○〈嶺南道·交州〉云：「元鼎六年，定越地，以為南海、蒼梧、鬱林、合浦、交趾、九真、日南、珠崖、儋耳九郡。按交趾之稱，今南方夷人，其足指開廣，若並足而立，其指相交。」據是，知交趾之「趾」，本字自以作訓為足趾之「趾」為是。其作訓為「城阜之基也」之「阯」，則是「趾」之

同音假借字。

又按叛渙之「渙」，當从宋浙本、南監本及《文苑英華》作「換」爲是。叛換，亦作「畔換」。《漢書・敍傳》：「項氏畔換。」顏師古注：「畔換，強恣貌，猶言跋扈也。」《文選》左思〈魏都賦〉：「雲撤叛換，席卷虔劉。」李善注：「叛換，猶恣睢也。」李周翰曰：「叛換，叛反換易也。」以上所見《漢書》、《文選》、及各家之注，皆作「叛換」，無作「叛渙」者。《梁書・侯景傳》：「侯景小豎，叛換本國。」「換」字，宋浙本、殿本亦並作「換」，此皆可證叛換之「換」，本字當作換易之「換」。其作渙散之「渙」，當是後世傳刻因與「換」字形近而譌。此猶宋、明刻本《唐書・房玄齡傳》：「高昌叛換於流沙，吐渾首鼠於積石。」〈裴行儉傳〉：「吐藩叛換，干戈未息。」及〈歸崇敬傳〉：「兩河叛換。」之「叛換」，至清武英殿本亦俱誤作「叛渙」然。本書「叛換」譌作「叛渙」者，猶有多處，皆當據宋、明刊本改正作「叛換」爲是。

〔七〕賁走典徹湖

典徹，宋浙本、三朝本、南監本、北監本、汲古本同。《御覽》卷一三三、《通鑑》卷一五九〈梁記十五〉並作「典澈」。

按下文〈策陳公九錫文〉內：「新昌典澈」之「澈」，宋浙本、三朝本、南監本、北監本、汲古本並从水作「澈」。《冊府》卷一八六、《文苑英華》卷四四七則並从彳作「徹」。此處宋浙本卷末附有舊校云：「典澈、或本作曲澈。前有典澈湖，亦同。」「典澈湖」，當作「典徹」、「曲澈」？或作「典澈」？宋代曾鞏等校此書時，已疑而不能定，今以無從獲知北越「典澈湖」命名之由，故亦難以定其孰是？

〔八〕賁竄入屈獠洞中，屈獠斬賁，傳首京師。是歲太清元年也。

太清元年，宋浙本、三朝本、南監本、北監本、汲古本、《南史・陳武帝紀》同。

按羅振玉《陳書斠議》：「《梁書・武帝紀》：賁入屈獠洞，在中大同元年（546）正月；賁死，在太清二年（548）三月。」

【注釋】

〔44〕其年冬：據《通鑑》卷一五八〈梁記十四〉，其年爲梁武帝大同八年（542）也。

〔45〕大庾嶺：在廣東南雄縣北，江西大庾縣南。《讀史方輿紀要》卷八十三〈江西一〉：「其名山有廬山，其重險則有大庾嶺，磅礴高聳，爲五嶺之一。」清海

禁未開前，往來贛、粵二省者，皆取道於此。

〔46〕交州司馬，領武平太守：《宋書・州郡志》：「交州，漢武帝元鼎六年開百越，交趾刺史治龍編。漢獻帝建安八年，改曰交州。」故治即今越南河內。司馬，州刺史軍府之上佐，主扞禦征討之事。戰亂時期，其職特重，故南朝兵亂之際，恆有以州之司馬領要郡太守之例。如《宋書・范曄傳》：「爲江州征南司馬，新蔡太守。」《南齊書・王廣之傳》：「南徐州長沙王鎮軍司馬，南東海太守。」《梁書・王僧辯傳》：「江州雲騎府司馬、新蔡太守。」及本書〈陳武帝紀〉：「交州司馬、領武平太守。」等皆其例也。

武平郡：三國吳置（見《宋書・州郡志》）。故治在今越南北境。

〔47〕刺史楊瞟：按上文云：「武林侯蕭諮爲交州刺史。」此云：「刺史楊瞟」者，蓋是時蕭諮已被他調，改以楊瞟爲交州刺史也。

〔48〕陳司武：《宋書・百官志》：「大司馬一人，掌武事。司、主也。馬、武也。」是時陳霸先爲交州司馬，故楊瞟稱其爲陳司武也。

〔49〕番禺：《讀史方輿紀要》卷一〇一〈廣州府・番禺縣〉：「在府治東偏。秦置縣，以番、禺二山爲名。晉、宋以後，皆爲南海郡治。」故治在今廣州市南。

〔50〕蕭勃：梁武帝從父弟吳平侯昺之子（見《南史》卷五十一〈梁宗室上〉）。

〔51〕定州：《隋書・地理志》：「鬱林郡，梁置定州。」故治在今廣西貴縣東。

〔52〕罪由宗室：謂李賁之叛，咎由武林侯蕭諮也。

〔53〕節下：刺史、太守之別稱。《宋書・百官志》云：「前漢遣使，始有持節。至魏、晉時，凡督軍鎮守者，概加戎號、使持節，或持節、假節。」節者，符節也。以羽、旄牛尾編作，賜與大將使者所持以示信。梁、陳之制：州刺史、郡大守概加節加戎號，因以節下爲刺史、太守之稱。稱刺史、太守曰節下，猶稱天子爲陛下，稱皇太子曰殿下然。

〔54〕蘇歷江：在今越南北境。《讀史方輿紀要》卷一一二〈安南・交州府〉：「來蘇江，在府城東北，本名蘇歷江。相傳昔有蘇歷者開此江，因名。」

〔55〕典徹湖：《讀史方輿紀要》卷一一二〈安南・太原府〉：「典徹湖，在府西，舊時湖陂浩邈，吐納羣川，今堙。」

〔56〕我師已老：《通鑑》卷一五九〈梁紀十五〉胡三省注云：「楊瞟等自去年夏五月出師，至是幾一年半，故自謂師老。」

〔57〕鼓譟：擊鼓而讙譟之也。《左傳・哀公十七年》：「越子伐吳，爲左右句卒，使夜或左或右，鼓譟而進。」

〔58〕九眞：郡名。《宋書・州郡志》：「漢武帝元鼎六年立。」故治在今越南北

境。今河內以南、順化以北，清華、乂安等處皆其地也。

〔59〕德州：《隋書・地理志》：「日南郡，梁置德州。」故治在今越南北境。

〔60〕愛州：《隋書・地理志》：「九眞郡，梁置愛州。」故治在今越南北境。

〔61〕振遠將軍：梁置諸將軍之號爲二十四班，班多者爲貴。振遠將軍爲十三班。
　　　陳爲第五品。

〔62〕督七郡諸軍事句：按郡太守加戎號、加督之制，西晉末葉傾覆之際始有之。《晉
　　　書・應詹傳》：「遷南平太守。督南平、天門、武陵三郡軍事。及洛陽傾覆……。」
　　　是也。自此之後，要郡太守加戎號、加督之制，遂極普遍。如《宋書・申恬
　　　傳》：「加寧遠將軍，遷督魯、東平、濟北三郡軍事、泰山太守。」《南齊書・
　　　劉懷慰傳》：「爲輔國將軍、齊郡太守，進督秦、沛二郡。」《梁書・南平王
　　　偉傳》：「子恭，爲督齊安等十一郡事、寧遠將軍、西陽武昌二郡太守。」及
　　　本書〈陳武帝紀〉：「除振遠將軍、西江都護、高要太守、督七郡諸軍事」皆
　　　其例也。郡守若加督或加都督，品級則隨之而遷。《隋書・百官志上》述陳
　　　官制云：「丹陽尹、會稽太守，品並第五。加督，進在第四品；加都督，進
　　　在第三品。諸郡若加督及都督，皆以此差次爲例。」

　　二年冬，侯景〔63〕寇京師，高祖將率兵赴援，廣州刺史元景仲陰有異志
〔64〕，將圖高祖。高祖知其計，與成州〔65〕刺史王懷明、行臺選郎〔66〕殷外臣
等密議戒嚴。三年七月，集義兵於南海，馳檄以討景仲〔67〕，景仲窮蹙，縊
於閤下。高祖迎蕭勃鎮廣州。是時，臨賀內史〔68〕歐陽頠監衡州〔69〕，蘭裕、
蘭京禮扇誘始興〔70〕等十郡，共舉兵攻頠〔71〕，頠請援於勃，勃令高祖率眾救
之，悉擒裕等，仍監始興郡。

【注釋】

〔63〕侯景：北魏朔方人。驍勇有膂力，善騎射。從爾朱榮破懷朔葛賊，以功擢爲
　　　定州刺史。高歡爲魏相，入洛誅爾朱榮，景以眾降之，乃爲所用。景性殘忍
　　　酷虐，馭軍嚴整，然破掠所得財寶，皆班賜將士，故咸爲之用，所向多捷。
　　　歡以爲司徒、南道行臺，擁眾十萬，專制河南。歡疾篤，召景，景慮被禍，
　　　遂降梁。旋舉兵反，圍建康，陷臺城，武帝憤死，景遂立簡文帝，尋復弒之，
　　　改立豫章王棟，隨又廢之，自立爲漢帝（見《梁書》卷五十六本傳）。

〔64〕元景仲陰有異志：元景仲，北魏宗室之支屬。在魏爲征虜將軍。梁普通六年
　　　（525），魏室大亂，隨父元法僧投梁，梁武帝以景仲爲侍中、右衛將軍。大
　　　同中，爲廣州刺史。侯景作亂，以景仲元氏之族，遣使誘之，許奉爲主。景

仲乃舉兵，將下應景（見《梁書》卷三十九本傳）。

〔65〕成州：《隋書·地理志》：「蒼梧郡，梁置成州。」故治即今廣東封川縣治。

〔66〕行臺選郎：《通典》卷二十二〈行臺省〉：「魏、晉有之。江左無行臺，唯梁末以侯景爲河南王、大行臺承制。」元初於各路置行中書省，每省置丞相、平章、左右丞、參知政事等官，掌軍國庶務，統郡縣、邊鄙，即行臺之遺制。此處之行臺選郎、疑即侯景大行臺吏部尚書之郎官也。吏部郎官主銓選，故曰選郎。

〔67〕馳檄討景仲句：《梁書》卷三十九〈元景仲傳〉：「霸先徇其眾曰：『朝廷以元景仲與賊連縱，謀危社稷，今使曲江公勃爲刺史，鎮撫此州。』眾聞之，皆棄甲而散，景仲乃自縊而死。」

〔68〕臨賀內史：臨賀，郡名。《讀史方輿紀要》卷一〇七〈廣西·平樂府〉：「漢臨賀縣，三國吳置臨賀郡，晉、齊、梁、陳因之。」故治即今廣西賀縣治。內史，王國之官。《梁書》卷五十五〈臨賀王正德傳〉：「中大通四年，封臨賀郡王。」《晉書·職官志》：「諸王國以內史掌太守之任。」

〔69〕衡州：《隋書·地理志》：「南海郡含洭縣，梁置衡州。」故治在今廣東英德縣西。

〔70〕始興：《隋書·地理志》：「南海郡曲江縣，舊置始興郡。」故治即今廣東曲江縣治。

〔71〕蘭裕、蘭京禮共舉兵攻頠句：本書卷九〈歐陽頠傳〉云：「侯景構逆，粲（衡州刺史韋粲）自解還都征景，以頠監衡州。京城陷後，嶺南互相吞併。蘭欽弟前高州刺史裕攻始興內史蕭紹基，奪其郡。裕以兄欽與頠有舊（欽嘗爲衡州刺史，頠常隨欽征討），遣招之，頠不從。及高祖入援京邑，將至始興，頠乃深自結託。裕遣兵攻頠，高祖援之。」

十一月，高祖遣杜僧明、胡穎將二千人頓于嶺上〔72〕，并厚結始興豪傑同謀義舉，侯安都、張偲等率千餘人來附。蕭勃聞之，遣鍾休悅說高祖曰：「侯景驍雄，天下無敵，前者援軍十萬，士馬精彊，然而莫敢當鋒，遂令羯賊〔73〕得志，君以區區之眾，將何所之？如聞嶺北王侯又皆鼎沸，河東、桂陽，相次屠戮〔74〕；邵陵開建，親尋干戈〔75〕，李遷仕許身當陽，便奪馬仗〔九〕，以君疏外，詎可暗投〔76〕？未若且住始興，遙張聲勢，保此太山〔77〕，自求多福。」高祖泣謂休悅曰：「僕本庸虛，蒙國成造，往聞侯景渡江，即欲赴援，遭值元、蘭，梗我中道。今京都覆沒，主上蒙塵，君辱臣死，誰敢愛命！君侯體則皇

枝〔78〕，任重方岳，不能摧鋒萬里，雪此冤痛，見遣一軍，猶賢乎已〔79〕，乃降後旨，使人慨然！僕行計決矣，憑為披述。」乃遣使間道〔80〕往江陵〔81〕，稟承軍期節度。時蔡路養〔82〕起兵據南康〔83〕，勃遣腹心譚世遠為曲江令〔84〕，與路養相結，同遏義軍。

【校證】

〔九〕李遷仕許身當陽，便奪馬仗

　　許身，三朝本、汲古本同。宋浙本、南監本、北監本、《冊府》卷一八六竝作「託身」。

　　按宋浙本、南監本，及《冊府》卷一八六作「託」字義長。汲古本、殿本作「許」，當是後世傳刻時，因與「託」字形近而誤。此當據早出之宋浙本、南監本及《冊府》卷一八六回改作「託」為是。

【注釋】

〔72〕嶺上：謂大庾嶺上也。

〔73〕羯賊：羯，五胡之一，匈奴之別族。《魏書·石勒傳》：「羯胡石勒，其先匈奴別部，分散居於上黨武鄉羯室，因號羯胡。」侯景朔方人，亦羯胡也；為亂於梁，故曰羯賊。

〔74〕河東桂陽，相次屠戮：河東，謂河東王蕭譽。桂陽，謂桂陽嗣王慥。譽為昭明太子之次子，中大通三年（531），封河東郡王，遷湘州刺史。慥為梁武帝長兄長沙宣武王懿之孫，時為桂陽郡王、信州刺史（詳見《梁書》卷五十五〈河東王譽傳〉及《南史》卷五十一〈桂陽王慥傳〉）。侯景作亂，梁元帝（時為湘東郡王、荊州刺史，鎮江陵）與譽、慥各率所領，入援金陵。慥下峽至江津、譽次江口，梁元帝屆郢州之武成，屬侯景已請和，梁武帝詔罷援軍。譽自江口將旋湘鎮，慥欲待梁元帝至，謁督府，方還州。繢時在江陵（張繢，原任湘州刺史，後為河東王譽所代，徙為雍州，代譽弟岳陽王詧為刺史。詧頗凌轢繢，繢深銜之，時欲藉故以斃詧兄弟），乃貽梁元帝書曰：「河東戴櫓上水，欲襲江陵；岳陽在雍，共謀不逞。」江陵遊軍主朱榮又遣使報云：「桂陽住此，欲應譽、詧。」梁元帝信之，乃斬繢而歸，至江陵，收慥殺之；令王僧辯領兵攻譽於湘州，譽敗，遭擒被殺（詳見《周書》卷四十八〈蕭詧傳〉）。

〔75〕邵陵開建，親尋干戈：邵陵王綸，梁武帝第六子。天監十三年（514），封邵陵郡王。侯景構逆，綸率眾討景。臺城陷，綸至郢州，郢州刺史南平王恪讓

州於綸，上綸爲假黃鉞、都督中外諸軍事。綸於是置百官，大修器甲，將討侯景。元帝聞其彊盛，乃遣王僧辯帥舟師一萬以逼綸，綸軍潰，遂與子躓等十餘人輕舟走武昌……（見《梁書》卷二十九〈邵陵王傳〉）。

〔76〕詎可暗投：《史記‧鄒陽傳》：「臣聞明月之珠，夜光之璧，以暗投人於道路，人無不按劍而相眄者，何則？無因而至前也。」

〔77〕保此太山：謂保此安穩如泰山之始興郡也。

〔78〕君侯體則皇枝：蕭勃，武帝從弟吳平侯昺之子，故云然。

〔79〕猶賢乎已：《通鑑》卷一六二〈梁紀十八〉胡三省注：「猶賢乎已，用孔子語。已，止也。此言猶勝乎止而不遣軍也。」

〔80〕間道：《漢書‧高帝紀》：「從間道走軍。」顏師古注：「間，空也。投空隙而行，不公顯也。」

〔81〕江陵《讀史方輿紀要》卷七十八〈荊州府‧江陵縣〉：「本楚之郢都，漢曰江陵縣，自晉以後，皆爲州郡治。」故治在今湖北江陵縣北。

〔82〕蔡路養：南康土豪也。

〔83〕南康：《讀史方輿紀要》卷八十八〈南安府‧南康縣〉：「漢南野縣地，屬豫章郡。三國吳析置南安縣，晉太康元年，改曰南康，宋以後因之。」故治在今江西贛縣西南。

〔84〕曲江：《元和郡縣志》卷三十四〈韶州‧曲江縣〉：「本漢舊縣也，屬桂陽郡。江流迴曲，因以爲名。」故治在今廣東曲江縣西。

　　大寶〔85〕元年正月，高祖發自始興，次大庾嶺。路養出軍頓南野〔86〕，依山水立四城以拒高祖。高祖與戰，大破之，路養脫身竄走，高祖進頓南康。湘東王承制〔87〕授高祖員外散騎常侍〔88〕、持節、明威將軍〔89〕、交州刺史，改封南野縣伯。

【注釋】

〔85〕大寶：梁簡文帝年號（550～551）。

〔86〕南野：縣名、《讀史方輿紀要》卷八十八〈南安府‧南康縣〉：「南埜（野）廢縣，在縣西南。梁大寶初，陳霸先屯大庾嶺，南康土豪蔡路養屯於南埜山拒之，爲霸先所敗，即此。」故治在今江西南康縣西南章江南岸。

〔87〕湘東王承制：湘東王，即後之梁元帝，爲武帝第七子，名繹。天監十三年（514），封湘東郡王。太清元年（547），爲荊州刺史。三年三月，侯景寇沒京師。四月，太子舍人蕭韶至江陵宣密詔，以世祖爲侍中、假黃鉞、大

都督中外諸軍事、司徒承制（詳見《梁書‧元帝紀》）。承制，謂承君之制命，操生死之柄，專擅軍令也。

〔88〕員外散騎常侍：魏末置（見《宋書‧百官志》），舊爲顯職，與侍中通官。齊、梁用人卑雜（見《通典‧職官》三〈侍中屬官〉），梁制十八班，班多者爲貴，員外散騎常侍爲十班，陳爲第四品（詳見《隋書‧百官志上》）。

〔89〕明威將軍：梁置諸將軍之號爲二十四班，班多者爲貴，明威將軍爲十三班；陳制，擬官品第五（詳《隋書‧百官志上》）。

　　六月，高祖修崎頭古城〔90〕，徙居焉。高州刺史李遷仕據大皋〔91〕，遣主帥杜平虜率千人入灩石〔92〕、魚梁〔93〕，高祖命周文育將兵擊走之，遷仕奔寧都〔94〕。承制授高祖通直散騎常侍〔95〕、使持節、信威將軍〔96〕、豫州刺史，領豫章內史〔97〕，改封長城縣侯。尋授散騎常侍〔98〕、使持節、都督六郡諸軍事〔99〕、軍師將軍〔100〕、南江州〔101〕刺史，餘如故。時寧都人劉藹等資遷仕舟艦兵仗〔一〇〕，將襲南康，高祖遣杜僧明等率二萬人據白口，築城以禦之，遷仕亦立城以相對〔102〕。

【校證】

〔一〇〕時寧都人劉藹等資遷仕舟鑑兵仗

　　　　劉藹，宋浙本、三朝本、南監本、北監本、汲古本、《南史‧陳武帝紀》同。按劉藹，本書卷八〈杜僧明傳〉及〈周文育傳〉竝作「劉孝尙」。疑「孝尙」與「藹」同人，「藹」爲其名，「孝尙」其字也。

【注釋】

〔90〕崎頭古城：在江西大庾縣。《讀史方輿紀要》卷八十八〈南安府‧大庾縣〉：「崎頭城，府東百里。孫恬曰：『曲岸曰崎。』城在章江岸曲，因名。」

〔91〕大皋：《太平寰宇記》卷一〇九〈吉州‧泰和縣〉：「大皋城，在縣北八十三里，臨贛水。」故城在今江西吉安縣南二十里。

〔92〕灩石：《讀史方輿紀要》卷八十三《江西‧大川‧贛水》：「從贛城北至吉安府萬安縣，江中有十八灘，謂之贛石。」按贛石舊有二十四灘，唯今止有十八灘，即在贛縣者九，在萬縣者九。水性湍險，其中以惶恐灘最著。

〔93〕魚梁：《讀史方輿紀要》卷八十《吉安府‧萬安縣》：「魚梁城，在縣南十里。城近龍溪，臨惶恐灘。」

〔94〕寧都：《讀史方輿紀要》卷八十八〈贛州府‧寧都縣〉：「漢雩都縣地，三國

吳嘉禾中，析置陽都縣。晉太康元年，改曰寧都，宋、齊以後因之。」故治在今江西寧都縣南五十里。

〔95〕通直散騎常侍：魏末，散騎常侍又有在員外者，晉武帝使二人與散騎常侍通直，故謂之通直散騎常侍（見《宋書·百官志》）。梁門下省置通直散騎常侍四人，與侍中通官，並侍帷幄。梁制十八班，班多者爲貴，通直散騎常侍爲十一班，陳爲四品（詳見《隋書·百官志上》）。

〔96〕信威將軍：梁置諸將軍之號爲二十四班，班多者爲貴，信威將軍爲十六班；陳爲第四品，秩中二千石。

〔97〕豫州刺史，領豫章內史：按《梁書·武帝紀》：「太清元年（547）七月，以瓠縣（今河南汝南縣治）爲豫州。八月，王師北伐，冬十一月，大戰，敗績。二年春正月，豫州刺史棄城走，魏軍進據之。」是太清二年，豫州已沒於東魏矣。此云以陳霸先爲豫州刺史者，蓋遙以州名授之耳。領豫章內史，錢大昕《廿二史考異》卷二十七曰：「梁、陳之間，往往有以刺史資領郡守縣令者：程靈洗以譙州刺史資領新安太守（見本書卷十），徐世譜以衡州刺史資領河東太守（見本書卷十三），陳詳以青州刺史資領廣梁太守（見本書卷十五），熊曇朗以桂州刺史資領豐城縣令（見本書卷三十五），黃法𣰰以以交州刺史領新淦縣令（見本書卷十一），錢道戢以東徐州刺史領錢塘、餘杭二縣令（見本書卷二十二）。」此云以高祖爲「豫州刺史，領豫章內史」，亦其例也。《宋書·州郡志》：「豫章郡，漢高帝立。」故治即今江西南昌縣治。

〔98〕散騎常侍：秦置散騎，又置中常侍散騎。魏文帝黃初初，置散騎，合於中常侍，謂之散騎常侍（見《宋書·百官志》）。梁散騎常侍爲十二班，陳爲三品，掌侍從左右，獻納得失，省諸奏聞文書（詳見《隋書·百官志上》）。

〔99〕使持節、都督六郡諸軍事：《南齊書·百官志》：「魏、晉世，州牧隆重，刺史任重者爲使持節都督，輕者爲持節督，起漢順帝時，御史中丞馮赦討九江賊，督揚、徐二州軍事。」《宋書·百官志》：「晉世，都督諸軍爲上，監諸軍次之，督諸軍爲下；使持節爲上，持節次之，假節爲下。使持節得殺二千石以下，持節殺無官位人，若軍事得與使持節同，假節唯軍事得殺犯軍令者。」

〔100〕軍師將軍：梁置諸將軍號爲二十四班，班多者爲貴，軍師將軍爲十九班；陳爲第四品，秩中二千石（詳見《隋書·百官志上》）。

〔101〕南江州：錢大昕《廿二史考異》卷二十七：「此南江州未審置於何所？余孝頃亦爲南江州刺史。」洪齮孫《補梁疆域志》卷二曰：「案梁大寶元年，以新吳

置南江州。」吳熙載《通鑑地理今釋》卷九：「南江州，在江西南昌府奉新縣。」
〔102〕白口築城以禦之，遷仕亦立城以相對：《讀史方輿紀要》卷八十七〈江西五·吉安府·泰和縣〉：「白石城，在縣南五里。今兩城舊基尚存，東謂之石城，西謂之高城。」

　　二年三月，僧明等攻拔其城，生擒遷仕，送南康，高祖斬之。承制命高祖進兵定江州〔103〕，仍授江州刺史，餘如故。
【注釋】
〔103〕江州：《宋書·州郡二》：「晉惠帝元康元年（291），分揚州之豫章、鄱陽、廬陵、臨川、南康、建安、晉安，荊州之武昌、桂陽、安成十郡爲江州。初治豫章，成帝咸康六年（340），移治尋陽。」《讀史方輿紀要》卷八十五〈江西三·九江府〉：「《志》云：『梁移江州治湓城。』」

　　六月，高祖發自南康，南康灘石舊有二十四灘，灘多巨石，行旅者以爲難。高祖之發也，水暴起數丈，三百里間巨石皆沒。進軍頓西昌〔104〕，有龍見于水濱，高五丈許，五采鮮耀，軍民觀者數萬人。是時承制遣征東將軍王僧辯〔105〕督眾軍討侯景。
【注釋】
〔104〕西昌：《讀史方輿紀要》卷八十七〈吉安府·泰和縣〉：「西昌城，縣西三里，孫吳時縣治此，晉、宋因之。」故城在今江西泰和縣西三里。
〔105〕征東將軍王僧辯：王僧辯，字君才、太原祁人。天監中，隨父王神念自魏奔梁。起家爲湘東王國左常侍。湘東王承制，以僧辯爲領軍將軍。大寶二年，爲征東將軍，開府儀同三司，受命率諸軍自巴陵沿流東下討景（詳見《梁書》卷四十五本傳及卷五〈元帝紀〉）。梁置諸將軍之號爲二十四班，班多者爲貴，征東將軍爲二十三班；陳爲第二品，秩中二千石（見《隋書·百官志上》）。

　　八月，僧辯軍次湓城〔106〕，高祖率杜僧明等眾軍及南川〔107〕豪帥合三萬人將會焉。時西軍乏食，高祖先貯軍糧五十萬石，至是分三十萬以資之。仍頓巴丘〔108〕。會侯景廢簡文帝〔109〕，立豫章嗣王棟〔110〕，高祖遣兼長史〔111〕沈袞奉表於江陵勸進。

【注釋】

〔106〕 湓城：在江西九江縣西，《讀史方輿紀要》卷八十五〈九江府‧德化縣〉：「湓浦港，府城西半里，源出瑞昌縣清湓山，亦名盆水。其入江處，謂之湓口，自昔爲戍守處。湓口有城，所謂湓城也。」

〔107〕 南川：《讀史方輿紀要》卷八十三〈江西一‧贛水〉：「贛水亦曰南江，以其自南而北，通謂之南江。又自南康至豫章，其地皆謂之南川。」

〔108〕 巴丘：亦作巴邱，《讀史方輿紀要》卷八十七〈臨江府‧峽江縣〉：「巴邱城，在新淦縣南八十里峽江之東，孫吳分石陽縣置。」故城在今江西峽江縣北。

〔109〕 侯景廢簡文帝：簡文帝，諱綱，梁武帝第三子，昭明太子母弟。中大通三年（531）四月，昭明太子薨，五月，綱立爲太子。太清三年（549）五月，武帝崩，辛巳，即皇帝位（見《梁書‧簡文帝紀》）。《通鑑》卷一六四〈梁紀二十〉：「侯景尚帝女溧陽公主，嬖之，妨於政事，王偉屢諫景，景以告主，主有惡言，偉恐爲所譖，因說景除帝。八月戊午，廢帝爲晉安王，幽於永福省。」

〔110〕 豫章嗣王棟：昭明太子長子豫章王歡之子，大同六年（540）十二月，歡薨，棟嗣爲豫章王。及簡文見廢，侯景奉以爲主，年號天正。未幾行禪讓。及王僧辯克金陵，梁元帝別敕宣猛將軍朱買臣使計殺之（詳見《南史》卷五十三本傳）。

〔111〕 長史：梁制：刺史加戎號開府者，得置佐史。有長史、司馬、諮議、錄事、記事等十八曹。長史爲督府之上佐也，與司馬分理軍府之文武眾事。是時，陳霸先爲使持節、都督六郡諸軍事、軍師將軍、江州刺史，沈裒爲其督府長史。梁制十八班，班多者爲貴。庶姓持節府之長史爲八班；陳爲第七品。

十一月，承制授高祖使持節、都督會稽〔112〕東陽〔113〕新安〔114〕臨海〔115〕永嘉〔116〕五郡諸軍事、平東將軍〔117〕、東揚州〔118〕刺史，領會稽太守、豫章內史，餘竝如故。

【注釋】

〔112〕 會稽：《太平寰宇記》卷九十六〈江南東道八‧越州〉：「春秋時越之地。當顯王之世，（越王無疆）爲楚所滅，其地盡入楚。秦滅楚，以地併入吳，立會稽郡。漢因秦制。至順帝時，分浙江以西爲吳郡，東爲會稽郡，自晉至陳，又於此置東揚州。」《宋書‧州郡志》：「會稽（郡）治山陰。」故治即今浙江紹興縣治。

〔113〕 東陽：《宋書‧州郡志》：「東陽，本會稽西部都尉，吳孫皓寶鼎元年立。」

故治即今浙江金華縣治。

〔114〕新安：《宋書・州郡志》：「漢獻帝建安十三年，孫權分丹陽立，曰新都。晉武帝太康元年，更名（新安）。」故治即今浙江淳安縣治。

〔115〕臨海：《宋書・州郡志》：「本會稽東部都尉，孫亮太平二年立。」故治即今浙江臨海縣治。

〔116〕永嘉：《宋書・州郡志》：「晉明帝太寧元年，分臨海立。」故治即今浙江永嘉縣治。

〔117〕平東將軍：梁置諸將軍之號爲二十四班，班多者爲貴，平東將軍爲二十班；陳爲第三品，秩中二千石。

〔118〕東揚州：《隋書・地理志》：「會稽郡，梁置東揚州。」故治即今浙江紹興縣治。

三年正月，高祖率甲士三萬人、彊弩五千張，舟艦二千乘，發目豫章〔一一〕。

【校證】

〔一一〕發目豫章

發目，汲古本同。宋浙本、三朝本、南監本、北監本、《冊府》卷一八六、《御覽》卷一三三引竝作「發自」。

按汲古本、殿本作「發目」，乃「發自」之譌，其餘各本作「發自」不誤，當據改。

二月，次桑落洲〔119〕，遣中記室參軍〔120〕江元禮以事表江陵，承制加高祖鼓吹〔121〕一部。是時僧辯已發溢城，會高祖於白茅灣〔122〕，乃登岸結壇，刑牲盟約。進軍次蕪湖〔123〕，侯景城主張黑棄城走。

【注釋】

〔119〕桑落洲：《讀史方輿紀要》卷八十五〈江西三・九江府〉：「桑落洲，在九江府東北，過江五十里。昔江水泛漲，有一桑流至此，因名。」

〔120〕中記室參軍：梁制：凡督府置長史、司馬、錄事、記室等參軍。天監七年，更置中錄事、中記室、中直兵參軍各一人。中記室位在記室上，唯職與記室同。《梁書・文學・鍾嶸傳》：「爲寧朔記室，專掌文翰。」《北堂書鈔》卷六十九引干寶《司徒儀》云：「記室之職，凡有表章雜記之書，掌創其草。」

梁制十八班，以班多者爲貴，庶姓持節府中錄事、中記室、中直兵參軍爲三班；陳爲第八品。

〔121〕鼓吹：本書卷二十九〈蔡徵傳〉：「後主謂有司曰：『鼓吹，軍樂，有功乃授』。」

〔122〕白茅灣：《讀史方輿紀要》卷八十五〈江西三・九江府〉：「桑落洲之西曰白茅灣。」

〔123〕蕪湖：在今安徽當塗縣西南。《讀史方輿紀要》卷二十七〈江南九・太平府〉：「蕪湖縣，漢置，屬丹陽郡。以地卑蓄水，而生蕪藻，因名。」

三月，高祖與諸軍進剋〔一二〕姑孰〔124〕，仍次蔡洲〔125〕。侯景登石頭城〔126〕觀望形勢，意甚不悅，謂左右曰：「此軍上有紫氣，不易可當。」乃以舴〔一三〕艋貯石沉塞淮口〔127〕，緣淮作城，自石頭迄青溪〔128〕十餘里中，樓雉相接。諸將未有所決，僧辯遣杜崱〔129〕問計於高祖，高祖曰：「前柳仲禮〔130〕數十萬兵隔水而坐，韋粲〔131〕之在青溪，竟不渡岸，賊乃登高望之，表裏俱盡，肆其凶虐，覆我王師。今圍石頭，須渡北岸。諸將若不能當鋒，請先往立柵。」高祖即於石頭城西橫隴〔132〕築柵，眾軍次連八城，直出東北。賊恐西州〔133〕路斷，亦於東北果林作五城以遏大路。景率眾萬餘人、鐵騎八百餘匹，結陣而進。高祖曰：「軍志有之：善用兵者，如常山之蛇〔134〕，首尾相應。今我師既眾，賊徒甚寡，應分賊兵勢，以弱制彊〔一四〕，何故聚其鋒銳，令必死於我？」乃命諸將分處置兵。賊直衝王僧志，僧志小縮，高祖遣徐度領弩手二千橫截其後，賊乃卻。高祖與王琳、杜龕等以鐵騎悉力乘之，賊退據其柵。景儀同〔135〕盧輝略開石頭北門來降。盪主戴冕〔一五〕、曹宣等攻拔果林一城，眾軍又剋其四城。賊復還，殊死戰，又盡奪所得城柵。高祖大怒，親率攻之，士卒騰柵而入，賊復散走。景與百餘騎棄矟執刀，左右衝陣，陣不動，景眾大潰，逐北至西明門〔136〕。景至闕下，不敢入臺，遣腹心取其二子而遁〔137〕。高祖率眾出廣陵〔138〕應接〔一六〕，會景將郭元建奔齊〔139〕，高祖納其部曲〔140〕三千人而還。僧辯啟高祖鎮京口〔141〕。

【校證】

〔一二〕進剋姑孰

　　剋，宋浙本、三朝本、南監本、北監本、《南史・陳武帝紀》同。汲古本、《御覽》卷一三三引作「尅」，《冊府》卷一八六作「克」。

　　姑孰，南監本、北監本、汲古本同。宋浙本、三朝本《南史・陳武帝紀》、《冊府》卷一八六、《御覽》卷一三三引竝作「姑熟」。

按進剋之「剋」，正字當作「勊」，說詳見前校證〔四〕「能剋賊者，必陳司武也」條。

又按姑孰之「孰」，从火作「熟」，爲《說文》所無，乃孰之後起俗字，梁顧野王《玉篇》始有之。今以孰、熟音義相同，作「姑孰」與作「姑熟」無異，故不改「熟」作「孰」，或改「孰」爲「熟」，後遇此，不悉出校證。

〔十三〕乃以舣舺貯石沉塞淮口

舣，宋浙本、三朝本、南監本、北監本、汲古本同。《南史·陳武帝紀》作「舣」。

按「舣」爲字書所無，當是「舣」之譌字。《廣韻·平聲·麻韻》：「舣，小船名。」《通鑑》卷一六四〈梁紀二十〉此處作「景召石頭津主張賓，使引淮中舣舺及海艟，以石縋之，塞淮口。」胡三省並有音注云：「舣，音叉。」明此「舣舺」之「舣」，乃「舣」之譌字。《南史·陳武帝紀》作「舣」不誤，當據正。

〔一四〕分賊兵勢，以弱制彊

以弱制彊，宋浙本、三朝本、南監本、北監本、汲古本、《南史·陳武帝紀》同。《冊府》卷一八六作「以弱制強」。

按彊之本義爲弓有力也（見《說文·弓部》），引伸爲凡有力之稱（見彊字下段注）。強之本義爲蚚也（見《說文·虫部》）。蚚爲米穀中小黑蟲。彊、強義各有別，強弱之「強」，本字當作「彊」，作「強」，乃彊之假借字。此處各本作「以弱制彊」，字雖無譌，然文義有誤。上文云「我師既眾，賊徒甚寡。」我眾賊寡，是敵弱我彊也。況又分賊兵勢，則賊勢愈散愈弱可知。此云「以弱制彊」者，顯係「以彊制弱」之誤，《通鑑》卷一六四〈梁紀二十〉正作「以強制弱」不誤，當據正。

〔一五〕僭主戴冕

戴冕，宋浙本、三朝本、南監本、北監本同。

按「戴冕」，汲古本、《冊府》卷一八六、《御覽》卷一三三引並作「戴晃」。《日知錄》卷七「纍臷舟」條下所引亦作「戴晃」，與此作「戴冕」者異。

〔一六〕高祖率眾出廣陵應接，會景將郭元建奔齊

宋浙本、三朝本、南監本、北監本、汲古本同此。

按高祖率眾出廣陵應接，究爲應接何人？下無說明，語意不完，「應接」下，疑有脫文。《冊府》卷一八六及《御覽》卷一三三引此作「高祖率眾出廣陵應接景將郭元建，會元建奔齊。」「應接」下，並有「景將郭元建」五字，

語意甚見完足，當是《陳書》原文之舊。各本「應接」下脫「景將郭元建」
五字，當據以補正。唯下句「會景將郭元建奔齊」之「景將郭」三字，原
屬上句而誤植於此者，則當刪去。

【注釋】

〔124〕姑孰：《讀史方輿紀要》卷二十七〈江南九・太平府〉：「姑孰城，今府治，
漢丹陽縣地，東晉時，置城戍守，城南臨姑孰溪，因曰姑孰城。」即今安徽
姑孰縣治。

〔125〕蔡洲：《讀史方輿紀要》卷二十〈江南二・江寧府〉：「蔡洲，在江寧縣西南
十八里石頭西岸。」

〔126〕石頭城：在今江寧縣西石頭山後。《太平寰宇記》卷九十〈昇州・上元縣〉：
「石頭城，楚威王滅越，置金陵邑，即城也。後漢建安十七年，吳大帝乃加
修理，改名石頭城，用貯軍糧器械。諸葛亮曾使建業，謂大帝曰：『鍾山龍
蟠，石城虎踞。』即此也。」

〔127〕淮口：淮謂秦淮河。秦淮河發源於溧水縣東南二十里之東盧山，西經江寧城
中，至石頭城注大江，其處即曰淮口。

〔128〕青溪：《讀史方輿紀要》卷二十〈江南二・江寧府〉：「青溪，在上元縣東六
里。溪發源鍾山，下入秦淮，逶迤九曲。《實錄》：『吳赤烏四年，鑿東渠通
北塹，以洩元武湖水。南接於秦淮，逶迤十五里，名曰青溪』。」

〔129〕杜崱：其先京兆杜陵人。太清二年，與兄子龕等投梁湘東王幕府。湘東
王承制，以崱爲武州刺史，令隨王僧辯東下討景（見《梁書》卷四十六
本傳）。

〔130〕柳仲禮：河東解人，勇力兼人。中大通中，爲司州刺史。初，侯景潛圖反
噬，仲禮先知之，屢啓求以精兵三萬討景，朝廷不許。及景濟江，朝野便
望其至。太清二年（548），與諸藩赴援京師，以久捍邊疆，先爲侯景所憚，
兼士馬精強，眾推爲大都督（見《南史》卷三十八本傳及《梁書》卷四十
三〈韋粲傳〉）。

〔131〕韋粲之在青溪，覆我王師句：韋粲，梁名將韋叡之孫。太清元年，爲衡州刺
史。侯景寇逆，粲自解還都征景。粲與眾軍屯新林王遊苑。諸將勒兵爭爲都
督。十一月丙辰晦，始議定推柳仲禮（粲外弟）爲大都督，至是，仲禮乃部
分眾軍，以青塘當石頭中路，迫近淮渚，欲以糧儲船乘盡就泊之，特屬粲頓
青塘立柵，自徙營大航，期旦日會戰。時值昏霧，粲軍迷失道，比及青塘，
夜已過半，壘柵至曉未合。景登禪靈寺門閣，望粲營未立，便率銳卒來攻，

粲率子弟力戰，兵敗遇害，仲禮麾馳救之，與景大戰青塘，亦被重瘡，騎將郭山石救之，得免。自是仲禮氣索，不復言戰（見《梁書》卷四十三〈韋粲傳〉及《通鑑》一六二〈梁紀十八〉）。

〔132〕橫隴：在今江蘇江寧縣西南。《讀史方輿紀要》卷二十〈江南‧江寧府〉：「石頭城西有橫隴，謂之落星岡，亦名落星墩。」

〔133〕西州：在今南京市西。《大清一統志》卷七十四：「西州城，在上元縣西，晉揚州刺史治所。《通鑑注》：『揚州治所在臺城西，故謂之西州』。」

〔134〕善用兵者，如常山之蛇：常山，山名，在今浙江常山縣南。《孫子‧九地篇》：「善用兵者，譬如率然，率然者，常山之蛇也。擊其首，則尾至；擊其中，則首尾俱至。」

〔135〕儀同：儀同三司之簡稱。

〔136〕西明門：《通鑑》卷一六四〈梁紀二十〉胡注：「西明門，建康外城西中門。」

〔137〕景遣腹心取其二子而遁：《梁書》卷五十六〈侯景傳〉：「景以皮囊盛二子挂馬鞍，與其儀同田遷、范希榮等百餘騎東奔。王僧辯遣侯瑱率眾追景。達松江，而侯瑱掩至。與腹心數十人單舸走，推墮二子於水，自滬瀆入海。至壺豆洲，前太子舍人羊鯤殺之，送屍于王僧辯，傳首西臺，曝屍於建康市。」

〔138〕廣陵：即今江蘇江都縣。《讀史方輿紀要》卷二十三〈江南五‧揚州府〉：「秦廣陵縣，漢析置江都縣。」

〔139〕景將郭元建奔齊：《通鑑》卷一六四〈梁紀二十〉：「僧辯遣陳霸先將兵向廣陵受郭元建降，……會侯子鑒渡江至廣陵，謂元建曰：『我曹，梁之深讎，何顏復見其主？不若北投，可得還鄉。』遂皆降齊。」

〔140〕部曲：私人部伍之稱。《三國志‧魏書‧鄧艾傳》：「吳名宗大族，皆有部曲。」本書卷三十一〈魯廣達傳〉：「時江表將帥，各領部曲，動以千數，而魯氏尤多。」

〔141〕京口：《讀史方輿紀要》卷二十五〈江南七‧鎮江府〉：「京城，秦曰丹徒，後漢建安十三年，孫權徙鎮於此，築京城，因京峴山爲名，號曰京鎮。《志》云：『城因山爲壘，俯臨江津，故曰京口。』杜佑曰：『京口因山爲壘，緣江爲境，建業之有京口，猶洛陽之有孟津。』自孫吳以來，東南有事，必以京口爲襟要，京口之防或疏，建業之危立至。六朝時，以京口爲臺城門戶。」

五月，齊遣辛術圍嚴超達於秦郡〔142〕，高祖命徐度領兵助其固守。齊眾七萬，塡塹、起土山、穿地道，攻之甚急。高祖乃自率萬人解其圍，縱兵四

面擊齊軍，弓弩亂發，齊平秦王中流矢死〔143〕，斬首數百級，齊人收兵而退，高祖振旅南歸，遣記室參軍劉本仁獻捷於江陵。

【注釋】

〔142〕齊遣辛術圍嚴超達於秦郡：《通鑑》卷一六四〈梁紀二十〉：「齊主使潘樂、郭元建圍秦郡，行臺尚書辛術諫曰：『朝廷與湘東王信使不絕。陽平，侯景之士也，取之可也；今王僧辯已遣嚴超達守秦郡，於義何得復爭之？且水潦方降，不如班師。』弗從。」至是辛術乃圍超達於秦郡。《隋書・地理志》：「江都郡六合縣，舊置秦郡。」故治即今江蘇六合縣治。

〔143〕齊平秦王中流矢死：考《北齊書・高歸彥傳》：歸彥，高歡族弟，文宣帝天保元年（550），封平秦王。至陳文帝天嘉二年（561），猶於北齊位太傅、領司徒。錢大昕《廿二史考異卷》二十七：「此平秦王不著姓名，高歸彥封平秦王，其時無恙。」

七月，廣陵僑民朱盛、張象潛結兵襲齊刺史溫仲邕〔144〕遣使來告，高祖率眾濟江以應之。會齊人來聘〔145〕，求割廣陵之地，王僧辯許焉，仍報高祖，高祖於是引軍還南徐州〔146〕，江北人隨軍而南者萬餘口。承制授高祖使持節、散騎常侍、都督南徐州諸軍事、征北大將軍〔147〕、開府儀同三司〔148〕、南徐州刺史，餘竝如故〔十七〕。及王僧辯率眾征陸納於湘州〔149〕，承制命高祖代鎮揚州〔150〕。

【校證】

〔一七〕承制授高祖使持節、散騎常侍、都督南徐州諸軍事、征北大將軍、開府儀同三司、南徐州刺史，餘竝如故

餘竝如故，宋浙本、三朝本、南監本、北監本、汲古本同。

按《南史・陳武帝紀》此處作「承制授帝征北大將軍、開府儀同三司、南徐州刺史，進封長城縣公。」羅振玉《陳書斠議》云：「《南史》載帝是時『進封長城縣公』，此失書。后傳亦稱『高祖爲長城縣公，后拜夫人。』」

【注釋】

〔144〕廣陵僑民襲齊刺史溫仲邕句：按《通鑑》卷一六四〈梁紀二十〉云：「齊政煩賦重，江北之民，不樂屬齊。」此廣陵僑民所以欲襲殺其刺史而來附也。

〔145〕會齊人來聘：《通鑑》卷一六四〈梁紀二十〉：「齊主使告王僧辯、陳霸先曰：『請釋廣陵之圍，必歸廣陵、歷陽兩城』。」

〔146〕南徐州：《宋書‧州郡志》：「晉永嘉大亂，幽、冀、青、并、兗州及徐州之淮北流民，相率過淮，亦有過江在晉陵郡者。安帝義熙七年（411），始分淮北爲北徐，淮南爲徐州。文帝元嘉八年（431），更以江北爲南兗州，江南爲南徐州，治京口。」故治即今江蘇鎮江縣治。

〔147〕征北大將軍：梁置諸將軍之號爲二十四班，班多者爲貴。征北將軍爲二十三班；陳爲第二品，秩中二千石。加大，則進一階，位從公矣。

〔148〕開府儀同三司：開府者，謂開建府署也。儀同三司者，謂同司徒、司馬、司空之儀制也。《晉書‧職官志》：「殤帝延平元年（106），鄧騭爲車騎將軍、儀同三司；儀同之名，始自此也。及魏，黃權以車騎將軍開府儀同三司；開府之名，起於此也。」漢制：惟三公得開府，置官署。《宋書‧百官志》：「江左以來，將軍則中、鎮、撫、四鎮以上或加大，餘官則左右光祿大夫以上竝得儀同三司。」《隋書‧百官志上》：「梁制十八班，班多者爲貴，諸將軍開府儀同三司爲十七班；陳制：開府儀同三司秩萬石，品第一。」

〔149〕王僧辯征陸納於湘州：按王琳爲湘東王國將帥，隨王僧辯討侯景。平景之勳，與杜龕俱爲第一，恃寵（琳姊妹皆在王宮），縱暴於建業，王僧辯禁之不可，懼將爲亂，啓請誅之。琳亦疑禍，令長史陸納率部前赴湘州，身詣江陵陳謝，將行，謂納等曰：「若吾不返，子將安之？」咸曰：「請死相報。」泣而別。及至，帝以下吏，琳副將殷晏下獄死。大寶三年（552）冬十月庚戌，陸納及其將潘烏累等舉兵反，襲陷湘州。上聞之，遂遣使徵僧辯討納（詳見《北齊書‧王琳傳》及《梁書‧元帝紀》）。

〔150〕代鎮揚州句：按揚州爲淮南雄鎮，京畿所在，因地位特殊，故自江左以來，其刺史恆由親貴或宰輔兼攝。如太寶三年五月，以司空、南平王恪爲揚州刺史。九月，恪薨，以侍中、司徒、尚書令、鎮衛將軍王僧辯爲揚州刺史，是也。今僧辯離鎮征陸納於湘州，諸將中，位望與僧辯相匹者，即數霸先，故承制命其自京口代鎮揚州。

十一月，湘東王即位於江陵，改大寶三年為承聖元年。

湘州平〔151〕，高祖旋鎮京口。

三年三月〔一八〕，進高祖位司空〔152〕，餘如故。

【校證】

〔一八〕十一月，湘東王即位於江陵，改大寶三年爲承聖元年。湘州平，高祖旋鎮京口。三年三月，進高祖位司空。

宋浙本、三朝本、南監本、北監本、汲古本同。《御覽》卷一三三引「湘州平」上有「明年」二字。《南史・陳武帝紀》「湘州平」上有「承聖二年」四字。

按《梁書・元帝紀》云「承聖二年六月乙酉，湘州平。」湘州平既爲承聖二年（553）事，則此「湘州平」上，當從《南史》有「承聖二年」四字，或從《御覽》卷一三三引有「明年」二字爲是，今各本「湘州平」上無「明年」二字，顯係後世傳刻所譌奪，當據《御覽》補。

又按「三年三月進高祖位司空」句，各本及《冊府》卷一八六同。《梁書・元帝紀》、《通鑑》卷一六五〈梁紀二十一〉竝作「三年四月癸酉，以陳霸先爲司空。」

【注釋】

〔151〕湘州平：承聖二年五月，僧辯討納，納等敗走長沙。是時湘州未平，而武陵王紀稱帝於蜀，舉兵東下峽口，江陵震恐，上欲召僧辯兵西上。會陸納啓申琳罪，請復本位，願解城降。上遂遣王琳還鎮，六月乙酉，至長沙，納遂降，湘州平。上復琳官，使將兵西援峽口。秋七月辛未，紀平。乙未，王僧辯班師江陵，旋還鎮建業（見《梁書・元帝紀》及《通鑑》卷一六五〈梁紀二十一〉）。

〔152〕司空：與太尉、司徒同爲國之三公。梁制：司空爲十八班；陳爲一品，秩萬石。

十一月，西魏攻陷江陵〔153〕，高祖與王僧辯等進啓江州，請晉安王以太宰承制〔154〕，又遣長史謝哲奉牋勸進。

十二月〔一九〕，晉安王至自尋陽〔155〕，入居朝堂，給高祖班劍二十人〔156〕。

【校證】

〔一九〕十二月，晉安王至自尋陽

宋浙本、三朝本、南監本、北監本、汲古本同。

按「十二月，晉安王至自尋陽」，《梁書・敬帝紀》、《通鑑》卷一六六〈梁紀二十二〉竝作「四年二月癸丑，至自尋陽」，《南史・敬帝紀》亦云：「四年二月癸丑，於江州奉迎至建鄴。」

【注釋】

〔153〕西魏攻陷江陵：《周書》卷四十八〈蕭詧傳〉：「詧，昭明太子第三子，中大

通三年（531），封岳陽王。中大同元年（546），爲雍州刺史。（及梁元帝殺其兄湘州刺史河東王譽），詧因與江陵構隙，恐不能自固，（西魏文帝）大統十五年（549），乃遣使稱藩，請爲附庸。魏恭帝元年（554），太祖（宇文泰）令柱國于瑾伐江陵，詧以兵會之。」《梁書・元帝紀》：「承聖三年（554）十一月辛卯，城陷于西魏。辛未，西魏害世祖，選男女數萬口，分爲奴婢，驅入長安，小弱者皆殺之。」

〔154〕請晉安王以太宰承制：《梁書・敬帝紀》：「敬帝諱方智，梁元帝第九子。承聖元年（552），封晉安王。二年，出爲江州刺史。三年十一月，江陵陷，太尉王僧辯、司空陳霸先定議以帝爲太宰承制，奉迎還京師。」《晉書・職官志》：「太宰與太傅、太保皆爲上公，論道經邦，燮理陰陽」

〔155〕尋陽：《宋書・州郡志》：「尋陽郡，晉惠帝永興元年立。」故治即今江西九江縣治。

〔156〕班劍二十人：漢制，朝服帶劍，晉代以木。木劍無刀，假作劍形，書之以文，謂曰班劍。後世又以班劍爲儀仗，由隨從武士若干人佩之，天子以賜功臣，或二十人，或四十，或六十，視官階功勳而加。

　　四年五月，齊送貞陽侯淵明〔二○〕還主社稷〔157〕，王僧辯納之。即位，改元曰天成，以晉安王爲皇太子。初，齊之請納貞陽也，高祖以爲不可，遣使詣僧辯苦爭之，往返數四，僧辯竟不從。高祖居常憤歎，密謂所親曰：「武皇雖磐石之宗〔158〕，遠布四海，至於剋雪讎恥，寧濟艱難，唯孝元而已，功業茂盛，前代未聞。我與王公俱受重寄，語未絶音，聲猶在耳，豈期一旦便有異圖？嗣主，高祖之孫，元皇之子，海內屬目，天下宅心，竟有何辜，坐致廢黜，遠求夷狄，假立非次？觀其此情，亦可知矣！」乃密具袍數千領及錦綵金銀以爲賞賜之具。

【校證】

〔二○〕四年五月，齊送貞陽侯淵明還主社稷

　　四年五月，宋浙本、三朝本、南監本、汲古本同。

　　淵明，南監本、北監本、汲古本、《冊府》卷一八六、《御覽》卷一三三、《通鑑》卷一六六〈梁記二十二〉同。宋浙本、三朝本作「深明」。

　　按羅振玉《陳書斠議》：「《梁書・敬帝紀》，淵明三月還，七月即位。《北齊書・文宣帝紀》，正月送淵明還。」

　　又按唐高祖名「淵」，唐人修史，凡遇前人名「淵」者，例多避諱改作「泉」，

或作「深」，如南齊之薛淵（見《南齊書》卷三十），唐李延壽撰《南史‧薛淵傳》，則改「薛淵」爲「薛深」（見《南史》卷四十）。又北魏之侯淵（見《魏書》卷八十）與張淵（見《魏書》卷九十一），李延壽《北史》亦將「侯淵」改爲「侯深」（見《北史》卷四十九），「張淵」改爲「張深」（見《北史》卷八十九），即是其例。《陳書》與《南北史》悉纂修於唐代，故遇前人名「淵」者，自亦避諱改作「深」。此處之「淵明」，宋浙本作「深明」者，當係姚思廉原文之舊。其餘各本作「淵明」，則是後人雕版時所回改。

【注釋】

〔157〕齊送貞陽侯淵明還主社稷：《北齊書》卷三十二〈蕭淵明傳〉：「蕭淵明，梁武帝長兄懿之第五子。在梁，甚爲梁武所親愛。少歷顯職，封貞陽侯。太清中，既納侯景，乘魏之亂，詔淵明率軍趨彭城，圖進取中原。淵明度淮，未幾，爲魏所破，執送晉陽。梁元帝於江陵爲西魏所害，北齊文宣帝遂詔立淵明爲梁主，議送還國。」《通鑑》卷一六六〈梁紀二十二〉云：「齊主先使殿中尚書邢子才馳傳詣建康，與王僧辯書，以爲：『嗣主沖藐，未堪負荷。彼貞陽侯，梁武猶子，長沙之胤，以年以望，堪保金陵，故置爲梁主，納於彼國。卿宜部分舟艦，迎接今主，并心一力，善建良圖。』乙卯，貞陽侯淵明亦與僧辯書求迎。僧辯復書曰：『意在主盟，不敢聞命。』已卯，淵明又與僧辯書，僧辯不從。三月，貞陽侯淵明至東關，散騎常侍裴之橫禦之。丙戌，齊克東關，斬裴之橫，俘數千人；王僧辯大懼，出屯姑孰，謀納淵明。」

〔158〕磐石之宗：謂其世系固如磐石之堅重不可轉移。《史記‧孝文帝紀》：「高祖封王子弟，地犬牙相制，此所謂磐石之宗也。」

　　九月壬寅，高祖召徐度、侯安都、周文育等謀之。仍部列將士，分賞金帛，水陸俱進。是夜，發南徐州〔159〕討王僧辯。甲辰，高祖步軍至石頭前，遣勇士自城北踰入。時僧辯方視事，外白有兵，俄而兵自內出。僧辯遽走，與其第三子頠相遇，俱出閣，左右尚數十人苦戰。高祖大兵尋至，僧辯眾寡不敵，走登城南門樓，高祖因風縱火，僧辯窮迫，乃就擒。是夜，縊僧辯及頠。

　　丙午，貞陽侯遜位〔二一〕，百僚奉晉安王，上表勸進。十月己酉，晉安王即位，改承聖四年為紹泰元年〔二二〕。壬子，詔授高祖侍中〔160〕、大都督中外諸軍事〔161〕、車騎將軍〔162〕、揚南徐二州刺史〔163〕，持節、司空、班劍、鼓

吹竝如故，仍詔高祖甲仗百人〔164〕，出入殿省。

【校證】

〔二一〕丙午，貞陽侯遜位

丙午，宋浙本、三朝本、南監本、汲古本、《御覽》卷一三三引竝作「景午」。
按唐高祖之父名「昺」，唐人諱丙，凡丙、昞、炳字，多避諱改作「景」。
《陳書》修於唐時，故凡丙字，亦皆避諱作「景」。此處宋浙本、南監本、
汲古本及《御覽》卷一三三引作「景午」者，爲沿姚思廉原文之舊也。殿
本及《冊府》卷一八六作「丙午」，則是後人雕版時所追改。後遇此，不
悉出校證。

〔二二〕十月己酉，晉安王即位，改承聖四年爲紹泰元年。

十月己酉，宋浙本、三朝本、南監本、北監本、汲古本同。
按羅振玉《陳書斠議》：「《梁書·敬帝紀》作『九月丙午即位，十月己巳
改元。』」

【注釋】

〔159〕發南徐州：時南徐州鎮京口。

〔160〕侍中：《宋書·百官志》云：「本秦丞相史也。使五人往來殿內東廂奏事，故
謂之侍中。」《唐六典》卷八〈侍中〉：「魏晉以來，置四員，別加官者不在
數。當侍左右，備切問近對，拾遺補闕。梁班第十二，陳亦第三品。」

〔161〕大都督中外諸軍事：《晉書·職官志》：「魏文帝黃初三年（222），始置都督
諸州軍事，或領刺史。又上大將軍曹眞都督中外諸軍事、假黃鉞，則總統內
外諸軍矣。江左以來，都督中外尤重，唯王導等權重者乃居之。」

〔162〕車騎將軍：梁置諸將軍之號爲二十四班，班多者爲貴，車騎將軍爲二十四班；
陳爲第一品。

〔163〕揚州：《讀史方輿紀要》卷二十〈江南二·江寧府〉：「禹貢揚州之域，楚威
王初置金陵邑。秦改曰秣陵，孫吳自京口徙都此，改曰建業。晉平吳，移置
丹陽郡，兼置揚州治焉。」又：「東府城，晉會稽王道子宅也。宅在州東，
故曰東府，自是領揚州者，輒鎮焉。」

〔164〕甲仗：甲士執兵衛者曰甲仗。《晉書·桓沖傳》：「詔沖及謝安竝加侍中，以
甲仗五十人入殿。」

震州刺史杜龕據吳興，與義興太守韋載同舉兵反〔165〕。高祖命周文育率

眾攻載於義興，龕遣其從弟北叟將兵拒戰，北叟敗歸義興。辛未，高祖表自東討，留高州刺史侯安都、石州〔166〕刺史杜稜宿衛臺省〔167〕。甲戌，軍至義興，丙子，拔其水柵。

秦州刺史徐嗣徽據其城以入齊〔168〕，又要南豫州〔169〕刺史任約共舉兵應龕、載，齊人資其兵食。嗣徽等以京師空虛，率精兵五千奄至闕下，侯安都領驍勇五百人出戰，嗣徽等退據石頭。

丁丑，載及北叟來降，高祖撫而釋之。以嗣徽寇逼，卷甲還都，命周文育進討杜龕。

【注釋】

〔165〕震州刺史杜龕據吳興舉兵反：《通鑑》一六六〈梁紀二十二〉云：「吳興太守杜龕，僧辯之女婿也。僧辯以吳興爲震州，用龕爲刺史。」至是龕聞僧辯被害，故據吳興舉兵反。

〔166〕石州：《讀史方輿紀要》卷一〇八〈廣西三・梧州府〉：「藤縣，梁置石州。」故治在今廣西藤縣北。

〔167〕臺省：即臺城（建安宮城）也。

〔168〕秦州刺史徐嗣徽據其城以入齊：《通鑑》卷一六六〈梁紀二十二〉云：「譙、秦二州刺史徐嗣徽、從弟嗣先，僧辯甥也。僧辯死，嗣先亡就嗣徽，嗣徽以州入於齊。」《隋書・地理志》：「江都郡六合縣，後齊置秦州。」故治即今江蘇六合縣治。

〔169〕南豫州：按梁武帝太清元年（547）七月，以壽春爲南豫州（見《梁書・武帝紀》）。屬侯景之亂，江北南豫之地，盡沒於東魏。及平景亂，因徙南豫鎮姑孰（本書卷九〈侯瑱傳〉：「既復臺城，以功除南豫州刺史，鎮于姑孰。」）姑孰即今安徽當塗。

十一月己卯，齊遣兵五千濟渡據姑孰。高祖命合州〔170〕刺史徐度於冶城寺〔171〕立柵，南抵淮渚〔172〕。齊又遣安州〔173〕刺史翟子崇、楚州〔174〕刺史劉仕榮〔二三〕、淮州〔175〕刺史柳達摩領兵萬人於胡墅〔176〕渡米粟三萬石、馬千匹，入於石頭。癸未，高祖遣侯安都領水軍夜襲胡墅，燒齊船千餘艘；周鐵虎率舟師斷齊運輸〔二四〕，擒其北徐州〔177〕刺史張領州，獲運舫米數千石。仍遣韋載於大航築城〔178〕，使杜稜據守。齊人又於倉門〔179〕、水南〔180〕立二柵以拒官軍。甲辰，嗣徽等攻冶城柵，高祖領鐵騎精甲出自西明門〔181〕襲擊之，賊眾大潰。嗣徽留柳達摩等守城，自率親屬腹心往南州〔182〕采石〔183〕以迎齊援〔二五〕。

【校證】

〔二三〕楚州刺史劉仕榮

　　　　劉仕榮，宋浙本、三朝本、南監本、北監本、汲古本、《冊府》卷一八六同。
　　　　按《南史・陳武帝紀》及《北齊書》卷二十一〈高乾附弟季式傳〉所見劉
　　　　仕榮之「仕」，竝作士人之「士」，與此作「仕」者異。

〔二四〕周鐵虎率舟師斷齊運輸

　　　　虎，汲古本同。宋浙本、三朝本、南監本、北監本、《南史・陳武帝紀》、《冊
　　　　府》卷一八六、《御覽》卷一三三引竝作「武」。
　　　　按唐高祖之祖名「虎」，唐人避諱，凡虎字多改爲「武」，或改爲「獸」。《陳
　　　　書》修於唐代，故凡虎字亦多改作「武」，或作「獸」。下文「紹泰二年五
　　　　月己亥，高祖於大司馬門外白虎闕下刑牲告天」之「虎」字，宋浙本、南
　　　　監本、《冊府》卷一八六、《御覽》卷一三三引竝作「獸」，即是沿姚思廉原
　　　　文之舊。汲古本與殿本作「虎」而不作「武」，或作「獸」，則是重刊是書
　　　　時所回改也。

〔二五〕嗣徽留柳達摩等守城，自率親屬腹心往南州采石以迎齊援。

　　　　宋浙本、三朝本、南監本、北監本、汲古本同。
　　　　按羅振玉《陳書斠議》：「《梁書・敬帝紀》敍迎齊援，在『十二月庚戌』，
　　　　此列前一月。」

【注釋】

〔170〕合州：按梁武帝太清元年（547）七月，改合肥爲合州（見《梁書・武帝紀》）。
　　　　侯景之亂，淮土沒於東魏。此云以徐度爲合州刺史者，蓋遙以州名授之耳。

〔171〕冶城寺：在江寧縣西。《太平寰宇記》卷九十〈江南東道二・昇州・上元縣〉
　　　　云：「古冶城，在今縣西五里，本吳鑄冶之地，因以爲名。」《讀史方輿紀要》
　　　　卷二十〈江南二・江寧府〉：「冶城，在府西石城門外。晉太元十五年（390），
　　　　建冶城寺於此。」

〔172〕淮渚：《讀史方輿紀要》卷二十〈江南二・江寧府〉：「後渚，在府西南。六
　　　　朝時有秦淮渚，胡氏曰：『秦淮之渚也，在東府前。』」

〔173〕安州：《隋書・地理志》：「鍾離郡安遠縣，梁置安州。」故治在今安徽安遠
　　　　縣東。

〔174〕楚州：《隋書・地理志》：「鍾離郡，梁置北徐州，齊改曰楚州。」故治即今
　　　　安徽鳳陽縣治。

〔175〕淮州：《隋書・地理志》：「江都郡山陽縣有淮陰郡，東魏置淮州。」故治在

今江蘇淮陰縣東南。

〔176〕胡墅：《讀史方輿紀要》卷二十〈江南二・江寧府・六合縣〉：「胡墅城，在縣東六十里，南岸對石頭城。」

〔177〕北徐州：《隋書・地理志》：「琅邪郡，舊置北徐州。」故治在今山東臨沂縣東南。

〔178〕遣韋載於大航築城：按本書卷十八〈韋載傳〉：「徐嗣徽、任約等引齊軍濟江，據石頭城。高祖問計於載，載曰：『齊軍若分兵先據三吳之地，略地東境，則事去矣！今可急於淮南即侯景故壘築城，以通東道轉輸，別命輕兵絕其糧運，使進無所據，退無所資，則齊將之首，旬日可致。』高祖從之。」大航，即朱雀航。舊時秦淮上自石頭至運瀆總二十四渡，皆浮航往來，謂之二十四航，惟以朱雀航最大，故亦名大航。《讀史方輿紀要》卷二十〈江南二・江寧府〉：「朱雀桁，自吳以來已有之，亦謂之南航，以在臺城南也；亦謂之大航，以秦淮諸航，此爲之最也。蓋六朝時建康有事，未有不急備大航南岸著。」

〔179〕倉門：《讀史方輿紀要》卷二十〈江南二・江寧府〉：「石頭城，在上元縣西四里。又有石頭倉城，倉城之門曰倉門。」

〔180〕水南：秦淮水之南也。

〔181〕西明門：《六朝故城圖考》：「都城西面二門：中，西明門。」

〔182〕南州：《讀史方輿紀要》卷二十七〈江南九・太平府〉：「南豫州，在建康之南，亦曰南州，治姑孰。」故治即今安徽當塗縣治。

〔183〕采石：在安徽當塗縣西北二十里。《讀史方輿紀要》卷二十七〈江南九・太平府〉：「采石山，府西北二十五里，濱江爲險。昔時自橫江渡者，必道采石趨金陵。江津襟要，此爲最衝。」

十二月癸丑，高祖遣侯安都領舟師襲嗣徽家口於秦州，俘獲數百人。官軍連艦塞淮口，斷賊水路。先是太白〔184〕自十一月丙戌不見，乙卯，出於東方。

丙辰，高祖盡命眾軍分部甲卒，對冶城立航渡兵，攻其水南二柵。柳達摩等渡淮置陣，高祖督兵疾戰，縱火燒柵，煙塵漲天，賊潰，爭舟相排擠，溺死者以千數。時百姓夾淮觀戰，呼聲震天地。軍士乘勝，無不一當百，盡收其船艦，賊軍懾氣。是曰，嗣徽、約等領齊兵水步萬餘人還據石頭，高祖遣兵往江寧，據要險，以斷賊路。賊水步不敢進，頓江寧浦口〔185〕，高祖遣侯安都領水軍襲破之，嗣徽等乘單舸脫走，盡收其軍資器械。

　　己未，官軍四面攻城，自辰訖酉，得其東北小城，及夜兵不解。庚申，達摩遣使侯子欽、劉仕榮等詣高祖請和，高祖許之，乃于城門外刑牲盟約，其將士部曲一無所問，恣其南北。辛酉，高祖出石頭南門，陳兵數萬，送齊人歸北者。壬戌，齊和州〔186〕長史烏丸遠自南州奔還歷陽。江寧令陳嗣、黃門侍郎〔187〕曹朗據姑孰反，高祖命侯安都、徐度等討平之，斬首數千級，聚為京觀〔188〕。石頭、采石、南州悉平，收獲馬仗船米不可勝計。

　　是月，杜龕以城降。

【注釋】

〔184〕太白：金星之別名。《爾雅・釋天》注：「太白，星也。晨見東方為啓明，昏見西方為太白。」

〔185〕江寧浦口：《讀史方輿紀要》卷二十〈江南二・江寧府〉：「江寧浦，府南七十五里，源出當塗縣界，長三十里，經故江寧縣入大江，即陳霸先遣侯安都襲破齊兵處。」

〔186〕和州：《隋書・地理志》：「歷陽郡，後齊置和州。」故治即今安徽和縣治。

〔187〕黃門侍郎：梁門下省置給事黃門侍郎四人，掌侍從左右，擯相威儀，盡規獻納，糾正違闕。梁給事黃門侍郎班第十，陳第四品。

〔188〕京觀：《左傳・宣公十二年》：「君盍築武庫而收晉屍，以為京觀。」杜預注：「積屍封土其上，謂之京觀。」

　　二年正月癸未，誅杜龕于吳興，龕從弟北叟、司馬沈孝敦竝賜死。

　　二月庚申，高祖遣侯安都、周鐵虎率舸艦備江州〔189〕，仍頓梁山〔190〕起柵。甲子，敕司空有軍旅之事，可騎馬出入城內。戊辰，前寧遠石城公〔191〕外兵參軍〔192〕王位于石頭沙際獲玉璽四紐，高祖表以送臺。

【注釋】

〔189〕遣侯安都、周鐵虎率舸艦備江州：《通鑑》卷一六六〈梁紀二十二〉：「江州刺史侯瑱本事王僧辯，亦擁兵據豫章及江州，不附霸先。霸先以周文育為南豫州刺史，使將兵擊溢城。庚申。又遣侯安都、周鐵虎將舟師立柵於梁山，以備江州。」

〔190〕梁山：在安徽當塗及和縣。分東、西二山，西梁山在和縣南八十里；東梁山在當塗縣東南三十里。《讀史方輿紀要》卷十九〈江南・名山〉引《郡國志》云：「兩山岸江，相望數里，為大江之關要。」

〔191〕寧遠石城公：石城公，梁簡文帝第三子也。初封石城縣公，後改封臨川王（見
《南史》卷五十四〈臨川王大款傳〉）。寧遠，謂寧遠將軍也。

〔192〕外兵參軍：同中直兵參軍、中兵參軍俱爲持節公府屬僚，職司兵事，受命征
討。唯班位在中直兵、中兵參軍下。

　　三月戊戌，齊遣水軍儀同蕭軌、厙狄伏連、堯難宗、東方老、侍中裴英
起、東廣州〔193〕刺史獨孤辟惡、洛州〔194〕刺史李希光，并任約、徐嗣徽等，
率眾十萬出柵口〔195〕，向梁山。帳內盪主〔196〕黃叢逆擊，敗之，燒其前軍船
艦，齊頓軍保蕪湖。高祖遣定州〔197〕刺史沈泰、吳郡〔198〕太守裴忌就侯安都，
共據梁山以禦之。

【注釋】

〔193〕東廣州：《隋書‧地理志》：「江都郡，梁置南兗州，後齊改爲東廣州。」故
治在今江蘇江都縣東北。

〔194〕洛州：《魏書‧地形志》：「洛州，太宗（北魏明帝）置，（孝文帝）太和十七
年，改爲司州，（東魏孝靜帝）天平初，復。」故治即今河南洛陽治縣。

〔195〕柵口：《讀史方輿紀要》卷二十九〈徐州府‧和州‧柵江〉：「柵江口，即濡
須水入江之口也。」在今安徽無爲縣東入江處。

〔196〕盪主：《日知錄》卷七〈募盪舟〉：「古人以左右衝殺爲盪陣，其銳卒謂跳盪，
別帥謂之盪主。」

〔197〕定州：《隋書‧地理志》：「麻城有北西陽，陳廢北西陽置定州。」故治在今
湖北麻城縣西北。

〔198〕吳郡：《讀史方輿紀要》卷二十四〈江南六‧蘇州府〉：「春秋時吳國都也。
秦置會稽郡。後漢順帝永建四年，分置吳郡，梁亦曰吳郡。」故治即今江蘇
吳縣。

　　自去冬至是，甘露頻降于鍾山〔199〕、梅崗〔200〕、南澗及京口、江寧縣境，
或至三數升，大如弈棊子，高祖表以獻臺。

【注釋】

〔199〕鍾山：《讀史方輿紀要》卷十九〈江南一〉：「鍾山，在江寧府城東北朝陽門
外，諸葛武侯所云：『鍾山龍蟠』者也。山周回六十里，高百五十餘丈，負
北面南。」

〔200〕梅崗：《讀史方輿紀要》卷二十〈江南二‧江寧府〉：「聚寶山，在府東南聚
　　　　寶門外。稍東岡阜最高處曰雨花臺。《方輿勝覽》：『雨花臺在城南一里，據
　　　　岡阜高處，俯瞰城闉江上，四極無不在目，即聚寶之東巓也。』山麓爲梅崗，
　　　　相傳漢梅鋗屯兵處。」

　　四月丁巳，高祖詣梁山軍巡撫。

　　五月甲申，齊兵發自蕪湖，丙申，至秣陵〔201〕故治。高祖遣周文育屯方山
〔202〕，徐度頓馬牧〔203〕，杜稜頓大航南。己亥，高祖率宗室王侯及朝臣將帥於
大司馬門〔204〕外白虎闕下，刑牲告天以齊人背約〔205〕，發言慷慨，涕泗交流，
同盟皆莫能仰視，士卒觀者益奮。辛丑，齊軍于秣陵故縣跨淮立橋柵，引渡兵
馬。其夜，至方山。侯安都、周文育、徐度等各引還京師。癸卯，齊兵自方山
進及兒塘〔206〕，游騎至臺。周文育、侯安都頓白土崗〔207〕，旗鼓相望，都邑震
駭。高祖潛撤精卒三千配沈泰，渡江襲齊行臺〔208〕趙彥琛〔二六〕于瓜步〔209〕，獲
舟艦百餘艘，陳粟萬斛。即日，天子總羽林禁兵頓于長樂寺〔210〕。

【校證】

〔二六〕襲齊行臺趙彥琛于瓜步

　　　　趙彥琛，宋浙本、三朝本、南監本、北監本、汲古本同。《南史‧陳武帝
　　　　紀》、《通鑑》卷一六六〈梁紀二十二〉作「趙彥深」。
　　　　按趙彥深，《北齊書》卷三十八有傳。傳稱其「本名隱，避齊廟諱，故以
　　　　字行。」考古人之名，恆與其字相應，如孔門弟子宰予，字子我，亦稱宰
　　　　我，「予」即「我」也。端木賜，字子贛，《說文‧貝部》：「贛，賜也。」
　　　　即是。趙彥深本名隱，則其字自應作與其本名「隱」相關之「深」爲是。
　　　　此處各本譌作訓爲珍寶之「琛」，當據《南史》、《通鑑》、及《北齊書》本
　　　　傳改。

【注釋】

〔201〕秣陵：《太平寰宇記》卷九十〈昇州‧江寧縣〉：「故秣陵縣城，在縣南五十
　　　　里秣陵橋東北。」
〔202〕方山：《太平寰宇記》卷九十〈昇州‧上元縣〉：「方山，在縣東南五十里，
　　　　周迴二十里，高一百一十六丈。山四面等方孤絕。《丹陽記》：『秦始皇鑿金
　　　　陵，此山是其斷者，山形方聳，故名爲方山』。」
〔203〕馬牧：《大清一統志》卷七十四〈江寧府〉：「馬牧，在江寧縣東南。《舊志》：

『馬牧在縣東南二十五里，蓋舊時閑牧之地。』」

〔204〕大司馬門：《讀史方輿紀要》卷二十〈江南二‧江寧府〉：「《建康宮闕簿》：『吳大帝所築苑城。東晉以後，亦曰宮城，亦曰臺城。』有門六，南曰大司馬門。」

〔205〕刑牲告天以齊人背約句：本書卷十四〈南康郡王曇朗傳〉：「紹泰二年（556），徐嗣徽、任約引齊寇攻逼京師，尋而請和，求高祖子姪為質。時四方州郡竝多未賓，京師虛弱，糧運不繼，在朝文武咸願與齊和親。高祖難之，而重違眾議，乃言於朝曰：『孤謬輔王室，而使蠻夷猾夏，不能戡殄，何所逃責。今在位諸賢，且欲息肩偃武，與齊和好，以靜邊疆，若違眾議，必謂孤惜子姪，今決遣曇朗，棄之寇庭。且齊人無信，窺窬不已，謂我浸溺，必當背盟。齊寇若來，諸君須為孤力鬥也。』乃以曇朗為質於齊，齊果背約。」

〔206〕兒塘：亦作倪塘。《讀史方輿紀要》卷二十〈江南二‧江寧府〉：「倪塘，在上元縣東二十五里。《金陵記》：『建康在六朝時，西至石頭，東至倪塘，南至石子岡，北至蔣山，相距各四十里。』」

〔207〕白土岡：在江寧縣東，《讀史方輿紀要》卷二十〈江南二‧江寧府〉：「《金陵記》：『白土岡周十里，高十丈，南至淮，即鍾山之南麓也。』」

〔208〕齊行臺：尚書省之隨軍置於外者，以其代行中央尚書省事，故曰行臺。魏、晉始有之，為專征而設，不常置。《通典‧職官四‧尚書行臺》：「昔魏末，晉文帝討諸葛誕，散騎常侍裴秀、尚書僕射陳泰、黃門侍郎鍾會等以行臺從之。晉永嘉四年，東海王越率眾許昌，以行臺自隨是也。及後魏謂之尚書大行臺，別置官屬。北齊行臺兼統民事，其官置令、僕射，其尚書丞郎，皆隨時權置。」

〔209〕瓜步：《讀史方輿紀要》卷二十〈江南二‧江寧府‧六合縣〉：「瓜步山，縣東二十五里，亦曰瓜埠，東臨大江。」

〔210〕長樂寺：《讀史方輿紀要》卷二十〈江南二‧江寧府〉：「長樂寺，在臺城南。」

六月甲辰，齊兵潛至鍾山龍尾〔211〕。丁未，進至莫府山〔二七〕。高祖遣錢明領水軍出江乘〔212〕，要擊齊人糧運，盡獲其船米，齊軍于是大餒，殺馬驢而食之。庚戌，齊軍踰鍾山，高祖眾軍分頓樂遊苑〔213〕東及覆舟山〔214〕北，斷其衝要。壬子，齊軍至玄武湖〔215〕西北莫府山南，將據北郊壇〔216〕，眾軍自覆舟東移，頓郊壇北，與齊人相對。其夜，大雨震電，暴風拔木，平地水丈餘，齊軍晝夜坐立泥中，懸鬲以爨，而臺中及潮溝〔217〕北水退路燥，官軍

每得番易。甲寅，少霽，高祖命眾軍秣馬蓐食，遲明攻之〔218〕。乙卯旦，自率帳內麾下出莫府山南，吳明徹、沈泰等眾軍首尾齊舉，縱兵大戰，侯安都自白下〔219〕引兵橫出其後，齊師大潰，斬獲數千人，相蹂藉而死者不可勝計，生執徐嗣徽及其弟嗣宗，斬之以徇。追奔至於臨沂〔220〕。其江乘、攝山〔221〕、鍾山等諸軍相次克捷，虜蕭軌、東方老、王敬寶、李希光、裴英起等將帥凡四十六人。其軍士得竄至江者，縛荻筏以濟，中江而溺，流屍至京口，翳水彌岸〔222〕。丁巳，眾軍出南州，燒賊舟艦。己未，斬劉歸義、徐嗣彥〔二八〕、傅野豬於建康市〔223〕。是日解嚴。庚申，蕭軌、東方老、王敬寶、李希光、裴英起皆伏誅。高祖表解南徐州以授侯安都。

【校證】

〔二七〕丁未，進至莫府山

莫府山，宋浙本、三朝本、南監本、北監本、汲古本、《南史·陳武帝紀》同。《御覽》卷一三三引作「幕府山」。

按《御覽》卷一三三引作「幕府山」是。「莫」之本義爲日且冥也（見《說文·茻部》），「幕」之本義爲帷之在上者也（見《說文·巾部》），二字之義迥別。「莫府」指將帥在外之營帷而言，則莫府之「莫」，本字自當作訓爲帷之在上者也之「幕」爲是。《史記·李牧傳》：「市租皆輸入幕府。」司馬貞《索隱》引崔浩曰：「莫當作幕，字之譌也。」此即幕府之「幕」，當作「幕」之證也。東漢時，幕府又以爲衙署之稱。《後漢書·班固傳》：「永平初，東平王蒼以至戚爲驃騎將軍輔政，開東閣。固奏記曰：『幕府新開，廣延群俊。』」「幕府新開」，即衙署新開。江寧幕府山之得名，即取此爲義。《讀史方輿紀要》卷二十〈江南二·江寧府〉：「幕府山，府西北二十里神策門外。周三十里，高七十餘丈，有五峯相接。晉元帝過江，王導開幕府於此，因名。」

〔二八〕己未，斬劉歸義、徐嗣彥、傅野豬於建康市

徐嗣彥，宋浙本、三朝本、南監本、北監本、汲古本同。

按徐嗣彥，《梁書·敬帝紀》、《南史·陳武帝紀》竝作「徐嗣產」。

【注釋】

〔211〕鍾山龍尾：《通鑑》卷一六六〈梁紀二十二〉胡注：「鍾山之龍尾也。自山趾築道陂陀以登山，曰龍尾。」

〔212〕江乘：《讀史方輿紀要》卷二十〈江南二·江寧府〉：「江乘城，府東北七十里。」

〔213〕樂遊苑：《讀史方輿紀要》卷二十〈江南二・江寧府〉：「樂遊苑，在覆舟山南。晉之芍樂園也。宋元嘉中，闢爲北苑，更造樓觀於山後，改名樂遊苑，往往禊飲於此。」

〔214〕覆舟山：在今南京市太平門內，山脈東連鍾山，北臨玄武湖。《元和郡縣志》卷二十五〈潤州・上元縣〉：「覆舟山，在縣東北十里，鍾山西足也，形如覆舟，故名。」

〔215〕玄武湖：《讀史方輿紀要》卷二十〈江寧府〉：「玄武湖，在府城北。一名秣陵湖。湖周四十里，東西有溝流入秦淮，晉元帝太興二年創爲北湖，以肄舟師。宋元嘉二十二年復築北堤，南抵城東七里之白塘，以肄舟師。二十三年黑龍見，乃立三神山於湖上，改名玄武，大閱水軍。」

〔216〕北郊壇：《讀史方輿紀要》卷二十〈江南二・江寧府〉：「北郊壇，在覆舟山南，晉成帝咸康八年所立。」

〔217〕潮溝：《讀史方輿紀要》卷二十〈江南二・江寧府〉：「潮溝，在上元縣西四里，吳赤烏中所鑿，引江潮抵青溪，接秦淮水，西通運瀆，北連後湖。」

〔218〕秣馬蓐食，遲明攻之：秣馬，飼馬也。《左傳・文公七年》：「訓卒利兵，秣馬蓐食，潛師夜起。」王引之《經義述聞》：「方言曰：『蓐，厚也。』食之豐厚於常，因謂之蓐食。兩軍相攻，或竟日未已，故必厚食乃不飢。」《史記・霍去病傳》：「輕騎夜追之，遲明，行二百餘里。」司馬貞《索隱》：「遲音值，遲者，待也，待天欲明也。」

〔219〕白下：《讀史方輿紀要》卷二十〈江南二・江寧府〉：「白下城，在府治北十四里。《輿地志》：『即江乘廢縣之白石壘也。』《志》云：『在上元縣北十三里，當石頭城之東北，臺城之西。』」

〔220〕臨沂：《讀史方輿紀要》卷二十〈江南二・江寧府〉：「臨沂城，在上元縣西北三十八里。晉咸康初，分江乘縣境僑立。」故城在今江寧縣東北三十里。

〔221〕攝山：今名棲霞山，在江寧縣東北。《太平寰宇記》卷九十引《輿地志》云：「山多草，可以攝生，故以名之。」

〔222〕翳水彌岸：翳，蔽也。彌，滿也。

〔223〕建康市：《宋書・州郡志》：「本秣陵縣，晉太康三年，分秣陵縣之水北爲建業。愍帝即位，避帝諱，改曰建康。」故城在今江寧縣南。

七月丙子，詔授高祖中書監〔224〕、司徒〔225〕、揚州刺史，進爵爲公〔226〕，增邑并前五千戶，侍中、使持節、都督中外諸軍事、將軍、尚書令〔227〕、班

劒、鼓吹、甲仗竝如故，并給油幢皁輪車〔228〕。

是月，侯瑱以江州入附。遣侯安都鎮上流，定南中〔229〕諸郡。

【注釋】

〔224〕中書監：《隋書‧百官志上》：「梁中書省置監令各一人，掌出納帝命。梁制十八班，中書監爲十五班，陳爲二品。」

〔225〕司徒：《通典》卷二十〈司徒〉：「司徒，古官。晉司徒與丞相通職，要置迭廢，未嘗並立。齊司徒之府，領天下州郡名數，戶口簿籍。梁罷丞相，置司徒。」《隋書‧百官志上》：「梁司徒爲十八班，陳爲一品。」

〔226〕進爵爲公：按大寶元年六月，承制封高祖長城縣侯。至是進爵爲長城縣公。

〔227〕尚書令：《隋書‧百官志上》：「梁尚書省置令一人，掌出納王命，敷奏萬機。梁尚書令爲十六班，陳爲一品。」

〔228〕油幢皁輪車：油布所製之帳幕謂之油幢。輪飾以黑色之車曰皁輪車。《晉書‧輿服志》：「皁輪車，諸王三公，有勳德者，特加之。」

〔229〕南中諸郡：謂江西贛江（南江）流經之南康、安成、盧陵、臨川、豫章諸郡也。

八月癸卯，太府卿〔230〕何勪、新州刺史華志各上玉璽一，高祖表以送臺，詔歸之高祖。是日，詔高祖食安吉〔231〕、武康〔232〕二縣，合五千戶。

【注釋】

〔230〕太府卿：梁天監七年置十二卿，太府其一也，掌金帛府帑，關津市肆。梁太府卿班第十三，陳第三品。

〔231〕安吉：《讀史方輿紀要》卷九十一〈浙江三‧湖州府〉：「漢故鄣縣地，後漢中平二年，析置安吉縣。」故治即今浙江安吉縣治。

〔232〕武康：《宋書‧州郡志》：「吳分烏程、餘杭二縣立永安縣，晉武帝太康元年，更名（武康）。」故治在今浙江武康縣西。

九月壬寅，改年曰太平元年。進高祖位丞相〔233〕、錄尚書事〔234〕、鎮衛大將軍〔235〕，改刺史爲牧，進封義興郡公，侍中、司徒、都督、班劒、鼓吹、甲仗、皁輪車竝如故。丁未，中散大夫〔236〕王彭箋稱今月五日平旦，於御路見龍跡，自大社至象闕，互三四里。庚申，詔追贈高祖考侍中、光祿大夫〔237〕，加金章紫綬，封義興郡公，謚曰恭。

十月甲戌，敕丞相自今入問訊，可施別榻，以近展坐〔238〕。

【注釋】

〔233〕丞相：《晉書‧職官志》：「丞相、相國，並秦官也。晉受魏禪，並不置。自惠帝之後，省置無恆，爲之者。皆非尋常人臣之職。」

〔234〕錄尚書事：《通典》卷二十二〈錄尚書〉：「後漢章帝以太傅趙熹、太尉牟融並錄尚書事，尚書有錄名，蓋自熹、融始。和帝時，太尉鄧彪爲太傅、錄尚書事，位在三公上，漢制遂以爲常。每少帝立，則置太傅錄尚書事，猶古冢宰總己之義。自魏、晉以後，亦公卿權重者爲之，職無不總。」

〔235〕鎮衛大將軍：《隋書‧百官志上》：「梁置一百二十五號將軍，以班多者爲貴。鎮衛大將軍爲二十四班，陳官品第一。」

〔236〕中散大夫：《通典》卷三十四〈職官十六‧文散官‧中散大夫〉：「王莽所置（掌論議）。齊、梁視黃門侍郎，品服冠幘與太中（大夫）同。」《隋書‧百官志上》：「梁中散大夫班第十，陳品第四。」

〔237〕光祿大夫：《通典》卷三十四〈職官十六‧文散官‧光祿大夫〉：「漢制，諸侯功德優盛，朝廷所敬異者，賜位特進，位在三公下。光祿大夫，掌議論，屬光祿勳。自晉以後，多爲兼官。加金章紫綬，祿賜班位與特進同，爲禮贈之官。」

〔238〕展坐：《論衡‧書虛篇》：「戶牖之間曰扆，南面之坐位也。」展坐，即帝座也。

二年正月壬寅，天子朝萬國于太極東堂〔239〕，加高祖班劍十人，并前三十人，餘如故。丁未，詔贈高祖兄道談〔240〕散騎常侍、使持節、平北將軍〔241〕、南兗州刺史〔242〕、長城縣公，謚曰昭烈；弟休光〔243〕侍中、使持節、驃騎將軍〔244〕、南徐州刺史、武康縣侯，謚曰忠壯，食邑各二千戶〔二九〕。甲寅，遣兼侍中，謁者僕射〔245〕陸繕策拜長城縣夫人章氏為義興國夫人。丁卯，詔贈高祖祖侍中、太常卿、謚曰孝。追封高祖祖母許氏吳郡嘉興縣君〔246〕，謚曰敬；妣張氏義興國太夫人，謚曰宣。

【校證】

〔二九〕詔贈高祖兄道談……長城縣公……弟休光……武康縣侯，食邑各二千戶
　　　　弟休光，宋浙本、三朝本、南監本、北監本、汲古本、《南史‧陳武帝紀》
　　　　作「弟休先」。

按陳霸先兄弟三人，長曰談先，幼曰休先。「弟休先」句，殿本譌作「弟休光」，宋浙本、《南史‧陳武帝紀》竝作「弟休光」不誤，當據改。

又按本書卷十四〈南康愍王曇朗傳〉云梁敬帝即位，追贈休先武康縣公。高祖受禪，追贈南康郡王。休先與其兄道談兩次同時追贈，第二次同追贈爲郡王，第一次當同追贈爲公，不應一爲公，一爲侯。此「武康縣侯」，疑當從〈南康愍王曇朗傳〉作「武康縣公」爲是。卷二〈高祖紀下〉「永定元年冬十月癸巳，追贈武康縣侯休先」之「武康縣侯」，疑亦爲「武康縣公」之誤。

又按「食邑各二千戶」，〈南康愍王曇朗傳〉云休先追贈武康縣公時，邑一千戶，其後追贈南康郡王，始食邑二千戶。卷二十八〈始興王伯茂傳〉亦云高祖兄道談改封始興郡王，邑二千戶。是道談、休先追贈郡王後，乃食邑各二千戶，前此追贈縣公時，當是「食邑各一千戶」。

【注釋】

〔239〕太極東堂：《讀史方輿紀要》卷二十〈江南二‧江寧府〉：「建康宮，在故臺城內，咸和三年（328），蘇峻作亂，盡焚臺城宮室。峻平，乃復營治。七年，新宮成，正殿曰太極殿，又爲東、西堂及東、西二上閣。」

〔240〕高祖兄道談：《唐書‧宰相世系表》：「文贊三子：談先（即道談）、霸先、休先。」本書卷二十八〈始興王伯茂傳〉：「道談仕於梁世，爲東宮直閣將軍。侯景之亂，領弩手二千援臺，於城中中流矢卒。」

〔241〕平北將軍：梁置諸將軍之號爲二十四班，班多者爲貴，平北將軍班爲二十班，陳第三品。

〔242〕南兗州：《隋書‧地理志》：「江都郡，梁置南兗州。」故治即今江蘇江都縣治。

〔243〕弟休光〔先〕：本書卷十四〈南康愍王曇朗傳〉：「高祖母弟休先，少倜儻有大志。梁簡文之在東宮，深被知遇。太清中，既納侯景，有事北方，乃使休先召募得千餘人，授文德主帥，頃之卒。高祖之有天下也，每稱休先曰：『此弟若存，河、洛不足定也』。」

〔244〕驃騎將軍：梁置諸將軍之號爲二十四班，班多者爲貴。驃騎將軍爲二十四班，陳第一品。

〔245〕謁者僕射：《隋書‧百官志上》：「梁謁者臺置僕射一人，掌朝覲賓饗之事。梁謁者僕射爲六班，陳品第七。」

〔246〕嘉興：《宋書‧州郡志》：「此地本名長水，秦改曰由拳。吳孫權黃龍四年，

由拳縣生嘉禾，改曰禾興。孫皓父名禾，又改名曰嘉興。」故治即今浙江嘉興縣治。

二月庚午，蕭勃舉兵，自廣州度嶺，頓南康，遣其將歐陽頠、傅泰及其子孜為前軍〔三〇〕，至于豫章，分屯要險，南江州刺史余孝頃起兵應勃，高祖命周文育、侯安都率眾討平之。

【校證】

〔三〇〕蕭勃舉兵，自廣州度嶺，頓南康，遣其將歐陽頠、傅泰及其子孜為前軍
　　　其子孜，宋浙本、三朝本、南監本、北監本、汲古本、《南史・陳武帝紀》同。
　　　按其子孜，《梁書・敬帝紀》作「勃從子孜」。《通鑑》卷一六七〈陳紀一〉且特標明「孜，勃之從子也。」疑此「其子孜」句，當從《梁書・敬帝紀》及《通鑑・陳紀》作「其從子孜」為是。

八月甲午，進高祖位太傅〔247〕，加黃鉞〔248〕，劍履上殿，入朝不趨，贊拜不名〔249〕，并給羽葆鼓吹一部〔250〕，其侍中、都督、錄尚書、鎮衛大將軍、揚州牧、義興郡公、班劍、甲仗、油幢皁輪車，竝如故。丙申，加高祖前後部羽葆鼓吹。

【注釋】

〔247〕太傅：《晉書・職官志》：「太宰與太傅、太保皆為上公，論道經邦，燮理陰陽，無其人則闕。」《隋書・百官志上》：「梁太傅為十八班，陳品第一。」

〔248〕加黃鉞：黃鉞，金斧也。天子命將專征，賜以黃鉞，持黃鉞者，戰陣節將犯令，得專戮之。《三國志・魏書・曹休傳》：「帝征孫權，以休為征東大將軍，假黃鉞。」《宋書・百官志》：「假黃鉞，則專戮節將，非人臣常器。」

〔249〕劍履上殿，入朝不趨，贊拜不名：皆人臣處貴極之位，天子特予之殊禮。《史記・蕭相國世家》：「漢五年，定天下，論功行封。高祖以蕭何功最盛，位次第一，賜帶劍履上殿，入朝不趨。」《三國志・魏書・武帝紀》：「建安十七年春正月，天子命公贊拜不名，入朝不趨，劍履上殿，如蕭何故事。」

〔250〕給羽葆鼓吹一部：《禮記・雜記下》：「匠人執羽葆。」孔穎達《疏》：「以鳥羽注於柄頭如蓋，謂之羽葆。」《通典》卷六十四〈鼓吹車〉：「梁制：鼓吹車，上施層樓，四角金龍，銜流蘇羽葆。」《南史・宋高祖紀》：「有大勳者，

皆加羽葆，親王亦每加之。」

是時，湘州刺史王琳擁兵不應命，高祖遣周文育、侯安都率眾討之〔251〕。
【注釋】
〔251〕王琳不應命，高祖遣侯安都討平之句：《北齊書・王琳傳》：「陳霸先既殺王
　　　僧辯，推立梁敬帝，以待中、司空徵琳。琳不從命，乃大營樓艦，將圖義舉。」
　　　《通鑑》一六七〈陳紀一〉：「敬帝太平二年五月，王琳既不就徵，大治舟艦，
　　　將攻陳霸先；六月戊寅，霸先以開府儀同三司侯安都爲西道都督、周文育爲
　　　南道都督，將舟師二萬會武昌以擊之。」

九月辛丑，詔曰〔252〕：
肇昔元胎剖判，太素氤氳〔253〕，崇建人皇，必憑洪宰。故賢哲之后，牧
伯征於四方；神武之君，大監治乎萬國。又有一匡九合〔254〕，渠門之賜以隆
〔255〕；戮帶圍溫〔256〕，行宮之寵斯茂，時危所以貞固，運泰所以光熙，斯乃
千載同風，百王不刊之道也。
【注釋】
〔252〕九月辛丑，詔曰：按本書卷二十六〈徐陵傳〉：「自有陳創業，文檄軍書及禪
　　　授詔策，皆陵所製，而〈九錫〉尤美，爲一代文宗。」「詔曰」以下一文，
　　　即陵所製。《徐孝穆集》卷六題作〈陳公九錫詔〉。
〔253〕元胎剖判，太素氤氳：後漢張衡〈靈憲賦〉：「元氣剖判，剛柔始分，清濁異
　　　位，天成於外，地定於內。」又曰：「太素之前，幽清玄靜，寂寞冥默，不
　　　可爲象。」《太平御覽・天部・太素》：「《易乾鑿度》曰：『太素者，質之始
　　　也。』《帝王世紀》曰：『形變有質，謂之太素。』」氤氳，與煙熅、絪縕通。
　　　《後漢書・班固傳》：「太極之原，兩儀始分，煙煙氤氳。」李賢注：《易・
　　　繫詞》曰：『易有太極，是生兩儀。』又曰：『天地絪縕，萬物化醇。』蔡邕
　　　曰：『絪縕，陰陽合一相扶貌也。』」
〔254〕一匡九合：《史記・管晏列傳》：「管仲任政於齊，桓公以霸，九合諸侯，一
　　　匡天下。」
〔255〕渠門之賜以隆：《國語・齊語》：「大朝諸侯於陽穀，帥諸侯而朝天子。葵丘
　　　之會，天子使宰孔致胙于桓公。遂下拜，升受命。賞服大路，龍旂九旒，渠
　　　門赤旂，諸侯稱順焉。」韋昭注：「渠門，兩旗所建，以爲軍門，若今牙門

（轅門）也。」

〔256〕 戴帶圍溫：《史記·周本紀》：「周襄王十六年（王子帶與翟人攻伐襄王），襄
王出犇鄭，鄭居王于氾。子帶立爲王，取襄王所紬翟后與居溫。十七年，襄
王告急於晉。」〈晉世家〉：「三月甲辰，晉（文公）乃發兵至樊陽，圍溫（今
河南溫縣），入襄王于周。四月，殺王弟帶。周襄王賜晉河內陽樊之地。」

太傅義興公〔257〕，允文允武，迺聖迺神〔258〕，固天生德〔259〕，康濟黔首。
昔在休期，早隆期寄，遠踰滄海，大拯交越〔三一〕。皇運不造，書契未聞，中
國其亡，兵凶總至，哀哀嗷類〔260〕，譬彼窮牢〔261〕，悠悠上天，莫云斯極！
否終則泰，元輔應期，救此將崩，援茲已溺，乘舟履董，架險浮深，經略中
途，畢殲臺醜。泊乎石頭、姑孰，流髓履腸〔262〕，一朝指撝〔263〕，六合清晏。
是用光昭下武〔264〕，翼亮中都〔265〕，雪三后之劬仇〔266〕，夷三靈之巨慝〔267〕。
堯台禹佐，未始能階；殷相周師，固非云擬。重之以屯剝餘象，荊楚大崩〔268〕，
天地無心，乘輿委御，五胡薦食〔269〕，競謀諸夏；八方蠢蠢，莫有匡救，彊
臣放命〔270〕，黜我沖人〔271〕，顧影于荼蓼之魂〔272〕，甘心于甯卿之辱〔273〕。
卻按下髻，求哀之路莫從〔三二〕；竊鈇逃責，容身之地無所〔三三〕。公神兵奄至，
不日清澄，惟是屑蒙，再膺天錄。斯又巍巍蕩蕩，無德而稱焉〔三四〕。

【校證】

〔三一〕 遠踰滄海，大拯交越

大拯，汲古本同。宋浙本、三朝本、南監本、北監本、《冊府》卷一八六竝
作「大極」。

按《國語·魯語下》：「魯密邇於齊，齊朝駕則夕極於魯國。」韋昭注：「極，
至也。」此處「大極交越」與上「遠踰滄海」相對成文，汲古文、殿本「極」
譌作「拯」，當據宋浙本、南監本、北監本、《冊府》一八六改。

〔三二〕 卻按下髻，求哀之路莫從

卻按，宋浙本、南監本、汲古本、《冊府》一八六同。《徐孝穆》卷六〈陳
公九錫詔〉作「卻案」。

按《徐孝穆集》作「卻案」是。「卻案」之「案」，乃案几之「案」，爲名詞；
「下髻」之「髻」，乃髻髮之「髻」，亦爲名詞，「卻案」與「下髻」上下相
對爲文。各本「卻案」之「案」，作手部動詞之「按」，蓋因與「桉（桉同
案，猶棋同棊）」形近而譌，當據《徐孝穆集》改作案（或按）爲是」。

〔三三〕 竊鈇逃責，容身之地無所

竊鈇，宋浙本、汲古本同。三朝本、南監本、北監本作「竊鈇」，《冊府》
卷一八六作「竊伏」。

逃責，宋浙本、三朝本、南監本、北監本、汲古本同。《冊府》卷一八六作
「逃債」。

按竊鈇之「鈇」，南監本作「鈇」，《冊府》卷一八六作「伏」，竝誤。《漢
書・諸侯王表》：「自幽、平之後，日以陵夷，至虖阸陜河、洛之間，分爲
二周，有逃責之臺，被竊鈇之言。」服虔曰：「周赧王負責，無以歸之，
主迫責急，乃逃於此臺，後人因以名之。」劉德曰：「洛陽南宮謻臺是也。」
師古曰：「鈇鉞，王者以爲威，用斬戮也。」王先謙《補注》：「此言王者
大柄，爲人所竊。」是爲斯語所本。「鈇」者，鉞也。竊鈇之「鈇」，三朝
本、南監本作銅鐵之「鐵」，《冊府》卷一八六作埋伏之「伏」，竝是「鈇」
字之形譌。

又按逃責之「責」，《冊府》卷一八六作「債」，《說文・貝部・責字》下段
注：「責，即今之擧債，古無債字，俗作債。」

〔三四〕巍巍蕩蕩，無德而稱焉

無德，宋浙本、三朝本、南監本、北監本、汲古本同。《冊府》卷一八六作
「無得」。

按《冊府》卷一八六作「無得而稱焉」是。《論語・泰伯》：「大哉！堯之
爲君也。巍巍乎！唯天唯大，唯堯則之；蕩蕩乎！民無能名焉。」又曰：
「泰伯，其可謂至德也已矣！三以天下讓，民無得而稱焉。」竝爲斯語所
本。「無能而名焉」，義與「無得而稱焉」同，「得」猶「能」也。此處「巍
巍蕩蕩，無德而稱焉」之「德」，本字當從《冊府》卷一八六及《論語・
泰伯》作「得」爲是。

【注釋】

〔257〕太傅義興公：《梁書・敬帝紀》：「太平元年（556）九月壬寅，進新徐司徒
陳霸先爲丞相，封義興郡公。二年秋八月甲午，加丞相陳霸先黃鉞，領太
傅。」

〔258〕允文允武，迺聖迺神：《尚書・大禹謨》：「益曰：『都！帝德廣運，乃聖乃神，
乃武乃文。』」孔氏傳：「文經天地，武定禍亂。」

〔259〕固天生德：《論語・子罕》：「太宰問於子貢曰：『夫子聖者與？何其多能也？』
子貢曰：『固天縱之將聖，又多能也。』」又〈述而〉：「子曰：『天生德於予，
桓魋其如予何？』」

〔260〕噍類：《漢書・高帝紀》：「項羽爲人慓悍禍賊，嘗攻襄城，襄城無噍類（子遺也），所過無不殘滅。」

〔261〕窮牢：《後漢書・董卓》：「是時洛中貴戚室第相望，金帛財產，家家殷積。卓縱放士兵，剽虜資物，謂之搜牢。」李賢注：「言牢固者皆索取之也。」

〔262〕履腸：《呂氏春秋・期賢》：「號呼動地，流矢如雨，扶傷輿死，履腸涉血。」

〔263〕指撝：即「指揮」，亦作「指麾」。《後漢書・皇甫嵩傳》：「指撝足以震風雲，叱咤可以興雷電」李賢注：「撝即揮字，古通用。」

〔264〕光昭下武：光昭，光明照耀。《三國志・蜀書・諸葛亮傳》：「光昭將來，刊載不朽。」《詩・大雅・下武》：「下武維周，世有哲王。」《傳》：「武，繼也。」《箋》：「下，猶後也。後人能繼先祖者。」

〔265〕翼亮中都：翼亮，輔佐也。《三國志・魏書・高堂隆傳》：「鎮撫皇畿，翼亮帝室。」《史記・平準書》：「漕轉山東粟，以給中都官。」《索隱》：「中都，猶都內也。」

〔266〕雪三后之勍敵：三后，謂梁之武、簡文、元三帝。《書言故事・怨讎類》：「強敵曰勍敵。」

〔267〕夷三靈之巨慝：《廣雅・釋詁四》。「夷，滅也。」《資治資鑑・後晉紀二・高祖天福三年》：「臣光曰：『彥珣之惡，三靈所不容。』胡三省注：「三靈，天神、地祇、人鬼。」巨慝，大惡之人。

〔268〕荊楚大崩：謂承聖二年十一月，西魏攻陷江陵，梁元帝遇害也。

〔269〕五胡薦食；薦食，亦作荐食。一再侵食也。《左傳・定公四年》：「吳爲封豕長蛇，以荐食上國。」杜預注：「荐，數也。」

〔270〕彊臣放命：《孟子・梁惠王下》：「方命虐民。」趙岐注：「方猶放也，謂放棄不用先王之命。」

〔271〕黜我沖人：沖人，天子自稱之謙辭。《尚書・金縢》：「昔公勤勞王家，惟予沖人弗及知。」「黜我沖人」，謂承聖四年，司徒王僧辯廢黜敬帝，納貞陽侯入主社稷也。

〔272〕荼孺之魂：春秋齊景公少子名荼。景公病，命國惠子、高昭子立荼爲太子，盡逐羣公子。景公卒，荼立，是爲晏孺子。晏孺子元年六月，田乞殺高昭子，國惠子奔莒。乞乃召公子陽於魯而立之，遷晏孺子於駘，殺之幕下。（見《左傳・襄公六年、八年》）

〔273〕甯卿之辱：甯卿，春秋衛大夫甯悼之子也。初，獻公在齊，使言於悼子曰：「苟反，政由甯氏，祭則寡人。」悼子乃殺殤公，納獻公，專政。後爲公孫

免餘所殺。（見《左傳·襄公二十六年、二十七年》）。

　　加以仗茲忠義，屠彼妖逆，震部夷氛〔274〕，稽、山罷祲〔275〕，番禺、蠡澤，北鄙西郊，殲厥凶徒〔276〕，罄無遺種。斯則兆民之命，修短所縣；率土之基，興亡是賴。於是刑禮兼訓，沿革有章，中外咸平，遐邇寧一，用能使陽光合魄，曜象呈暉，棲閣遊庭〔277〕，抱仁含信，宏勳該於厚地，大道格於玄天，羲、農、炎、昊以來，卷領垂衣之世〔278〕，聖人濟物，未有如斯者也。

【注釋】

〔274〕震部夷氛：謂霸先襲殺王僧辯，復立敬帝，僧辯婿震州刺史杜龕舉兵反，霸先命信武將軍陳蒨討平之。

〔275〕稽、山罷祲：稽謂會稽，山謂山陰，梁於稽陰置東揚州。承聖四年，僧辯黨東揚州刺史張彪舉兵反，霸先命陳蒨、周文育等率兵討平之。《左傳·昭公十五年》：「見赤黑之祲」，杜預注：「祲，妖氣也。」

〔276〕番禺、蠡澤，殲厥凶徒：廣州南海郡舊置番禺縣，江州九江郡湓城縣有湓蠡湖。梁敬帝太平二年二月，廣州刺史蕭勃舉兵反，太傅陳霸先命周文育、侯安都率眾討平之。又江州刺史侯瑱，本事王僧辯，擁兵據豫章及江州，不附霸先。霸先命周文育將兵襲之。紹泰二年，侯瑱以江州入附。

〔277〕棲閣遊庭：晉皇甫謐《帝王世紀》：「黃帝時，鳳凰巢阿閣，麒麟在囿。」蔡邕《琴操》：「周成王時，天下化，鳳凰來舞於庭。成王乃援琴而歌曰：『鳳凰翔兮紫庭，余何德兮以感靈。』」

〔278〕卷領垂衣之世：《易·繫辭》：「黃帝堯舜，垂衣裳而天下治。」《文子·上禮》：「古者被髮而無卷領以王天下。」

　　夫備物典策，桓、文是膺〔279〕，助理陰陽，蕭、曹不讓〔280〕，未有功高於寅縣〔281〕，而賞薄於伊、周，凡厥人祇〔282〕，固懷延佇，實由公謙撝自牧，降損為懷，嘉數遲回，永言增歎！豈可申茲雅尚，久廢朝獻？宜戒司勳〔283〕，敬升鴻典。且重華大聖〔284〕，嬀汭惟賢〔285〕，盛德之祀無忘〔286〕，公侯之門必復〔287〕。是以殷嘉宣甫，繼后稷之官〔288〕；堯命羲和，纂重黎之位〔289〕，況其本枝攸建，宜誓山河者乎？其進公位相國，總百揆，封十郡為陳公，備九錫之禮〔290〕，加璽紱、遠遊冠〔291〕、綠綟綬〔292〕，位在諸侯王上，其鎮衛大將軍、揚州牧如故。

【注釋】

〔279〕備物典策，桓、文是膺：《史記·齊世家》：「桓公三十五年夏，會諸侯于葵丘，周襄王使宰孔賜桓公文王胙、彤弓矢、大路。」又〈晉世家〉：「晉文公五年五月丁未，獻楚俘於周，天子使王子虎命晉侯爲伯，賜大輅、彤弓矢百、旅弓矢千，秬鬯一卣，虎賁三百人。」

〔280〕助理陰陽，蕭、曹不讓：《漢王·王陵傳》：「宰相者，上佐天子理陰陽，順四時。」《史記·曹相國世家》：「參何爲相國，舉事無所變更，一遵蕭何約束，出入三年，百姓歌之曰：『蕭何爲法，顜若畫一，曹參代之，守而勿失，載其清靜，民以寧一』。」

〔281〕寓縣：《說文·宀部》：「寓，籀文宇从禹。」《史記·秦本紀》：「宇縣之中，順承聖意。」裴駰《集解》：「宇，宇宙。縣，赤縣。」

〔282〕人祇：《文選》陸倕〈石闕銘〉：「龜筮協從，人祇響附。」張銑注：「祇，神也。」

〔283〕司勳：官名，掌功賞之事。《周禮·夏官·司勳》：「司勳，掌六卿賞地之法，以等其功。」

〔284〕重華大聖：《史記·五帝紀》：「虞舜者，名曰重華。」

〔285〕嬀汭惟賢：《史記·陳世家》：「陳公胡滿者，虞帝舜之後也。昔舜爲庶人時，堯妻之二女，居于嬀汭，其後因以爲氏姓，姓嬀氏。周武王克殷紂，乃復求舜後，得嬀滿，封之於陳，以奉帝舜祀，是爲胡公。」鄭樵《通志·氏族略·以國爲氏》：「胡公滿封於陳，以奉舜祀，子孫以國爲姓。」

〔286〕盛德之祀無忘：《左傳·昭公八年》：「九月，楚公子棄疾帥師圍陳。冬十一月壬午，滅陳。晉侯問於史趙曰：『陳其遂亡乎』？對曰：『未也。陳，顓頊之族，自幕至於瞽瞍無違命，舜重之以明德。及胡公不淫，故周賜之姓，使祀虞帝。臣聞盛德必百世祀。虞之世數未也，繼守將在齊，其兆既存矣。』」又〈莊公二十二年〉：「陳公子完奔齊，齊侯使完爲卿。」

〔287〕公侯之門必復：《左傳·閔公元年》：「卜偃曰：『公侯之子孫，必復其始。』」

〔288〕殷嘉亶甫，繼后稷之官：《竹書紀年上》：「武乙三年，命周公亶父，賜以岐邑。」《史記·周本紀》：「古公亶父，復脩后稷、公劉之業，積德行義，國人皆戴之。」

〔289〕堯命羲和，纂重黎之位：《尚書·堯典》：「乃命羲和，欽若昊天；歷象日月星辰，敬授民時。」《史記·太史公自序》：「昔在顓頊，命南正重以司天，火正黎以司地。唐、虞之際，紹重、黎之後，使復典之，至于夏、商，故重

黎氏世序天地。」

〔290〕備九錫之禮：《公羊傳·莊元年》：「王使榮叔來賜桓公命。」何休注：「禮有
　　　九錫：一曰車馬，二曰衣服，三曰樂則，四曰朱戶，五曰納陛，六曰虎賁，
　　　七曰弓矢，八曰鈇鉞，九曰秬鬯。皆所以勸善扶不能。」

〔291〕遠遊冠：《後漢書·輿服志》：「遠遊冠，制如通天（冠），諸王所服也。」蔡
　　　邕《獨斷》：「天子冠通天冠，諸侯冠遠遊冠。」

〔292〕綠綟綬：綵綬也。《廣雅·釋器》：「綠綟，綵也。」《宋書·禮志》：「相國則
　　　綠綟綬。」

　　　策曰〔293〕：
　　大哉乾元，資日月以貞觀〔294〕；至哉坤元，憑山川以載物〔295〕。故惟天
為大〔296〕，陟配者欽明〔297〕，惟王建國〔298〕，翼輔者齊聖〔299〕。是以文、武
之佐，磻磎蘊其玉璜〔300〕；堯、舜之臣，榮河鏤其金版〔301〕。況乎體得一之
鴻姿〔302〕，寧陽九之危厄〔303〕，拯橫流於碣石〔304〕，撲燎火於崑岑〔305〕，驅
馭於韋、彭〔306〕，跨躡於齊、晉〔307〕，神功行而靡用，聖道運而無名者乎？
今將授公典策，其敬聽朕命：

【注釋】

〔293〕策曰：按「策曰」以下一文，係徐陵所作。《徐孝穆集》卷六題作〈陳公九
　　　錫文〉。〈九錫文〉，王莽篡漢始有之。莽篡漢前，先加九錫，並為〈九錫文〉，
　　　諛其功德。嗣後禪位者多效為之。後有〈九錫文〉一體，類多諛頌功德。魏、
　　　晉六朝間，凡禪位之先，必有此文。

〔294〕大哉乾元，資日月以貞觀：《易·乾卦》：「大哉乾元，萬物資始。」《易·繫
　　　辭下》：「天地之道，貞觀者也。」

〔295〕至哉坤元，憑山川以載物：《易·坤卦》：「至哉坤元，萬物資生。」又曰：「坤
　　　厚載物，德合無疆。」

〔296〕惟天為大：《論語·泰伯》：「大哉！堯之為君，巍巍乎！惟天為大，惟堯則
　　　之。」

〔297〕陟配者欽明：《尚書·君奭》：「故殷禮陟配天，多歷年所。」《文選》顏延之
　　　〈宋郊祀歌〉注：「陟，升也，言天子升祖考以配天。」《尚書·堯典》：「放
　　　勳欽、明、文思，安安。」《釋文》引馬融曰：「威儀表備謂之欽，照臨四方
　　　謂之明。」

〔298〕惟王建國：《周禮·天官·序官》：「惟王建國，辨方正位，體國經野。」

〔299〕翼輔者齊聖:《漢書·孔光傳》:「翼輔先帝。」《左傳·文公十八年》:「高陽氏有才子八人,齊聖廣淵,明允篤誠,天下之民謂之八愷。舜臣堯,舉八愷,使主后土,以揆百事,莫不時序,地平天成。」

〔300〕磻磎蘊其玉璜:《史記·齊太公世家》:「呂尚蓋嘗窮困,年老矣,以魚釣奸周西伯。」張守節《正義》:「《括地志》云:『茲泉水源出岐州岐山縣西南凡谷』。酈元云:『磻磎中有泉,謂之茲泉。泉水潭積,自成淵渚,即太公釣處,今人謂之凡谷。水次有磻石可釣處,即太公垂釣之所。其投竿跪餌,兩膝遺跡猶存,是有磻磎之稱』。」《尚書中候》:「王至磻溪之山,呂尚釣於崖,王下拜,尚答曰:『望釣得玉璜,刻曰:姬受命,呂佐檢德,來昌來提,撰爾雒鈐,報在齊。』及佐周剋殷,封於齊。」

〔301〕榮河鏤其金版:榮河,在山西萬泉縣西,黃河東岸。王祥《拾遺記》:「神即示禹八卦之圖,列於金版之上。」

〔302〕體得一之鴻姿:《老子》三十九章:「昔之得一者,天得一以清,地得一以寧,侯王得一以為天下正。」

〔303〕陽九之危厄:《漢書·匈奴傳》:「今天下遭陽九之戹,比年饑饉。」《文選》陸機〈吳趨行〉:「王迹隤陽九,帝功興四遐。」注:「謂後來王道頹壞,由於陽九之厄也。九者,數之極,重陽無陰,萬物不交,理之困極,而天下亂矣。」

〔304〕碣石:南海海灣名,在廣東海豐縣東南。

〔305〕崑岑:《南史·陳本紀上》作「崑岡」。崑岡在今江蘇江都縣西北。《讀史方輿紀要》卷二十三〈揚州·江都縣·蜀岡〉:「崑崙岡,在府西北八里。鮑照賦:『軸以崑岡』。亦名廣陵岡,與蜀岡連接。」

〔306〕驅馭於韋、彭:《通志·氏族略·以國為氏》:「顓頊孫大彭,為夏諸侯。少康之世,封其別孫元哲於豕韋。大彭、豕韋迭為商伯。」

〔307〕跨躒於齊、晉:《史記·齊太公世家》:「武王已平商,封師尚父於齊。」〈晉世家〉:「唐虞者,武王子而成王弟。武王崩,成王立,封唐虞於唐。唐在河汾之東。唐叔子燮,是為晉侯。」《白虎通·號》:「五霸者,何謂也?昆吾氏、大彭氏、豕韋氏、齊桓氏、晉文公也。」

日者昊天不弔,鍾亂於我國家,網漏吞舟〔308〕,彊胡內贔〔309〕,茫茫宇宙,慄慄黎元〔310〕,方足圓顱,萬不遺一。太清否亢〔311〕,橋山之痛已深〔312〕;大寶屯如〔313〕,平陽之禍相繼〔314〕。上宰膺運,康救兆民,鞠旅於滇池之南〔315〕,揚旌於桂嶺〔316〕之北,懸三光於已墜,諡四海於羣飛〔317〕,屠獷寇〔318〕於中原,

斬鯨鯢於濛汜〔319〕，蕩寧上國，光啟中興，此則公之大造於皇家者也。

【注釋】

〔308〕網漏吞丹：《史記・高祖本紀》：「入關，與父老約，法三章耳：殺人者死，傷人及盜抵罪。餘悉除去秦法。」又〈酷吏傳〉：「漢興，網漏於吞丹之魚。」

〔309〕彊胡內贔：《文選》左思〈魏都賦〉：「姦回內贔」，李善注：「不飲酒而怒曰贔。」

〔310〕惵惵黎元：《後漢書・寒朗傳贊》：「惵惵楚黎，寒君爲命。」李賢注：「惵惵，懼也。」

〔311〕太清否亢：《易・否卦》：「象曰：『天地不交，否也。』」〈鼎卦〉：「利出否。」《釋文》：「否，惡也。」《廣雅・釋詁》：「亢，極也。」否亢，謂命運惡劣至極也。按《梁書・武帝紀》：「太清二年八月戊戌，侯景舉兵反。三年三月丁卯，攻陷宮城。」

〔312〕橋山之痛已深：《史記・封禪書》：「北巡朔方，還祭黃帝冢橋山。」橋山，在陝西中部縣西北，沮水穿山而過，山如橋，故名。上有黃帝冢，名橋陵。按《梁書・武帝紀》：「太清三年夏四月己酉，高祖以所求不供，憂憤寢疾。五月丙辰，崩于淨居殿。」此云「橋山之痛」者，傷痛武帝之憂憤而崩也。

〔313〕大寶屯如：《易・屯卦》：「屯如邅如。」孔穎達《疏》：「屯，是屯難；如，是語辭。」大寶屯如，謂大寶二年八月，侯景廢簡文帝爲晉安王，幽于永福省，改立豫章嗣王棟爲帝。冬十月壬寅，景使人害簡文帝于永福省。

〔314〕平陽之禍相繼：晉懷帝永嘉五年，匈奴酋長劉曜攻陷洛陽，懷帝被虜，崩于平陽。太子鄴即位於長安，是爲愍帝。愍帝建興四年，劉曜繼陷長安，送帝於平陽（山西臨汾），尋遇害。

〔315〕鞠旅於滇池之南：《詩・小雅・采芑》：「陳師鞠旅」，毛《傳》：「鞠，告也。」鄭《箋》：「言陳列其師旅誓告之也。」《華陽國志・晉寧郡》：「滇池縣（雲南昆明縣南）有澤水，周回二百里。所出深廣，下流淺狹，如倒流，故曰滇池。」

〔316〕桂嶺：在今廣東曲江縣西四十里。《明一統志》：「桂嶺，桂水所出，其山多桂，故名。」

〔317〕羣飛：喻大亂也。《文選》揚雄〈劇秦美新〉：「神歇靈繹，海水羣飛。」李善注：「海水，喻萬民。羣飛，言亂。」

〔318〕猰貐：與猰㺄同。喻殘賊之人。《淮南子・本經訓》：「逮至堯之時，猰㺄、封豨，皆爲民害。堯乃使羿殺猰㺄，擒封豨，萬民皆喜。」高誘注：「猰㺄，獸名，狀如龍首，或曰似貍，善走而食人。」

〔319〕斯鯨鯢於濛汜：《說文·斤部》：「斬，斬也。」《左傳·宣公十二年》：「古者
　　　明王伐不敬，取其鯨鯢而封之，以爲大戮。」杜注：「鯨鯢，大魚名，以喻
　　　不義之人吞食小國也。」《文選》江淹〈遊仙詩〉：「永得安期術，豈愁濛汜
　　　迫。」呂延濟注：「濛汜，日入之處。」

　　既而天未悔禍〔320〕，夷醜薦臻〔321〕，南夏崩騰，西京蕩覆，羣胡孔熾，
藉亂乘間，推納藩枝，盜假神器，冢司昏撓，旁引寇讎，既見貶於桐宮〔322〕，
方謀危於漢閤〔323〕；皇運已殆，何殊綴旒〔324〕，中國搖然，非徒如線。公赫
然投袂，匡救本朝，復莒齊都〔325〕，平戎王室〔326〕。朕所以還膺寶曆，重履
宸居〔327〕，挹建武之風猷〔328〕，謌宣王之雅頌。此又公之再造於皇家者也。

【注釋】

〔320〕天未悔禍：《左傳·隱公十一年》：「天其以禮悔禍於許。」《文選》劉琨〈勸
　　　進表〉：「天未悔禍，大災荐臻。」

〔321〕薦臻：《詩·大雅·雲漢》：「饑饉薦臻。」毛《傳》：「薦，重；臻，至也。」

〔322〕見貶於桐宮：《史記·殷本紀》：「伊尹放太甲於桐宮。」《正義》：「《晉太康
　　　地記》云：『尸鄉南有亳阪，東有城，太甲所放處也。』按：尸鄉在洛州偃
　　　師縣西南五里也。」《梁書·敬帝紀》：「承聖四年七月，王僧辯納貞陽侯蕭
　　　淵明，黜帝爲皇太子。」

〔323〕謀危於漢閤：《漢書·金日磾傳》：「莽何羅謀爲逆。上幸林光宮，何羅襃白
　　　刃從東廂上，見日磾，色變，走趨臥內欲入，行觸寶瑟，僵。日磾抱何羅，
　　　因傳曰：『莽何羅反！』捽胡投何羅殿下，得擒縛之。」

〔324〕綴旒：亦作綴斿。《文選》潘勗〈冊魏公九錫文〉：「當此之時，若綴旒然。」
　　　張銑注：「旒，冠上垂珠，而綴於冠者。言帝室之危，如旒之懸然辭也。」

〔325〕復莒齊都：《戰國策·齊策》：「王孫賈入市呼曰：『淖齒亂齊國，殺湣王。欲
　　　與我誅之者袒右。』乃攻淖齒，殺之，求湣王子法章，共立爲齊王，保莒城
　　　以拒燕軍。」

〔326〕平戎王室：《左傳·僖公十二年》：「王以戎難故，齊侯使管夷吾平戎于王。
　　　王以上卿之禮饗管仲。」

〔327〕重履宸居：宸居，帝位也。《文選》顏延之〈三月三日曲水詩序〉：「皇上以
　　　叡文承歷，景屬宸居。」李善注：「蔡邕曰：『如北辰居其所而眾星拱之。』」

〔328〕挹建武之風猷：挹，推重也。《唐書·李頻傳》：「大加獎挹。」風猷，風教
　　　道德也。《南史·隱逸傳》：「名教之外，別有風猷。」建武，漢光武帝年號（25

～56），此因以建武爲漢光武之稱。漢光武與周宣王同爲國史上中興之名主。

公應務之初，登庸惟始，三川五嶺，莫不窺臨，銀洞珠宫，所在寧謐。孫、盧肇釁，越貊爲災，番部阽危，勢將淪殄。公赤旗所指，祅壘洞開；白羽纔撝，凶徒粉潰。非其神武，久喪南藩。此又公之功也。

大同之末，邊政不修，李賁狂迷，竊我交、愛，敢稱大號〔329〕，驕恣甚於尉陀〔330〕；據有連州，雄豪熾於梁碩〔331〕。公英暮雄籌，電掃風行，馳御樓船，直跨滄海，新昌、典澈，備履艱難，蘇歷、嘉寧，盡爲京觀〔332〕；三山獠洞，八角蠻陬，逖矣！水寓之鄉，悠哉！火山之國，馬援之所不屆〔333〕，陶璜之所未開〔334〕，莫不懼我王靈，爭朝邊候，歸琛天府〔335〕，獻狀鴻臚〔336〕。此又公之功也。

【注釋】

〔329〕李賁狂迷，敢稱大號：《梁書‧武帝紀》：「大同十年春正月，李賁於交阯竊位號，署置百官。」

〔330〕驕恣甚於尉陀：《史記‧南越列傳》：「秦二世時，南海尉任囂病且死，召龍川令趙佗行南海尉事。囂死，秦已滅，佗即擊并桂林、象郡，自立爲南粵武王。高帝已定天下，爲中國勞苦，故釋佗不誅，遣陸賈立佗爲南越王。高后時，佗乃自尊號爲南越武帝。」

〔331〕雄豪熾於梁碩：《晉書‧王諒傳》：「新昌太守梁碩專威交土，迎立陶咸爲刺史。咸卒，王敦以王機爲刺史，碩發兵拒機。自領交阯太守。永興三年，敦以諒爲交州刺史，碩逼諒奪其節，據交州，凶暴酷虐，一境患之，竟爲侃（廣州刺史陶侃）軍所滅，傳首京師。」

〔332〕京觀：古者克敵，收敵屍首，積高爲冢，以誇耀武功，謂之京觀。《左傳‧宣公十二年》：「盍築武庫而收晉尸以爲京觀。」杜注：「積尸封土其上，謂之京觀也。」

〔333〕馬援之所不屆：《後漢書‧馬援傳》：「建武中，拜援伏波將軍，援將樓船大小二千餘艘，將士二萬人，進擊九眞賊徵側餘黨都羊等，自無功至居風，斬獲五千餘人，嶠南悉平。」李賢注：「嶠，嶺嶠也。《廣州記》：『援到交阯，立銅柱，爲漢之極界也。』」

〔334〕陶璜之所未開：《晉書‧陶璜傳》：「仕吳爲交州刺史。武平、九德、新昌土地阻險，夷獠勁悍，歷世不賓，璜征討，開置三郡及九眞屬國三十餘縣。」

〔335〕歸琛天府：《集韻》：「琛，或從貝。」《爾雅‧釋言》：「琛，寶也。」《周禮‧

春官・天府》：「天府，掌祖廟之守藏，凡國之玉鎮、大寶器藏焉。」

〔336〕獻狀鴻臚：獻狀，謂呈獻功狀。丘遲〈爲范雲謝示毛龜啓〉：「藏采千載，獻狀一朝。」《通典・職官・鴻臚卿》：「秦官有典客，掌諸侯及歸義蠻夷，漢改爲鴻臚。」

自寇虜陵江，宮闈幽辱，公枕戈嘗膽〔337〕，提劍撫心〔338〕，氣涌青霄，神飛紫闥〔339〕。而番禺連率，本自諸夷，言得其朋，是懷同惡〔340〕。公仗此忠誠，乘機剿定，執沛令而釁鼓〔341〕，平新野而據鞍〔342〕。此又公之功也。

【注釋】

〔337〕枕戈嘗膽：《晉書・劉琨傳》：「吾枕戈待旦，志梟逆虜。」《史記・越王勾踐世家》：「越王勾踐反國，乃苦身焦思，置膽於坐，坐臥即仰膽，飲食亦嘗膽，曰：『汝忘會稽之恥耶』？」

〔338〕提劍撫心：撫與拊同。《文選》曹植〈求自試表〉：「流聞東軍失備，師徒少衄，輟食棄餐，奮袂攘衽，撫劍東顧，而心已馳於吳會矣。……每覽史籍，觀古忠臣義士，殉國家之難，名稱垂於竹帛，未嘗不拊心而歎息也。」

〔339〕神飛紫闥：《文選》曹植〈求通親表〉：「注心於皇極，結情於紫闥（謂帝京也）。」

〔340〕番禺連率，是懷同惡：謂太清二年，廣州刺史元景仲與侯景連謀構逆也。

〔341〕執沛令而釁鼓：以血塗鼓謂之釁鼓。《漢書・高帝紀》：「天下同苦秦久，諸侯並起，父老乃帥子弟兵殺沛令，立高祖爲沛公，祠黃帝蚩尤於沛庭而釁鼓。」

〔342〕平新野而據鞍：《後漢書・光武帝紀》：「天下方亂，與李通弟軼等起兵於宛。光武初騎牛，殺新野尉，乃得馬。」

世道初艱，方隅多難，勳門桀黠，作亂衡嶷〔343〕，兵切池隍，眾兼夷獠。公以國盜邊警，知無不爲，卹是同盟，誅其醜類〔344〕，莫不魚驚鳥散，面縛頭懸。南土黔黎，重保蘇息。此又公之功也。

【注釋】

〔343〕勳門桀黠，作亂衡嶷：本書卷九〈歐陽頠傳〉：「京城陷後，嶺南互相併吞。蘭欽弟前高州刺史蘭裕攻始興內史蕭紹基。」又本卷上文云：「是時臨賀內史歐陽頠監衡州，蘭裕、蘭京禮扇誘始興等十郡，共舉兵攻頠。」

〔344〕卹是同盟，誅其醜類：謂陳霸先帥眾救頠，悉擒蘭裕等。醜類，惡類也。《文

選》曹植〈求自試表〉：「虜其雄率，殲其醜類。」

　　長驅嶺嶠，夢想京畿，緣道酋豪，遞為榛梗，路養渠率，全據大都，蓄聚逋逃，方謀阻亂，百樓不戰〔345〕，雲梯〔346〕之所未窺；萬弩齊張〔347〕，高軸〔348〕之所非敵。公龍驤虎步，嘯叱風雲，山靡堅城，野無彊陣，清祅氛於瀲石〔349〕，滅沴氣於雩都〔350〕。此又公之功也。

【注釋】

〔345〕百樓不戰：百樓，百重樓櫓也。《三國志・魏書・公孫瓚傳》：「兵法，百樓不攻，今吾樓櫓千重，食盡此穀，足知天下之事矣。」

〔346〕雲梯：《墨子・公輸》：「公輸般為楚造雲梯之械成，將以攻宋。」《武備志・雲梯圖說》：「雲梯，以大木為牀，下施六輪，上立二梯，各長二丈餘，中施轉軸車，四面以生皮為屏蔽，內以人推進。及城，則起飛梯於雲梯之上，以窺城中，故曰雲梯。」

〔347〕萬弩齊張：《史記・孫臏傳》：「馬陵道狹而旁多阻隘，可伏兵，乃斫大樹白而書之曰：『龐涓死於此樹之下』。龐涓果夜至斫木下，齊軍萬弩俱發，涓自知智窮兵敗，乃自剄。」

〔348〕高軸：《史記・衡山王傳》：「王使江都人救赫、陳喜作輣車鏃矢。」裴駰《集解》：「徐廣曰：『輣車，戰車也』。」

〔349〕清祅氛於瀲石：謂高州刺史李遷仕據大皋，遣主帥杜平虜帥千人入瀲石、魚梁。高祖命周文育將兵擊走之。

〔350〕滅沴氣於雩都：謂遷仕奔寧都，將襲南康。高祖遣杜僧明等攻之，生擒遷仕，斬於南康。雩都，縣名。屬南康郡，因雩水為名。

　　遷仕凶慝，屯據大皋，乞活類馬騰之軍〔351〕，流民多杜弢之眾〔352〕，推鋒轉鬭，自北徂南，頻歲稽誅，寔惟勍虜。公坐揮三畧〔353〕，遙制六奇〔354〕，義勇同心，貔貅騁力，雷奔電擊，谷靜山空，列郡無犬吠之驚〔355〕，叢祠罷狐鳴之盜〔356〕。此又公之功也。

【注釋】

〔351〕乞活類馬騰之軍：《三國志・蜀書・馬超傳》：「馬騰子超，領騰部曲，進軍至潼關，與曹操戰，敗奔漢中，依張魯。聞先主圍成都，密書請降。」

〔352〕流民多杜弢之眾：《晉書・杜弢傳》：「弢，蜀郡成都人。為醴陵令。時巴、

蜀流人汝班、蹇碩等數萬在荊、湘間，而爲舊百姓之所侵苦，竝懷怨恨。弢在湘中，賊眾共推弢爲主。弢自稱梁、益二州牧，攻破郡縣，縱兵肆暴。」

〔353〕坐揮三略：《文選》李康〈運命論〉：「張良受黃石之符，誦三略之說。」李善注：「〈黃石公記序〉曰：『有上略、中略、下略』。《河圖》曰：『黃石公謂張良曰：「讀此，爲劉帝師。」』」

〔354〕遙制六奇：《史記・陳丞相世家》：「凡六出奇計，奇計或頗祕，世莫能聞也。」

〔355〕列郡無犬吠之驚：《漢書・王溫舒傳》：「舒遷爲河內太守，捕郡中豪猾，相連坐千餘家。盡十二月，郡中無犬吠之盜。」

〔356〕叢祠罷狐鳴之盜：《史記・陳涉世家》：「又間令吳廣之次近所旁叢祠中，夜篝火，狐鳴呼曰：『大楚興，陳勝王』。」

王師討虜，次屆淪波，兵乏兼儲，士有飢色。公回麾蠡澤，積谷巴丘〔357〕，億庾之詠斯豐〔358〕，壺漿之迎是眾〔359〕，軍民轉漕，曾無砥柱之難〔360〕；艫舳相望，如運敖倉之府〔361〕。犀渠貝胄〔362〕，顧蔑雷霆，高艦層樓，仰捫霄漢，故使三軍勇銳，百戰無前，承此兵糧，遂殄凶逆。此又公之功也。

【注釋】

〔357〕回麾蠡澤，積穀巴丘：上文云：「大寶二年六月，高祖發自南康。八月會僧辯於湓城。時西軍乏食，高祖先貯軍糧五十萬石，至是，分三十萬以資之。」《漢書・地理志》：「彭蠡澤在豫章彭蠡縣西北。」《三國志・周瑜傳》：「孫策還定豫章、廬陵，留鎮巴丘。」巴丘故城在今江西峽江縣北。

〔358〕億庾之詠斯豐：《詩・小雅・楚茨》：「我倉既盈，我庾惟億。」毛《傳》：「露積爲庾，萬萬曰億。」

〔359〕壺漿之迎是眾：《孟子・梁惠王下》：「簞食壺漿，以迎王師。」

〔360〕曾無砥柱之難：《漢書・溝洫志》：「河東守番係言：『漕從山東西，歲百餘萬石，更砥柱之艱，敗亡甚多而煩費。」砥柱，山名，在山西平陸縣東南河水中。

〔361〕如運敖倉之府：《史記・酈食其傳》：「夫敖倉，天下轉輸久矣，臣聞其下迺有藏粟甚多。」

〔362〕犀渠貝胄：《文選》左思〈吳都賦〉：「家有鶴膝，戶有犀渠。貝胄象弭，織文無章。」李善注：「鶴膝，矛也；犀渠，楯也，犀皮爲之。胄，兜鍪，以貝飾之。」

若夫英圖邁俗，義旅如雲，溢壘犗擋，用淹戎略。公志唯同獎〔363〕，師

克在和〔364〕，鵠塞非虞〔365〕，鴻門是會〔366〕，若晉侯之誓白水〔367〕，如蕭王之推赤心〔368〕，屈禮交盟，人祇感咽〔369〕，故能使舟師竝路，遠邇朋心。此又公之功也。

【注釋】

〔363〕志唯同獎：《左傳・僖公二十八年》：「王子虎盟諸侯于王庭，要言曰：『皆獎王室。』」杜預注：「獎，助也。」

〔364〕師克在和：《左傳・桓公十一年》：「師克在和，不在眾。」

〔365〕鵠塞非虞：梁元帝〈玄覽賦〉：「泝蛟川於匯澤，沿鵠塞於潯陽。」

〔366〕鴻門是會：《史記・高祖本記》：「沛公從百餘騎，驅之鴻門，見謝項羽。」

〔367〕晉侯之誓白水：《左傳・僖公二十四年》：「公子（重耳）曰：『所不與舅氏同心者，有如白水。』投其璧於河。」杜注：「言與舅氏同心之明，如此白水也。」

〔368〕蕭王之推赤心：《後漢書・光武帝紀》：「更始二年秋，光武擊銅馬賊，悉破降之，封其渠帥爲列侯。降者猶不自安，光武知其意，敕令各歸營勒兵，迺自乘輕騎，按行部陣。降者更相語曰：『蕭王推赤心置人腹中，安得不投死乎』？」

〔369〕屈禮交盟、人祇感咽：《梁書・王僧辯傳》：「霸先至湓口，與僧辯會于白茅灣，登壇盟誓。霸先爲其文曰：『臣僧辯與臣霸先，協和將帥，同心共契，必誅凶豎，尊奉相國，嗣膺鴻業。……若有違戾，明神殛之。』於是升壇歃血，共讀盟文，皆淚下霑襟，辭色慷慨。」

　　姑孰襟要，崤函阻憑，寇虜據其關梁，大盜負其局鑰〔370〕。公一校裁撝，三雄竝奮，左賢右角，沙潰土崩〔三五〕，木甲殣於中原〔371〕，氈裘〔372〕赴於江水，他他藉藉〔373〕，萬計千羣，鄂板〔374〕之隘斯開，夷庚〔375〕之道無塞。此又公之功也。

【校證】

〔三五〕左賢右角，沙潰土崩

　　　　右角，宋浙本、三朝本、南監本、北監本、汲古本、《南史・陳武帝紀》同。《冊府》卷一八六作「右谷（音祿）」。

　　　　按《左傳・昭公元年》：「晉中行穆子敗無終及羣狄於太原，爲五陣以相離。兩於前，伍於後，專爲右角，參爲左角，偏爲前拒以誘之。」「右角」，

為軍陣名。《史記・匈奴列傳》:「置左右賢王，左右谷蠡王。」裴駰《集解》引服虔曰:「谷音鹿，蠡音離。」「右谷」，為匈奴貴族之封號。此處「沙潰」與「土崩」相對為義，「左賢」亦與「右角」相對為義，「左賢」既指匈奴左賢王而言，則「右角」不當作軍陣名之「右角」，而應從《冊府》卷一八六作匈奴右谷蠡王之「右谷」為是。

【注釋】

〔370〕大盜負其扃鐍:《莊子・胠篋》:「將為胠篋探囊發匱之盜而為守備，則必攝緘縢，固扃鐍。」成玄英《疏》:「扃，關鈕。鐍，鎖鑰也。」

〔371〕木甲殪於中原:《漢書・晁錯傳》:「材官騶發，矢道同的，則匈奴之革笥木薦弗能支。」顏師古注引孟康曰:『木薦，以木板作如楯。』《國語・晉語八》:「叔向曰:『昔吾先君唐叔射兕于徒林，殪，以為大甲。』」韋昭注:「一發而死曰殪。甲，鎧也。」

〔372〕氈裘:《文選》司馬遷〈報任少卿書〉:「氈裘之長咸震怖。」李善注:「氈裘，匈奴胡人所服，亦用為稱其酋長之辭。」

〔373〕他他藉藉:《文選》司馬相如〈上林賦〉:「他他藉藉，填坑滿谷。」呂向注:「他他藉藉，言多也。」

〔374〕鄂坂之隘斯開:《晉書・惠帝紀》:「永寧元年，趙王倫篡位，齊王冏起兵討倫。成都王穎、河間王顒，皆舉兵應之。倫遣其將孫輔出鄂坂以拒冏。」

〔375〕夷庚之道無塞:《左傳・成公十八年》:「今將崇諸侯之姦而披其地，以塞夷庚。」杜注:「夷庚，吳晉往來之要道。」

　　義軍大眾，俱集帝京，逆豎凶徒，猶屯皇邑。若夫表裏山河〔376〕，金湯嶮固〔377〕，疏龍首以抗殿〔378〕，揃華岳以為城〔三六〕〔379〕，雜虜憑焉，彊兵自若。公回茲地軸，抗此天羅，曾不崇朝〔380〕，俾無遺噍〔381〕，軍容甚穆，國政方脩，物重覿於衣冠，民還瞻於禮樂，楚人滿道，爭覩於葉公〔382〕，漢老銜悲，俱歡於司隸〔383〕。此又公之功也。

【校證】

〔三六〕揃華岳以為城

　　　　揃，宋浙本、三朝本、南監本、北監本、汲古本同。《冊府》卷一八六、《文苑英華》卷四四七竝作「剪」。

　　　　按作「剪」字是。《說文・刀部》:「前，齊斷也。从刀歬聲。」段注:「云

齊斷者，爲其從刀也。其始前爲刀名，因爲斷物之名。」又〈手部〉：「揃，搣（按摩）也。从手前聲。」「揃」以按摩爲義，「前」爲斷物者，二字之義迥別，揃華岳以爲城之「揃」，本字自以作斷物之「前」爲是。其从二刀作「剪」者，爲「前」之後起俗字。其从手作「揃」，則是「前」或「剪」之同音叚借字。

【注釋】

〔376〕表裏山河：《左傳・僖公二十八年》：「子犯曰：『戰也！戰而捷，必得諸侯。若其不捷，表裏山河，必無害也』。」杜預注：「晉國外河而內山。」

〔377〕金湯嶮固：《漢書・蒯通傳》：「必將嬰城固守，皆爲金城湯池，不可攻也。」

〔378〕疏龍首以抗殿：《文選》張衡〈西京賦〉：「疏龍首以抗殿。」李善注：「《三輔黃圖》：『日營未朱，因龍首以制前殿。』」《後漢書・文苑・杜篤傳》：「規龍首，撫未央。」李賢注：「龍首，山名。蕭何於其上作未央宮。」

〔379〕揃華岳以爲城：《史記・秦始皇本紀》：「斬華爲城，因河爲津。」裴駰《集解》：「服虔曰：『斷華山爲城』。」

〔380〕曾不崇朝：《詩・衛風・河廣》：「誰謂宋遠？曾不崇朝。」鄭《箋》：「崇，終也。行不終朝，亦喻近。」

〔381〕遺噍：《晉書・乞伏國仁載記論》：「國仁陰山遺噍，難以義服。」遺噍，謂殘存之人。

〔382〕楚人滿道，爭覩於葉公：《左傳・哀公十六年》：「白公勝作亂，葉公至北門，或遇之，曰：『君胡不冑？國人望君如望慈父母焉，盜賊之矢若傷君，是絕民望也，若之何不冑？』乃冑而進。又遇一人，曰：『君胡冑？國人望君如望歲焉，日日以幾，若見君面，是得艾也。』乃免冑而進。」

〔383〕漢老銜悲，俱歡於司隸：《後漢書・光武帝紀》：「更始元年九月，以光武行司隸校尉。時三輔吏士東迎更始，見諸將過，皆冠幘而服婦人衣，諸于繡鎺，莫不笑之，或有畏而走者。及見司隸僚屬，皆歡喜不自勝。老吏或垂涕曰：『不圖今日復見漢官威儀！』由是識者皆屬心焉。」

　　內難初靜，諸侯出關，外郡傳烽，鮮卑犯塞〔384〕，莫非且渠當戶〔385〕，中貴名王〔386〕，冀馬迥於淮南，胡笳動於徐北。公舟師步甲，亙野橫江，殲厥羣羝，遂殫封豨〔387〕，莫不結木而止〔388〕，戎車靡遺；遇灣而旋〔389〕，歸騶盡殪。此又公之功也。

【注釋】

〔384〕鮮卑犯塞：《北齊書·神武帝紀》：「神武既累世北邊，故習其俗，遂同鮮卑。」此即以鮮卑爲北齊之稱。

〔385〕且渠當戶：《史記·匈奴列傳》：「當戶、且渠之屬。」裴駰《集解》：「匈奴官名。」

〔386〕中貴名王：《史記·李廣列傳》：「匈奴大入上郡，天子使中貴人從廣勒習兵擊匈奴。」裴駰《集解》：「服虔曰：『內官之幸貴者』。」《漢書·宣帝紀》：「匈奴單于遣名王奉獻。」師古注曰：「名王者，謂有大名，以別諸小王也。」

〔387〕遂殫封豨：《淮南子·修務訓》：「吳爲封豨修蛇，蠶食上國。」封豨封蛇，喻人貪暴如大豕長蛇。

〔388〕絓木而止：《左傳·成公二年》：「齊師伐我北鄙，臧宣叔如晉乞師。晉侯許之。郤克將中軍以救魯、衛。齊侯使請戰。邴夏御齊侯，逢丑父爲右。晉解張御郤克，鄭丘緩爲右。……齊師敗績，逐之三周華不注，逢丑父與公易位，將及華泉，驂絓於木而止。」驂，左右兩旁之馬。絓，礙也。兩驂爲樹木所阻而止。

〔389〕遇濘而旋：《左傳·僖公十五年》：「秦、晉戰於韓原，晉戎馬遇濘而止。」

　　公克黜禍難，劬勞皇室，而孫甯之黨〔390〕，翻啟狄心〔391〕，伊、洛之間，咸爲虜戍。雖金陵佳氣〔392〕，石壘天嚴〔393〕，朝闇戎塵，夜喧胡鼓。公三籌既畫，八陣斯張，裁舉靈鈝，亦抽金僕〔三七〕，咸俘醜類，悉反高墉，異李廣之皆誅〔394〕，同龐元之盡赦。此又公之功也。

【校證】

〔三七〕裁舉靈鈝，亦抽金僕

　　鈝，北監本、汲古本、《南史·陳武帝紀》、《冊府》卷一八六、《文英苑華》卷四四七同。宋浙本、三朝本作「鉢」，南監本作「旗」。

　　按宋浙本、三朝本作「鉢」，非是。鉢乃僧家食器，爲戰陣所不用，「鉢」字當是「鈝」字之形譌。《左傳·莊公十一年》：「乘邱之役，公以金僕姑（矢名）射南宮萬。」又〈昭公十年〉：「公卜使王黑以靈姑鈝率，吉。」竝爲斯語「裁舉靈鈝，亦抽金僕」之所本。「靈鈝」者，杜預注：「公（齊侯）旗名。鈝，扶眉反，又音竿。」《廣韻》：「竿同釪。」是「靈鈝」即「靈鈝」。南監本「靈鈝」作「靈旗」，蓋睹宋浙本作「靈鉢」不可解，遂臆改「鉢」爲「旗」，作「靈旗」，其義雖與上下文可通，然究非古本《陳書》原文之

舊，當從北監本、汲古本與殿本作「靈鈺」爲是。

【注釋】

〔390〕孫甯之黨：《左傳・襄公二十年》：「衛甯惠子疾，召悼子曰：『吾得罪於君，悔而無及也。名藏在諸侯之策，曰：「孫林父、甯殖出其君」。」

〔391〕翻啓狄心：《國語・晉語一》：「疆場無主，則啓戎心。」戎心，謂戎狄入侵之心。

〔392〕金陵佳氣：《太平寰宇記・江南東道二・昇州》：「《金陵國圖經》云：『昔楚威王見此有王氣，因埋金以鎮之，故曰金陵。秦併天下，望氣者言江東有天子氣，乃鑿地脈斷連岡，因改金陵爲秣陵。』」

〔393〕石壘天嚴：《江寧府志》「石頭自江北而來，山皆無石，至此山始有石，故名。」《建康志》：「北緣大江，南秦淮口。六朝以來，皆守此爲固。諸葛亮所云：『石頭虎踞』是也。」

〔394〕異李廣之皆誅：《史記・李廣傳》：「吾嘗爲隴西守，羌嘗反，吾誘降者八百餘人，詐而同日殺之。」

　　任約叛渙〔三八〕，梟聲不悛〔395〕，戎羯貪婪，狼心無改〔396〕。穹廬氈幕，抵北闕而爲營；烏孫天馬，指東都而成陣。公左甄右落〔397〕，箕張翼舒〔398〕，掃是攙搶〔399〕，驅其獫狁〔400〕，長狄之種，埋於國門〔401〕；椎髻之酋，烹於軍市，投秦坑而盡沸，噎滍水而不流〔三九〕。此又公之功也。

【校證】

〔三八〕任約叛渙，梟聲不悛

　　叛渙，北監本、汲古本、《南史・陳武帝紀》、《冊府》卷一八六同。宋浙本、三朝本、南監本、《文苑英華》卷四四七竝作「叛換」。

　　按作「叛換」是，說詳校證〔六〕「交趾叛渙，罪由宗室」條。

〔三九〕投秦坑而盡沸，噎滍水而不流

　　滍水，宋浙本、北監本、汲古本、《南史・陳武帝紀》同。《冊府》卷一八六作「睢水」，南監本作「灘水」。

　　按《說文・水部》：「滍水，出南陽魯陽堯山東北入汝。」《後漢書・光武帝紀》：「（昆陽之戰）光武迺與敢死三千人，從城西水上衝其（王莽大將王尋）中堅，震呼動天地，莽兵大潰，走者相騰踐，奔殪（顏師古注：「殪，仆也。或作噎。」）百餘里間……滍水盛溢，溺死者以萬數，水爲不流。」此各本

作「噎溳水而不流」之所本也。《史記·高祖本紀》：「項王北擊齊田榮，漢王以故得劫五諸侯兵，遂入彭城。項羽聞之，乃引兵去齊，與漢大戰彭城靈壁東睢水（《集韻》：「睢水，水名，在梁都，受汴入泗。睢或从水。」）上，大破漢軍，多殺士卒，睢水爲之不流。」此《冊府》卷一八六及南監本作「噎睢（灘）水而不流」之所本也。茲就此句上文「投秦坑而盡沸」，係用《史記·項羽本紀》：「羽悉引兵擊秦軍汙水上，⋯⋯秦軍降。秦吏卒尚眾，其心不服，於是楚軍夜擊坑秦卒二十餘萬新安城南」之故事審之，上句既用項羽坑殺秦卒故事，疑此句亦用項王大破漢軍灘水上之故事。復考本文係梁敬帝〈策陳公九錫文〉之一段，〈九錫文〉出自徐陵大手筆。《徐孝穆集》卷六〈策陳公九錫文〉，此句正作「噎灘水而不流」，足證「噎溳水而不流」之「溳水」，當從《冊府》及南監本作「灘水」爲是。

【注釋】

〔395〕梟聲不悛：悛，改也。《說苑·談叢》：「梟逢鳩，梟曰：『我將東徙』。鳩曰：『何故？』梟曰：『鄉人皆惡我鳴，以故東徙。』鳩曰：『子能更鳴，可矣。不能更鳴，東徙猶惡子聲。』」

〔396〕狼心無改：《國語·楚語下》：「狼子野心，怨賊人也。」

〔397〕左甄右落：甄、落，軍陣名。《晉書·周訪傳》：「訪討杜曾，使將軍李恆督左甄，許朝督右甄，訪自領中軍。」

〔398〕箕張翼舒：《文選》張衡〈東京賦〉：「鸛鶴魚麗，箕張翼舒。」注：「薛曰：『謂武士發於北而列行，如箕之張，如翼之舒』。」

〔399〕欃搶：亦作欃槍。《爾雅·釋天》：「彗星爲欃槍。」

〔400〕驅其獫狁：獫狁亦作玁狁。《詩·小雅·六月》：「薄伐玁狁，至於太原。」《廣韻·平聲·文韻》：「獫，北方胡名，夏曰獯鬻，周曰獫狁，漢曰匈奴。」

〔401〕長狄之種，埋於國門：《左傳·文公十一年》「敗狄于鹹，獲長狄僑如，埋其首於子駒之門。」

　　一相居中，自折彝鼎，五湖小守，妄懷同惡。公夙駕兼道，秉羽杖戈〔四〇〕，玉斧將揮，金鉦且戒，祆酋震懾，遽請灰釘〔402〕，蓺櫬以表其含弘〔403〕，焚書以安其反側〔404〕，此又公之功也。

【校證】

〔四〇〕公夙駕兼道，秉羽杖戈

秉羽，北監本、汲古本、《南史・陳武帝紀》同。宋浙本、三朝本、南監本、《文苑英華》卷四四七竝作「衣製」，《冊府》卷一八六作「衣甲」。

按作「衣製」是。《左傳・哀公二十七年》：「晉荀瑤帥師伐鄭，鄭請救于齊。齊陳成子（帥師）救鄭。及濮，雨，不涉。成子衣製（杜預注：「製，雨衣也。」衣製，謂穿著雨衣也。）杖戈，立於阪上，馬不出者，助之，鞭之。」是爲斯語所本。後人不曉「衣製杖戈」爲用陳成子之典，又緣不解「衣製」爲何義？爲求其文從字順，遂竄改「衣製」爲「秉羽」，爲「衣甲」，實與原文之旨相去甚遠，此當據宋浙本、南監本及《文苑英華》卷四四七回改作「衣製」爲是。

【注釋】

〔402〕灰釘：灑棺木中之石灰與釘棺木之鐵釘，喻爲請死也。《三國志・魏書・王淩傳》：「淩至項，飲藥死」句，裴松之注引《魏略》曰：「淩自知罪重，試索棺釘以觀太傅意。太傅給之，淩遂自殺。」

〔403〕爇櫬以表其含弘：《說文・火部》：「爇，熱也。」古者輿櫬乞降，以表歸罪就戮之意，受降者禮而遇之，焚其櫬以表示捨罪也。《左傳・僖公六年》：「許男面縛，銜璧，大夫衰絰，士輿櫬。楚子焚其櫬，禮而命之，使復其所。」

〔404〕焚書以安其反側：《後漢書・光武帝紀》：「誅王郎，收文書，得吏人與郎交關謗毀者數千章。光武不省，會諸將軍燒之，曰：『令反側子自安』。」

　　賊龕凶橫，陵虐具區〔405〕，阻兵安忍〔406〕，憑災怙亂〔407〕。自古蟲言鳥跡，渾沌洪荒，凡或虔劉〔408〕，未此殘酷。公雖宗居汝穎，世寓東南，育聖誕賢之鄉，含章挺生之地〔409〕，眷言桑梓〔410〕，公私憤切，卓爾英狀，丞規奉筭〔四一〕，殲此大憝〔411〕，如烹小鮮〔412〕。此又公之功也。

【校證】

〔四一〕卓爾英狀，承規奉筭

英狀，宋浙本、三朝本、南監本、北監本、汲古本同。《冊府》卷一八六作「英猷」，《文苑英華》卷四四七作「英謨」。

按作「英猷」義較勝。《晉書・宣帝紀》：「雄略內斷，英猷外決。」「英猷」，謂良謀也。此處《冊府》卷一八六作「英猷」，「猷」字與下句「承規奉筭」之「規」、「筭」，正相互爲義。作「英猷」，義亦正與《文苑英華》卷四四七之「英謨」同。各本作「卓爾英狀」，疑英狀之「狀」，原本作「猷」。《冊

府》卷一八六作「猷」，即是北宋眞宗修《冊府元龜》時，當時所見古本《陳書》有作「英猷」者。及至南宋紹興間浙杭重刊是書時，當時校書者所據本或有漫漶，因睹「猷」與「狀」形近，始將「猷」字譌作「狀」。後之南監本、汲古本及殿本悉從宋浙本所從出，故亦沿其譌作「英狀」，此當據《冊府》卷一八六回改作「英猷」爲是。

【注釋】

〔405〕陵虐具區：《周禮‧夏官‧職方氏》：「東南曰揚州，其山鎮曰會稽，其澤藪曰具區。」《爾雅‧釋地》：「吳越之間有具區。」晉郭璞注：「今吳縣南太湖，即震澤是也。」

〔406〕阻兵安忍：謂仗持兵威，安於爲殘忍之事。《左傳‧隱公四年》：「州吁阻兵而安忍。阻兵無眾，安忍無親，眾叛親離，難以濟矣。」

〔407〕憑災怙亂：《左傳‧僖公十五年》：「史佚有言曰：『無始禍，無怙亂』。」杜注：「恃人之亂以爲己利也。」

〔408〕凡或虔劉：《左傳‧成公十三年》：「芟夷我農功，虔劉我邊垂。」杜注：「虔劉，皆殺也。」

〔409〕含章挺生之地：含章，謂含美於內。挺生，謂挺拔傑出也。《文選》左思〈蜀都賦〉：「王褒韡曄而秀發，揚雄含章而挺生。」

〔410〕桑梓：本故鄉父母所植之木，東漢之後，轉以爲故里之稱。《詩‧小雅‧小弁》：「維桑與梓，必恭必敬。」朱熹《集傳》：「桑梓二木，古者五畝之宅，樹之牆下，以遺子孫，給蠶食，具器用者也。言桑梓，父母所植，必加恭敬。」《文選》張衡〈南都賦〉：「永世克孝，懷桑梓焉；眞人南巡，覩舊里焉。」

〔411〕戮此大憝：戮，殺也。大憝，爲眾所怨之大惡人。《尚書‧康誥》：「元惡大憝，矧惟不孝不友。」

〔412〕如烹小鮮：小鮮，小魚也。《老子》第六十章：「治大國，若烹小鮮。」

　　亂離永久，羣盜孔多，浙左凶渠，連兵構逆，豈止千兵五校、白雀黃龍〔413〕而已哉？公以中軍無率，選是親賢，奸寇途窮，灌然冰泮〔414〕，刑溽之所〔415〕，文命動其大威〔416〕；雷門〔417〕之間，勾踐行其嚴戮，英規聖跡，異代同風．此又公之功也。

【注釋】

〔413〕白雀黃龍：《後漢書‧袁紹傳》：「紹擊賊劉石、青牛角、黃龍、左校、郭大

賢、李大自等。」

〔414〕濯然冰泮：喻渙散也。陳琳〈檄吳將校文〉：「七國之軍，互解冰泮。」

〔415〕刑溠之所：《水經注‧漸江水》：「會稽之山，山形四方。山下有禹廟，山上有禹冢，山東有硎，去廟七里，深不見底，謂之禹井。」

〔416〕文命動其大威：《史記‧夏本紀》：「夏禹，名曰文命。」《國語‧魯語下》：「仲尼曰：『丘聞之：昔禹致羣神於會稽之山，防風氏後至，禹殺而戮之』。」

〔417〕雷門：《漢書‧王尊傳》：「毋持布鼓過雷門。」師古注：「雷門，會稽城門。有大鼓，越擊此鼓，聲聞洛陽。」王先謙《補注》引《御覽》曰：「昔吳王夫差啓蛇門以厭越，越人爲雷門以禳之，擊大鼓於雷門之下，而蛇門聞焉。」

　　同姓有扈，頑凶不賓〔418〕，憑藉宗盟，圖危社稷，觀兵匯澤，勢震京師，驅率南蠻，已爲東帝〔419〕。公論兵於廟堂之上，決勝於罇俎之間〔420〕，寇、賈、樊、滕〔421〕，浮江下瀨，一朝揃撲〔四二〕，無待旬師〔422〕；萬里澄清，非勞新息〔423〕。此又公之功也。

【校證】

〔四二〕一朝揃撲，無待旬師

　　　　揃，宋浙本、三朝本、南監本、北監本、汲古本同。《南史‧陳武帝紀》、《冊府》卷一八六、《文苑英華》卷四四七竝作「翦」。

　　　　按揃撲之「揃」，本字當作「剪」。其從手作揃（揃之本義爲按摩，見《說文‧手部》），從羽作翦（翦之本義爲羽生，見說文羽部），竝爲「剪」之同音叚借字，說詳見前校證〔三六〕「揃華岳以爲城」條。

【注釋】

〔418〕同姓有扈，頑凶不賓：《文獻通考‧封建考》：「夏禹崩，啓立，有扈氏不服，啓伐而滅之，天下咸朝。有扈國，在雍州南鄠縣。」

〔419〕已爲東帝：《史記‧吳王濞列傳》：「七國反書聞天子，天子乃拜（故吳相袁）盎爲太常，使吳，諭吳王使拜受詔。吳王聞袁盎來，亦知其欲說己，笑而應曰：『我已爲東帝已，尙何誰拜？』」

〔420〕決勝於罇俎之間：罇俎，盛酒肉之器，享宴時用之，引申爲宴席。《戰國策‧齊策》：「千丈之城，拔之罇俎之間。」

〔421〕寇、賈、樊、滕：寇恂、賈復，東漢光武帝之功臣。樊噲、滕公，漢高祖之功臣也。

〔422〕浮江下瀨，無待旬師：《漢書・南粵王傳》：「南粵相呂嘉將卒攻殺太后，盡殺漢使者。元鼎五年秋，衛尉路博德爲伏波將軍，出桂陽，不湟水；主爵都尉楊僕爲樓船將軍，出豫章，下橫浦；故歸義侯粵侯二人爲戈船、下瀨將軍，出零陵。六年多，樓船將軍將精卒先破石門，伏波將軍與樓船會。至番禺，城中皆降，……得嘉。戈船、下瀨將軍兵未下，南粵已平。」

〔423〕新息：《後漢書・馬援傳》：「交趾女子徵則、徵貳反。拜援爲伏波將軍，大破之，封新息侯。」

　　豫章祆寇〔424〕，依憑山澤，繕甲完聚〔425〕，多歷歲時。結從連橫，爰洎交、廣。呂嘉既獲，吳濞已摐〔四三〕，命我還師，征其不恪，連營盡拔〔426〕，僞黨斯擒。曜聖武於匡山，回神旌於蠡派。此又公之功也。

【校證】

〔四三〕呂嘉既獲，吳濞已摐

　　　　摐，宋浙本、三朝本、南監本、北監本、汲古本、《南史・陳武帝紀》同。《冊府》卷一八六作「縱」，監本《南史・陳武帝紀》作「鏦」。

　　　　按《漢書・吳王濞傳》：「七國反，天子乃遣太尉周亞夫擊吳、楚。吳大敗，吳王乃夜亡去，走丹徒，保東越。漢使人以利啗東越，東越即紿吳王，吳王出勞軍，使人鏦殺吳王，盛其頭，馳傳以聞。」師古注：「鏦，謂以矛戟撞之。」是爲斯語所本。吳濞已摐之「摐」，監本《南史・陳武帝紀》作「鏦」，與《漢書》本傳同。其餘各本作「摐」，摐訓撞（見《廣雅・釋言》），義雖亦可通，然《漢書・吳王濞傳》既作「鏦」，顏師古且有注在，則此自當從監本《南史》及《漢書》本傳作「鏦」爲是。《冊府》卷一八六作「縱」，「縱」謂釋放，義適相反，當是「鏦」字之形誤。

【注釋】

〔424〕豫章祆寇：謂梁敬帝太平二年二月，蕭勃舉兵自廣州度嶺頓南康，遣其將歐陽頠及其子紇爲前軍，至於豫章。南江州刺史余孝頃起兵應勃。

〔425〕繕甲完聚：《左傳・隱公元年》：「大叔完聚（完其城郭，聚其部眾），繕甲（修治鎧甲），具卒乘，將擊鄭。」

〔426〕連營盡拔，僞黨斯擒：本書卷八〈周文育傳〉：「高祖命周文育率眾討勃。文育間道兼行，據頠及紇、泰、孝頃之間，築城饗士。頠等大駭。文育遣周鐵虎等襲頠，擒之。文育盛陳兵甲，與頠乘舟而宴，巡蹠口城下，使其徒丁法

洪攻泰，擒之。孜、孝頃退走，盡拔其營。」

　　自八紘九野〔427〕，瓜剖豆分〔428〕，竊帝偷王〔429〕，連州比縣。公武靈已暢，文德又宣，折簡馳書〔430〕，風猷斯遠，至於蒼蒼浴日〔431〕，杳杳無雷〔432〕，北洎丈夫之鄉，南踰女子之國〔433〕，莫不屈膝膜拜，求吏欵關〔四四〕，此又公之功也。

【校證】

〔四四〕莫不屈膝膜拜，求吏欵關

　　欵關，宋浙本、三朝本、南監本、汲古本、《冊府》卷一八六、《文苑英華》卷四四七竝作「款」。

　　按《說文·欠部》：「欵，悲（怒聲）也。从欠矣聲。」此「欵」字之音義也。又〈欠部〉：「款，意有所欲。」段注：「苦管切。」此「款」字之音義也。《史記·商君列傳》：「款關請見。」裴駰《集解》引韋昭曰：「款，叩也。」又〈太史公自序〉：「重譯款關。」《集解》引應劭曰：「款，叩也，皆叩塞門來服從也。」款關款塞之「款」，皆訓為「叩」也，然「款」之本義不訓「叩」，則款關款塞之「款」，用「款」當為叚借字可知。《說文·支部》：「敂，擊也。从支句聲，讀若扣。」音「苦侯切」。《說文通訓，定聲·履部》：「款，叚借為叩，為扣，實為敂。敂款雙聲。」是款關之「款」，本字當作「敂」，作「款」為「敂」之雙聲叚借。殿本作「欵」，則又是「款」字之形誤。

【注釋】

〔427〕八紘九野：《淮南子·原道訓》：「而知八紘九野之形埒者何也？」高誘注：「八紘，天之八維也。九野，八方、中央也。」

〔428〕瓜剖豆分：《文選》鮑照〈蕪城賦〉：「出入三代五百餘載，竟瓜剖而豆分。」

〔429〕竊帝偷王：《三國志·魏書·武帝紀》「建安十五年冬，作銅雀臺」句下，裴松之注：「《魏武故事》載公十二月己亥令曰：『設使國家無有孤、不知當有幾人稱帝，幾人稱王』。」

〔430〕折簡馳書：折簡，裁紙作書也。《晉書·宣帝紀》：「王浚面縛迎帝曰：『浚若有罪，公當折簡召浚，何苦自來耶？』帝曰：『以君非折簡之客故耳』。」

〔431〕蒼蒼浴日：旭日初昇，光影與水波上下，俗謂之浴日：《淮南子·天文訓》：「日出于陽谷，浴于咸池。」

〔432〕杳杳無雷：無雷，漢代西域國名，在蔥嶺之脊，此以喻日入之處也。《漢書・西域傳》：「無雷國王治盧城，去長安九千九百五十里。」

〔433〕丈夫之鄉，女子之國：《山海經・海外西經》：「丈夫國，在維鳥北。其爲人，衣冠帶劍。女子國，在巫咸北。」

　　京師禍亂〔434〕，亟積寒暄，雙闕低昂，九門寥豁。寧秦宮之可顧〔435〕，豈魯殿之猶存〔436〕？五都簪弁，百僚卿士，胡服縵纓〔437〕，咸為戎俗，高冠厚履〔438〕，希復華風，宋微子麥穟之歌〔439〕，周大夫黍離之歎〔440〕，方之於斯，未足爲悲矣！公求衣昧旦〔441〕，昃食高舂〔442〕，興構宮闈〔443〕，具瞻遐邇，郊庠宗稷之典，六符十等之章，還聞太始之風流〔444〕，重覩永平之遺事〔445〕。此又公之功也。

【注釋】

〔434〕京師禍亂：《通鑑・梁紀二十》：「元帝承聖元年三月，（侯景平）僧辯命裴之橫，杜龕屯杜姥宅。杜崱入據臺城。僧辯不戢軍士，剽掠居民。男女裸露，自石頭至于東城，號泣滿道。是夜，軍人遺火，焚太極殿及東、西堂寶器、羽儀、輦輅無遺。」

〔435〕秦宮之可顧：《史記・留侯世家》：「沛公入秦宮殿・帷幄狗馬重寶婦女以千數，欲留居之。」

〔436〕魯殿之猶存：《文選》王延壽〈魯靈光殿賦序〉：「靈光巋然獨存。」

〔437〕胡服縵纓：《史記・匈奴列傳》：「趙正靈王亦變俗，胡服騎射。」《文選》張協〈雜詩〉：「捨我衡門衣，更被縵胡纓。」呂向注：「縵胡纓，軍旅之服。」

〔438〕高冠厚履：《漢書・王莽傳》：「莽好厚履高冠，以氅裝衣。」

〔439〕宋微子麥穟之歌：《尚書大傳・殷傳》：「微子朝周，過殷故墟，見麥秀之蘄蘄兮，禾黍之瞳瞳也，曰：『此父母之國也。』乃爲〈麥秀之歌〉。」

〔440〕周大夫黍離之歎：《詩・王風・黍離序》：「周大夫行役，至於宗周，過故宗廟宮室，盡爲禾黍，閔周室之顛覆，傍徨不忍去，而作是詩。」

〔441〕求衣昧旦：謂天未明，即求衣待旦上朝。《文選》鄒陽〈上吳王書〉：「始孝文皇帝據關入立，寒心銷志，不明求衣。」

〔442〕昃食高舂：昃，日過午也。高舂，傍晚時刻也。《尚書・無逸》：「文王自朝至于日中昃，不遑暇食，用咸和萬民。」《淮南子・天文訓》：「日至淵虞，是日高舂。」

〔443〕興構宮闈：《南史・梁敬帝紀》：「太平元年，起雲龍神虎門。二年，繕朝堂，

供備祀典。」

〔444〕還聞太始之風流：《晉書・武帝紀》：「泰始二年七月辛丑，營太廟，致荊山之木，采華山之石，鑄銅柱十二，塗以黃金，縷以百物，綴以明珠。」

〔445〕重覩永平之遺事：《後漢書・孝明帝紀》：「永平二年春正月辛丑，宗祀光武皇帝於明堂，帝及公卿始服冠，衣裳玉佩絢履以行，禮備法物，樂合八音，詠祉福，舞功德。」

　　公有濟天下之勳，重之以明德，凝神體道，合德符天，用百姓以為心，隨萬機而成務，恥一物非唐、虞之民，歸含靈於仁壽之域〔446〕，上德不德，無為以為〔447〕。夏長春生，顯仁藏用，忠信為寶，風雨弗愆〔四五〕，仁惠為基〔448〕，牛羊勿踐，功成治定，樂奏咸、雲〔449〕，安上治民，禮兼文質，物色丘園，衣裾里巷，朝多君子，野無遺賢，菽粟同水火之饒，工商富猗頓〔450〕之旅。是以天無蘊寶，地有呈祥，瀣露卿雲〔451〕，朝團曉映，山車澤馬，服馭登閑，既景煥於圖書，方葳蕤於史牒〔四六〕。高勳逾蹈於象緯，積德冠於嵩、華，固無德而稱者矣〔四七〕！

【校證】

〔四五〕忠信為寶，風雨弗愆

　　　　愆，南監本、北監本、汲古本同。宋浙本、作「愆」，《文苑英華》卷四四七作「騫」，《冊府》卷一八六作「愆」。

　　　　按《冊府》卷一八六作「愆」是。《說文・心部》：「愆，過也。从心衍聲。」音「去虔切」。「風雨弗愆」，謂風雨順調，無過差失度也。「弗愆」之「愆」，宋浙本、南監本作「愆」，《廣韻・平聲・仙韻》：「愆，俗愆字。」汲古本、殿本作「愆」，《字彙補》：「愆與愆同。」是作「愆」與「愆」，並為「愆」之俗字也。《說文・馬部》：「騫，馬腹墊也。从馬寒省聲。」音「去虔切」。「騫」與「愆」同為「去虔切」，唯騫無過差失度之義，是「風雨弗愆」之「愆」，《文苑英華》卷四四七作「騫」，乃「愆」之同音叚借字也。

〔四六〕既景煥於圖書，方葳蕤於史牒

　　　　牒，宋浙本、三朝本、南監本、北監本、汲古本同。《南史・陳武帝紀》、《冊府》卷一八六、《文苑英華》卷四四七並作「牒」。

　　　　按《說文・言部》：「諜，軍中反間也。」又〈片部〉：「牒，札也。」《玉篇》：「牒，譜也。」諜訓間諜，牒訓譜也，二字之義迴別。「方葳蕤於史牒」之「牒」，本字自以作訓為譜也之「牒」為是。各本作間諜之「諜」，非是，

當據《南史・陳武帝紀》、《冊府》一八八六、《文苑英華》四四七改。

〔四七〕積德冠於嵩華，固無德而稱者矣

　　無德，宋浙本、三朝本、南監本、北監本、汲古本同。《南史・陳武帝紀》、《冊府》卷一八六竝作「無得」。

　　按《南史》與《冊府》卷一八六作「無得」是。其作「無德」者，「德」乃「得」之叚借，說詳見前校證〔三四〕「巍巍蕩蕩，無德而稱焉」條。

【注釋】

〔446〕歸含靈於仁壽之域：《論語・雍也》：「智者樂，仁者壽。」《漢書・禮樂志》：「驅一世之民，濟之仁壽之域。」

〔447〕上德不德，無爲以爲：《老子》三十八章：「上德不德，是以有德；上德無爲而不爲。」

〔448〕仁惠爲基，牛羊勿踐：《詩・大雅・行葦》：「敦彼行葦，牛羊勿踐履。」〈行葦序〉：「行葦，忠厚也，周家忠厚，仁及草木。」

〔449〕樂奏咸、雲：蔡邕《獨斷・五帝三代樂之別名》：「黃帝曰雲門，堯曰咸池。」

〔450〕猗頓：《史記・貨殖列傳》：「猗頓用盬鹽起，與王者埒富。」

〔451〕灑露卿雲：梁簡文帝〈菩提樹頌序〉：「靈芝灑露（甘露），月萃郊園。」《史記・天官書》：「若煙非煙，若雲非雲，郁郁紛紛，蕭索綸囷，是謂卿雲。」

　　朕又聞之，前王宰世，茂賞尊賢，式樹藩長，總征羣伯〔四八〕，二南〔452〕崇絕，四履遐曠，泱泱表海〔453〕，祚土維齊，巖巖泰山，俾侯於魯〔454〕。抑又勤王反鄭〔455〕，夾輔遷周〔456〕，召伯之命斯隆，河陽之禮咸備。況復經營宇宙，寧唯斷鼇足之功〔457〕？弘濟蒼生，非直鑿龍門〔458〕之嶮。而疇庸報德〔459〕，寂爾無聞，朕所以垂拱當宁，載懷憖悇者也。

【校證】

〔四八〕式樹蕃長，總征羣伯

　　蕃，三朝本、南監本、北監本、汲古本同。宋浙本、《南史・陳武帝紀》、《冊府》卷一八六、《文苑英華》卷四四七竝作「藩」。

　　按蕃之本義爲艸茂也，藩之本義爲屏也（見《說文・艸部》）。「式樹蕃長」，謂建置藩侯之長也。「蕃長」既謂藩侯之長，則蕃長之「蕃」，自當作藩屏藩侯之「藩」爲是。南監本、汲古本、殿本作艸茂之「蕃」，非是，當據宋浙本、《南史・陳武帝紀》改。

【注釋】

〔452〕二南崇絕：二南，謂〈周南〉、〈召南〉也。《詩集傳》曰：「周國本在岐山之陽，文王辟國寖廣，徙都于豐，而分岐周故地爲周公旦、召公奭之采邑，且使周公爲政於國中，而使召公宣布於諸侯，於是德化大成於內，而南方諸侯之國，江、沱、汝、漢之間，莫不從化。周公相成王，制作禮樂，其得之國中者，雜以南國之詩，謂之〈周南〉。其得之南國者，直謂之〈召南〉。」

〔453〕浟浟表海，祚土維齊：《史記・齊世家》：「武王已平商，而王天下，封師尙父於齊。」《左傳・隱公八年》：「胙之土而命之氏。」杜注：「報之以土。」又〈襄公二十九年〉：「吳公子札來聘，請觀於周樂。爲之歌齊。曰：『美哉！浟浟乎！大風也哉！表東海者，其太公乎？』」杜注：「太公封齊，爲東海表式。」

〔454〕嚴嚴泰山，俾侯於魯：《史記・周本紀》：「武王伐紂，既克殷，封弟周公旦於曲阜，曰魯。」《詩・魯頌・閟宮》：「秦山嚴嚴，魯邦所詹。」孔穎達《疏》：「言泰山之高嚴嚴然，魯之邦境所至也。」

〔455〕勤王反鄭：《左傳・僖公二十五年》：「秦伯師于河上，將納王。狐偃言於晉侯曰：『求諸侯，莫如勤王。』晉侯辭秦師而下。右師圍溫，左師逆王，王入于王城。取大叔于溫，殺之于隰城。戊午，晉侯朝王，王饗醴，與之陽樊、溫、原、攢茅之田。」

〔456〕夾輔遷周：《左傳・僖公二十六年》：「展喜曰：『昔周公、太公，肱股周室，夾輔成王』。」《書・召誥序》：「成王在豐，欲宅洛邑，使召公先相宅，作〈召誥〉。」

〔457〕斷鼇足之功：《淮南子・覽冥訓》：「女媧氏鍊五色石以補蒼天，斷鼇足以立四極。」

〔458〕鑿龍門之嶮：《淮南子・人間訓》：「禹鑿龍門，辟伊闕，平治水土，民乃得處。」

〔459〕疇庸報德：《文選》任昉〈爲范尙書讓吏部封侯第一表〉：「既義異疇庸，實乖儒者。」李善注：「疇，酬。庸，功。」

　　今授公相國，以南豫州之陳留〔460〕、南丹陽〔461〕、宣城〔462〕，揚州之吳興、東陽、新安、新寧〔463〕，南徐州之義興，江州之鄱陽〔464〕、臨川〔465〕十郡，封公爲陳公。錫茲青土，苴以白茅〔466〕，爰定爾邦，用建冢社。昔旦、奭分陝，俱爲保師〔467〕；晉、鄭諸侯，咸作卿士〔468〕，兼其內外，禮實攸宜。今命使持節兼太尉王通，授相國印綬、陳公璽紱；使持節兼司空王瑒，授陳

公茅土，金虎符第一至第五左，竹使符第一至第十〔四九〕。相國秩踰三鉉〔469〕，任總百司，位絕朝班，禮由事革。其以相國總百揆，除錄尚書之號，上所假節侍中貂蟬〔470〕，中書監印章、中外都督太傅印綬、義興公印策，其鎮衛大將軍、揚州牧如故。

【校證】

〔四九〕授陳公茅土，金虎符第一至第五左，竹使符第一至第十

宋浙本、三朝本、南監本、北監本、汲古本、《冊府》卷一八六、《文苑英華》卷四四七同此。《南史·陳武帝紀》「竹使符第一至第十」下，有「左」字。按《南史·陳武帝紀》「第十」下有一「左」字甚是。《漢書·文帝紀云》：「二年九月，初與郡守爲銅虎符、竹使符。」顏師古注：「應劭曰：『銅虎符第一至第五（長六寸），國家當發兵遣使者，至郡合符，符合，乃聽受之。竹使符，皆以竹箭五枚，長五寸，鐫刻篆書，第一至第五。』師古曰：『與郡守爲符者，謂各分其半，右留京師，左以與之。』」據是，知銅虎符、竹使符，各分左右兩半，右留京師，左與郡守。本文之「金虎符第一至第五左」，即指第一至第五右，天子自留京師，第一至第五左，則授予陳公也。其下之「竹使符第一至第十」，亦並賜予陳公者，則「第十」下，自應有一「左」字，乃與上文「第一至第五左」之例合。證以《宋書·武帝紀》、《南齊書·高帝紀》，及《梁書·武帝紀》諸〈九錫文〉內「金虎符第一至第五左，竹使符第一至第十左。」「第五」與「第十」下，並有一「左」字，足見此「竹使符第一至第十」下，當從《南史·陳武帝紀》有一「左」字爲是。

【注釋】

〔460〕陳留：《隋書·地理志》：「宣城郡綏安縣，舊曰石封，梁末立大梁郡，又改爲陳留。」故治即今安徽廣德縣治。

〔461〕南丹陽：《隋書·地理志》：「丹陽郡江寧縣，梁置丹陽郡及南丹陽郡。」故治在今安徽當塗縣北。

〔462〕宣城：《宋書·州郡志》：「晉太康元年分丹陽立。」故治在今安徽南陵縣東南。

〔463〕新寧：《讀史方輿紀要》卷二十八〈江南十·徽州府〉：「漢屬丹陽郡，晉改新安郡，梁承聖中析置新寧郡。」故治在今浙江淳安縣西。

〔464〕鄱陽：《宋書·州郡志》：「漢獻帝建安十五年，孫權分豫章立。」故治即今

江西鄱陽縣治。

〔465〕臨川：《宋書・州郡志》：「吳孫亮太平二年，分豫章東部都尉立。」故治在今江西臨川縣西。

〔466〕錫茲青土，苴以白茅：《白虎通》：「將封東方諸侯，取青土，苴以白茅。」《史記・三王世家》：「立子閎爲齊王，曰：『於戲！小子閎，受茲青社』。」裴駰《集解》：「張晏曰：『王者以五色土爲太社，封四方諸侯各以其色與之，苴以白茅，歸以立社。』

〔467〕旦、奭分陝，俱爲保師：《史記・周本紀》：「成王長，召公爲保，周公爲師，東伐淮夷，殘奄。」〈燕世家〉：「成王時，召公爲三公。自陝以西，召公主之；自陝以東，周公主之。」

〔468〕晉、鄭諸侯，咸作卿士：《左傳・隱公三年》：「鄭武公、莊公爲平王卿士。周桓公曰：『我周之東遷，晉、鄭依焉』。」杜注：「卿士，王卿之執政者。」

〔469〕秩踰三鉉：《晉書・劉琨等傳論》：「各運奇才，並騰英氣，咸能自致三鉉，成名一時。」三鉉，三公也。

〔470〕侍中貂蟬：《後漢書・輿服志》：「武弁大冠，諸武官冠之。侍中、中常侍加黃金璫，附蟬爲文，貂尾爲飾。」李賢注：「徐廣曰：『蟬，取其清高，飲露而不食。貂紫蔚柔潤而毛采不彰灼』。」《事物紀原・冠冕首飾部・貂蟬》：「一曰武弁大冕待中冠之。金鐺左貂，昔趙武靈王胡服也。秦始皇滅趙，以賜待中，故爲侍中之服。」

又加公九錫，其敬聽後命：以公禮爲楨榦〔471〕，律等銜策，四維皆舉，八柄有章，是用錫公大輅、戎輅各一，玄牡二駟。以公賤寶崇穀，疏爵待農，室富京坻，民知榮辱，是用錫公袞冕〔472〕之服，赤舄〔473〕副焉。以公調理陰陽〔474〕，燮諧風雅，三靈允降，萬國同和，是用錫公軒縣之樂〔475〕，六佾之舞〔476〕。以公宣導王猷，弘闡風教，光景所照，輶象〔477〕必通，是用錫公朱戶以居〔478〕。以公抑揚清濁，褒德進賢，髦士盈朝，幽人虛谷，是用錫公納陛〔479〕以登。以公嶷然廊廟，爲世鎔範，折衝四表，臨御八荒，是用錫公虎賁之士三百人。以公執茲明罰，期在刑措，象恭無赦〔480〕，干紀必誅〔481〕，是用錫公斧、鉞各一。以公英猷遠量，跨厲嵩溟，包一車書〔482〕，括囊寰宇，是用錫公彤弓一、彤矢百〔483〕、旅弓十、旅矢千〔五○〕。以公天經地義，貫徹幽明，春露秋霜，允恭粢盛，是用錫公秬鬯一卣〔484〕，圭瓚副焉。陳國置丞相已下〔五一〕，一遵舊式。往欽哉！其恭循朕命，克相皇天，弘建邦家，允興

洪業，以光我高祖之休命！

【校證】

〔五○〕是用錫公彤弓一、彤矢百、旅弓十、旅矢千

旅，宋浙本、三朝本、南監本、北監本、汲古本同。《南史·陳武帝紀》、《冊府》卷一八六、《文苑英華》卷四四七竝作「盧」。

按旅弓旅矢之「旅」，爲旅之後起俗字。《說文》：「旅，軍之五百人爲旅。」此「旅」之本義也。又〈皿部〉：「盧，盧飯器也。」此「盧」之本義也。《尚書·文侯之命》：「用賚爾秬鬯一卣、盧弓一、盧矢百。」孔安國《傳》：「盧，黑也。諸侯有大功，賜弓矢，然後後專征伐。」「盧弓」訓黑弓，然「盧」、「旅」之本義俱不訓黑，是知盧弓之「盧」，其作「旅」、作「盧」者，皆爲叚借字也，其本字當作「黸」。《說文·黑部》：「黸，齊謂黑爲黸。」段注：「經傳或借盧爲之，或借旅爲之，皆同音叚借也。旅弓旅矢見《尚書》、《左傳》，俗字改爲旅。」

〔五一〕陳國置丞相已下

已，宋浙本、三朝本、南監本、北監本、《冊府》卷一八六同。《南史·陳武帝紀》、《文苑英華》卷四四七竝作「以」。

按作「已」與「以」同。王引之《經傳釋詞》卷一：「目，或作『以』，或作『已』。鄭注《禮記·檀弓》曰：『「以」與「已」字本同。』證以《文選》班孟堅〈東都賦〉：「書契以來未之或紀也。」「以」字，《後漢書·班固傳》所載〈東都賦〉作「已」。又《文選》魏武帝〈苦寒行〉：「行行日已遠。」「已」字，《宋書·樂志》引作「以」。是「已」與「以」同之證也。

【注釋】

〔471〕楨榦：《尚書·費誓》：「峙乃楨榦。」蔡《傳》：「楨榦，板築之木，題曰楨，牆端之木也。旁曰榦，牆兩旁障土者。」此楨榦之本義也。後又以爲支柱之稱。《後漢書·阜陵質王傳》：「昔周之爵封千有八百，而姬姓居半者，所以楨榦王室也。」

〔472〕袞冕：袞服與冕冠。《周禮·春官·司服》：「王之吉服，享先王，則袞冕。」

〔473〕赤舄：《詩·豳風·狼跋》：「公孫碩膚，赤舄几几。」毛傳：「赤舄，人君之盛履也。」

〔474〕調理陰陽：《尚書·周官》：「立太師、太傅、太保，茲惟三公，論道經邦，

變理陰陽。」

〔475〕軒縣之樂：古諸侯陳鐘磬樂器三面懸掛也。《周禮・春官・小胥》：「正樂縣之位，王宮縣，諸侯軒縣。」鄭司農曰：「宮縣，四面縣。軒縣，去其一面。玄謂軒縣去南面，辟王也。」

〔476〕六佾之舞：六佾，六行六列之舞樂，諸侯之舞也。《公羊傳・隱公五年》：「天子八佾，諸侯六。」

〔477〕鞮象：《周禮・春官・鞮鞻氏》：「掌四夷之樂與其聲歌。」又《秋官・象胥》：「掌蠻、夷、閩、貉、戎、狄之國使，掌傳王之言而諭說焉，以和親之。」

〔478〕朱戶：《文選》潘元茂〈冊魏公九錫文〉：「錫公朱戶以居。」李善注：「朱戶，赤戶也。」

〔479〕納陛以登：《文選・冊魏公九錫文》：「錫君納陛以登。」李周翰注：「納陛者，致於殿兩陛之間，使其上殿。」《白虎通・考黜》：「古者人君下賢，降階一等而禮之，故進賢賜之納陛，以優之也。」

〔480〕象恭無赦：《尚書・堯典》：「靜言庸違，象恭滔天。」孔安國《傳》：「象恭，貌恭敬而心傲很。」

〔481〕干紀必誅：干紀，犯國之紀也。《左傳・襄公二十三年》：「臧孫紇干國之紀，犯門斬關。」

〔482〕包一車書：《許慎・說文解字敘》：「其後諸侯力政，分為七國，田疇異畝，車涂異軌；言語異聲，文字異形。」《史記・秦始皇本紀》：「二十六年，一法度衡石丈尺，車同軌，書同文字。」

〔483〕錫公彤弓、旅弓：《左傳・僖公二十八年》：「王策命晉侯為侯伯。錫之彤弓一，彤矢百，玈弓十，玈矢千。」杜預注：「彤，赤弓。玈，黑弓。諸侯賜弓矢，然後專征伐。」

〔484〕秬鬯一卣：《漢書・王莽傳》：「秬鬯二卣，圭瓚二。」師古注：「秬鬯，香酒也。卣，中樽也。」

　　十月戊辰，進高祖爵為王，以揚州之會稽、臨海、永嘉、建安〔485〕，南徐州之晉陵〔486〕，信義〔487〕，江州之尋陽、豫章、安成、廬陵〔488〕，并前為二十郡，益封陳國。其相國、揚州牧、鎮衛大將軍竝如故。又命陳王冕十有二旒〔489〕，建天子旌旗，出警入蹕〔490〕，乘金根車，駕六馬〔491〕，備五時副車〔492〕，置旄頭雲罕〔493〕，樂舞八佾〔494〕，設鍾簴宮縣〔495〕。王妃、王子、王女爵命之號，陳臺百官，一依舊典。

【注釋】

〔485〕建安：《太平寰宇記》卷一○一〈江南東道‧建州〉：「吳永安三年，割會稽南部九縣爲建安郡。」故治即今福建建甌縣治。

〔486〕晉陵：《宋書‧州郡志》：「吳時，分吳郡無錫以西爲毗陵典農校尉。晉武帝太康二年，省校尉，立以爲毗陵郡。永嘉五年，改爲晉陵。」故治即今江蘇武進縣。

〔487〕信義：《隋書‧地理志》：「吳郡常熟縣，梁置信義郡。」故治在今江蘇崑山縣西二十里。

〔488〕盧陵：《宋書‧州郡志》：「漢獻帝興平元年，孫策分豫章立。」故治在江西吉安縣西。

〔489〕王冕十有二旒：《後漢書‧郭賀傳》：「賜以三公之服，黼黻冕旒。」李賢注：「旒，謂冕前後所垂玉也。天子十二旒，上公九旒。」

〔490〕出警入蹕：警，戒也。蹕，止行也。天子出，皇帝輦左右侍帷幄者，並警戒以備非常，是謂「出警」。從外而入，有妨乘輿行馳者，並令退避止行，是謂「入蹕」。《後漢書‧楊秉傳》：「王者至尊，出入有常警蹕。」

〔491〕乘金根車、駕六馬：《文選》潘岳〈籍田賦〉：「金根照耀以炯晃兮。」張銑注：「金根，瑞車。」《宋書‧禮樂志》：「太子諸王駕四，唯天子乃駕六。」

〔492〕備五時副車：《晉書‧輿服志》：「有青立車、青安車、赤立車、赤安車、黃立車、黃安車，白立車、白安車，黑立車、黑安車，合十乘，名爲五時車。」《通鑑‧漢紀六十》：「獻帝建安二十二年冬十月，命魏王操冕十有二旒，設五時副車。」胡三省注：「五時車，各如方色，後從爲副車。」

〔493〕旄頭雲罕：旌旗名，《後漢書‧袁紹傳》「九旒旄頭羽騎。」又〈輿服志〉：「前驅有九斿雲罕。」

〔494〕樂舞八佾：八佾，八行八列六十四人之舞列也。《論語‧八佾》：「季氏八佾舞於庭。」朱熹《集注》：「佾，舞列也。天子八，諸侯六。」

〔495〕鍾簾宮縣：《文選》班固〈西都賦〉：「列鍾簾於中庭。」呂向注：「簾，鍾格架也。」《周禮‧春官‧小胥》：「正樂縣之位，王宮縣，諸侯軒縣。」注：「鄭司農云：『宮縣，四面縣，象宮室四面有牆，故謂之宮縣。軒縣，去其一面，所以辟王也』。」

辛未，梁帝禪位於陳，詔曰〔496〕：

五運更始〔497〕，三正迭代〔498〕，司牧黎庶，是屬聖賢。用能經緯乾坤，

彌綸區宇，大庇黔首，闡揚鴻烈。革晦以明，積代同軌，百王踵武，咸由此則。梁德澠微，禍亂荐發，太清云始，見困長蛇；承聖之季，又罹封豕。爰至天成〔499〕，重竊神器，三光氲沈，七廟乏祀，含生已泯，鼎命〔500〕斯墜，我武、元之祚，有如綴旒，靜惟屯剝〔501〕，夕惕載懷。

【注釋】

〔496〕詔曰：按「詔曰」以下一文亦徐陵所製。《徐孝穆集》卷六題曰〈梁禪陳詔〉。

〔497〕五運更始：《素問・天元紀大論》：「五運相襲而皆治之，終朞之日，周而復始。」（注）：「五運者，甲巳歲爲土運，乙庚歲爲金運，丙辛歲爲水運，丁壬歲爲木運，戊癸歲爲火運。五運之氣，遞相沿襲，而一歲皆爲之主治，終朞年之三百六十五日，周而復始。」

〔498〕三正迭代：《文選》陸機〈皇太子讌玄圃宣猷堂有令賦詩〉：「三正迭紹，洪聖啓運。」李善注：「三正，夏、殷、周也。周建子（十一月）爲正月，殷建丑（十二月）爲正月，夏建寅（一月）爲正月。」

〔499〕天成：承聖四年，貞陽侯自齊還主社稷，即位，改元曰天成。

〔500〕鼎命：謂國祚也。《南史・王僧辯傳》：「若鼎命中淪，請從此逝。」

〔501〕屯剝：皆易卦名。此以喻艱難危險也。

　　相國陳王，有命自天，降神惟嶽〔502〕，天地合德〔503〕，晷曜齊明〔504〕，拯社稷之橫流，提億兆之塗炭，東誅逆叛，北殲獯醜，威加四海，仁漸萬國，復張崩樂，重興絕禮，儒館聿脩，戎亭虛候，大功在舜，盛績惟禹，巍巍蕩蕩！無得而稱。來獻白環〔505〕，豈直皇虞之世；入貢素雉〔506〕，非止隆周之日。固以效珍川陸，表瑞煙雲，甘露醴泉〔507〕，旦夕凝涌，嘉禾朱草〔508〕，孳植郊甸。道昭於悠代，勳格於皇穹，明明上天〔509〕，光華日月〔510〕，革故著於玄象〔511〕，代德彰於圖讖〔512〕，獄訟有歸，謳謳爰適〔513〕，天之歷數，實有攸在。朕雖庸藐，闇於古昔，永稽崇替〔514〕，爲日已久，敢忘列代之遺典，人祇之至願乎？今便遜位別宮，敬禪於陳，一依唐、虞、宋、齊故事。

【注釋】

〔502〕降神惟嶽：《詩・大雅・崧高》：「維嶽降神，生申及甫。」

〔503〕天地合德：《易・乾卦》：「夫大人者，與天地合其德。」

〔504〕晷曜齊明：晷曜，謂日影也。《魏書・孝明帝紀》：「推步晷曜，未盡厥理。」齊明，無偏無頗以顯明也。《荀子・修身》：「齊明而不竭，聖人也。」

〔505〕來獻白環：《文選》丘遲〈與陳伯之書〉：「白環西獻，楛矢東來。」李善注：「《世本》曰：『舜時，西王母獻白環及佩』。」

〔506〕入貢素雉：《文選》班固〈典引〉：「昔周姬有素雉、朱鳥。」李善注：「素雉，白雉也。《太公金匱》曰：『武王伐殷，四夷聞，各以來貢，越裳獻白雉，重譯而至』。」

〔507〕甘露醴泉：《論衡・講瑞》：「甘露味如飴蜜，王者太平則降。」《後漢書・光武帝紀》：「中元元年，是夏，京師醴泉湧出。」李賢注：「《尚書中候》曰：『俊乂在官，則醴泉出』。」

〔508〕嘉禾朱草：《漢書・公孫弘傳》：「甘露降，風雨時，嘉禾興，朱草生，此和之極也。」

〔509〕明明上天：《詩・小雅・小明》：「明明上天，昭臨下士。」

〔510〕光華日月：《尚書大傳・虞夏傳》：「卿雲爛兮，糺縵縵兮，日月光華，旦復旦兮。」

〔511〕革故著於玄象：任昉〈禪梁璽書〉：「取星之應既昭，革故之徵必顯。」《通鑑》卷一七三〈陳紀七〉：「太建十一年，玄象垂誡。」胡三省注：「玄象，天象也。日月星辰，在天成象。」

〔512〕代德彰於圖讖：代德，代治天下之德也。《左傳・僖公二十五年》：「晉侯朝王，王饗醴，命之宥。請隧，弗許，曰：『王章也，未有代德，而有二王，亦叔父之所惡也』。」《後漢書・光武帝紀》：「宛人李通等以圖讖說光武曰：『劉氏復起，李氏為輔』。」李賢注：「圖，《河圖》也。讖，符命之書。」

〔513〕獄訟有歸，謳謠爰適：《孟子・萬章上》：「堯崩，三年之喪畢，舜避堯之子於河南之南，天下諸侯朝覲者，不之堯之子而之舜；訟獄者，不之堯之子而之舜，謳歌者，不謳歌堯之子而謳歌舜。」

〔514〕崇替：《國語・楚語下》：「吾聞君子唯獨居思念前世之崇替。」韋昭注：「崇，終也。替，廢也。」

策曰〔515〕：

咨爾陳王：惟昔上古，厥初生民，驪連、栗陸之前〔516〕，容成、大庭之代〔517〕，竝結繩寫鳥〔518〕，杳冥慌忽，故靡得而詳焉。自羲、農、軒、昊之君，陶唐、有虞之主，或垂衣而御四海，或無為而子萬姓，居之如馭朽索〔519〕，去之如脫敝屣〔520〕。裁遇許由，便能捨帝；暫逢善卷，即以讓王〔521〕。故知玄扈璇璣〔522〕，非關尊貴；金根玉輅〔523〕，示表君臨。及南觀河渚，東沉刻

璧〔524〕，精華既竭，耄勤已倦〔525〕，則抗首而笑，唯賢是與，謔然作歌〔526〕，簡能斯授，遺風餘烈，昭晰圖書。漢、魏因循〔527〕，是為故實。宋、齊授受〔528〕，又弘斯義。我高祖應期撫運，握樞御宇，三后重光〔529〕，祖宗齊聖〔530〕。及時屬陽九〔531〕，封豕荐食，西都失馭，夷狄交侵，乃昃天成〔532〕，輕弄龜鼎〔533〕。惵惵黔首，若崩厥角〔534〕，徽徽皇極〔535〕，將甚綴旒〔五二〕。

【校證】

〔五二〕徽徽皇極，將甚綴旒

徽徽，北監本、《南史・陳武帝紀》同。宋浙本、三朝本、南監本竝作「微微」。

按宋浙本、南監本作「微微」是。《文選》陸機〈文賦〉：「文徽徽以溢目，音泠泠而盈耳。」呂向注：「徽徽溢目，文章盛也。」《漢書・韋賢傳》：「微微小子，既耆且陋。」「微微」，謂微小也。此處就上文：「西都失馭，夷狄交侵……惵惵黔首，若崩厥角。」及下句「將甚綴旒」等義審之，此「徽徽皇極」之「徽徽」，斷非取訓為盛也之「徽徽」為義，而當作訓為微小也之「微微」為是。殿本與《南史・陳武帝紀》作「徽徽」非是，當據宋浙本、南監本改。

【注釋】

〔515〕策曰：按「策曰」以下一文，亦徐陵所作。《徐孝穆集》卷六題作〈梁禪陳策文〉。

〔516〕驪連、栗陸之前：司馬貞〈補史記三皇本紀〉：「自人皇已後，有五龍氏、燧人氏、大庭氏、柏皇氏、中央氏、卷須氏、栗陸氏、驪連氏……斯蓋三皇已來有天下者之號。」

〔517〕容成、大庭之代：《莊子・胠篋》：「昔者容成氏、大庭氏……伏戲氏、神農氏，當是時也，民結繩而用之。」

〔518〕寫鳥：晉衛恆《書勢》：「黃帝之史沮誦、蒼頡，眺彼鳥跡，始作書契。」索靖《草書狀》：「蒼頡既正書契，是為蝌斗鳥篆。」

〔519〕如馭朽索：《尚書・五子之歌》：「予臨兆民，懍乎若朽索之馭六馬。」蔡《傳》：「朽索易絕，六馬易驚，朽索固非可以馭馬也，以喻危懼可畏之甚。」

〔520〕如脫敝屣：《孟子・盡心》：「舜視棄天下，猶棄敝蹝。」趙岐注：「舜視棄天下，如捐棄敝蹝。蹝，草履。」

〔521〕許由、善卷：《莊子・讓王》：「堯以天下讓許由，許由不受。舜以天下讓善

卷，善卷不受，去而入深山，莫知其處。」

〔522〕玄扈璇璣：《太平寰宇記・商州・洛南縣》：「《黃帝錄》云：「帝在玄扈山，有鳳銜圖以至，其文可曉，帝再拜受圖。」《尚書・堯典》：「在璇璣玉衡，以齊七政。」璇璣玉衡，測天文之器。七政，日月五星。

〔523〕金根玉輅：天子乘御之車。《後漢書・輿服上》：「天子玉路，以玉爲飾。秦并天下，閱三代之禮，或曰殷瑞山車，金根之色。」李賢注：「《釋名》曰：『天子所乘曰路。』始皇作金根之車。〈乘輿馬賦〉注曰：『金根，以金爲飾。』」

〔524〕南觀河渚，東沉刻璧：《春秋元命苞》：「堯游河渚，赤龍負圖以出，圖赤如綈狀，龍沒圖在。」《帝王世紀》：「堯率羣臣刻璧爲書，東沉于洛。」

〔525〕毫勤已倦：《書・大禹謨》：「帝曰：『格汝禹！朕宅帝位，三十有三載，毫期倦于勤；汝惟不怠，總朕師』。」

〔526〕謵然作歌：《正字通》：「謵，《尚書大傳》：『謵然作大唐之歌。』鄭氏曰：『謵，猶灼也。』」

〔527〕漢、魏因循：《後漢書・獻帝紀》：「建安二十五年冬十月，皇帝遜位，魏王丕稱天子，奉帝爲山陽王。」《三國志・魏書・陳留王奐紀》：「咸熙二年十二月，使使者奉皇帝璽綬冊，禪位於晉嗣王，如漢、魏故事。」

〔528〕宋、齊授受：《宋書・武帝紀》：「晉琅邪王元熙二年六月，禪位於宋。改元永初，封晉帝爲零陵王。」《南齊書・高帝紀》：「宋順帝昇明三年四月，皇帝禪位於齊，改元建元，封宋帝爲汝陰王。」

〔529〕三后重光：三后，謂父、祖、曾祖三世也。重光，謂其德如日月之重疊生光也。《文選》班固〈典引〉：「宣二祖之重光，襲四宗之緝熙。」

〔530〕祖宗齊聖：《詩・小雅・小宛》：「人之齊聖，飲酒溫克。」王引之《經義述聞》：「齊者，知慮之敏也。齊聖，聰明睿智之稱。」

〔531〕陽九：《文選》陸機〈吳趨行〉：「王迹隤陽九，帝功興四遐。」呂延濟注：「謂後來王道頹壞，由於陽九之厄也。九者，陽數之極，重陽無陰，萬物不交，理之困極，而天下亂矣。」

〔532〕乃息天成：天成，元帝承聖四年，蕭淵明自北齊還主社稷即位之年號。《漢書・地理志》：「淮夷蠙珠息魚。」師古注：「息，及也。」

〔533〕輕弄龜鼎：《後漢書・宦者傳》：「自曹騰說梁冀，竟立昏弱。魏武因之，遂遷龜鼎。」李賢注：「龜鼎，國之守器，以喻帝位。」

〔534〕若崩厥角：《尚書・泰誓》：「百姓懍懍，若崩厥角。」孔安國《傳》：「言民畏紂之虐，危懼不安，若崩摧其（額）角，無所容頭。」

〔535〕皇極：《尚書‧洪範》：「建用皇極。」《漢書‧外戚傳》：「皇極者，王氣之極
　　　也。」

　　惟王乃聖乃神，欽明文思〔536〕，二儀竝運，四時合序，天錫智勇，人挺
雄傑，珠庭日角〔537〕，龍行武步〔538〕，爰初投袂，日迺勤王，電掃番禺，雲
撤彭蠡，揃其元惡，定我京畿。及王賀帝弘〔539〕，貿茲冠屨〔540〕，既行伊、
霍，用保沖人。震澤、稽陰，竝懷叛逆，獫羯醜虜，三亂皇都。裁命偏師，
二邦自殄；薄伐獫狁，六戎盡殪。嶺南叛渙，湘、郢結連，賊帥既擒，凶渠
傳首，用能百揆時序，四門允穆〔541〕，無思不服，無遠不屆，上達穹昊，下
漏淵泉，蛟魚竝見〔542〕，謳歌攸屬。況乎長彗橫天，已徵布新之兆〔543〕，璧
日斯既〔544〕，寔表更姓之符。是以始創義師，紫雲曜彩〔545〕。肇惟尊主，黃
龍負舟〔546〕。楛矢素翬〔547〕，梯山以至〔548〕，白環玉玦〔549〕，慕德而臻。若
夫安國字萌〔550〕，本因萬物之志；時乘御宇，良會樂推之心。七百無常期〔551〕，
皇王非一族，昔木德既季，而傳祚於我有梁〔552〕，天之歷數，允集明哲，式
遵前典，廣詢羣議，王公卿尹，莫不攸屬，敬從人祇之願，授帝位於爾躬。
四海困窮，天祿永終〔553〕，王其允執厥中，軌儀前式，以副溥天之望。禋祀
上帝〔554〕，時膺大禮，永固洪業，豈不盛歟！

【注釋】

〔536〕欽明文思：《尚書‧堯典》：「放勳欽明文思、安安。」《釋文》：「馬云：『威
　　　儀表備謂之欽，昭臨四方謂之明，經緯天地謂之文，道德純備謂之思』。」

〔537〕珠庭日角：珠庭，謂人之天庭如珠之圓滿豐潤。《洛書》：「黑帝子湯，長八
　　　尺一寸，珠庭。」《後漢書‧光武帝紀》：「美須眉，隆準日角。」李賢注：「日
　　　角，謂庭中骨起，狀如日。」王先謙《集解》引惠棟曰：「朱建平《相書》
　　　云：『額有龍犀，入髮，左角日，右角月，王天下也』。」

〔538〕龍行虎步：喻人儀態之威武不凡。《宋書‧武帝紀》：「高祖龍行虎步，視瞻
　　　不凡。」

〔539〕王賀帝弘：《漢書‧宣帝紀》：「昭帝崩，無嗣。大將軍霍光請皇后徵昌邑王
　　　賀受皇帝璽綬。（後）光奏王賀淫亂，請廢。」又〈高后紀〉：「立恆山王弘
　　　爲皇帝，大臣相與陰謀，以爲少帝及三弟爲王者皆非孝惠子，復共誅之，尊
　　　立文帝。」

〔540〕貿茲冠屨：《文選》任昉〈天監三年策秀才文〉：「採三王之禮，冠屨粗分。」

〔541〕百揆時序，四門允穆：言爲冢宰，能使百官有序不亂。自四門而入，諸侯羣

臣皆能誠敬肅穆。《尚書・舜典》：「納于百揆，百揆時序；賓于四門，四門穆穆。」

〔542〕蛟魚竝見：《尚書大傳・虞傳》：「舜時，蛟魚踴躍於其淵，龜鼈咸出於其穴，遷虞而事夏也。」

〔543〕長彗橫天，已徵布新之兆：《左傳・昭公十七年》：「申須曰：『彗，所以除舊布新也』。」

〔544〕璧日斯既：璧日，謂日圓如璧也。梁簡文帝〈大法頌序〉：「璧日揚精，景雲麗色。」《左傳・桓公三年》：「日有食之，既。」杜注：「既，盡也。」

〔545〕始創義師，紫雲曜彩：上文云：「大寶三年三月，高祖與諸軍進剋姑孰，仍次蔡洲。侯景登石頭城觀望，謂左右曰：『此軍上有紫氣，不易可當。』」

〔546〕黃龍負舟：《淮南子・精神訓》：「禹南省方，濟於江，黃龍負舟，舟中之人五色無主。禹乃熙笑而稱曰：『我受命於天，竭力而勞萬民，生，寄也；死，歸也。何足以滑和？視龍猶蝘蜓』。顏色不變，龍乃弭耳掉尾而逃。」本卷上文云：「大寶二年六月，高祖進頓西昌，有龍見于水濱，高五丈許，五采鮮耀，軍民觀者數萬人。」

〔547〕楛矢素翬：《史記・孔子世家》：「昔武王克商，通道九夷百蠻，使各以其方賄來貢。於是肅愼貢楛矢石砮，長尺有咫。先王欲昭其令德，以肅愼矢分大姬（武王長女），配虞胡公而封諸陳。故分陳以肅愼矢。」素翬，白雉也。《後漢書・南蠻傳》：「交趾之南，有越裳國。周公居攝六年，制禮作樂，天下和平，越裳以三象重譯而獻白雉。」

〔548〕梯山以至：謂行逢險阻之山，則施梯而登，喻經歷險遠之道而至也。李德林〈天命論〉：「航海梯山，貢琛奉贄。」

〔549〕白環玉玦：《竹書紀本》：「帝舜九年，西王母來朝，獻白環玉玦。」

〔550〕安國字萌：《左傳・昭公元年》：「樂王鮒字而敬。」杜注：「字，愛也。」《呂覽・高義》：「比於賓萌。」高誘注：「萌，民也。」

〔551〕七百無常期：《左傳・宣公三年》：「成王定鼎于郟鄏，卜世三十，卜年七百。」

〔552〕木德既季，而傳祚於我有梁：古代帝王易姓受命，每推王德之運，以爲當某德旺。如宋以水德王，齊以木德，梁以火德。《梁書・武帝紀》：「齊帝禪位于梁王曰：『昔水行告厭，我太祖既受命代終；在日天祿云謝，亦以木德而傳于梁』。」

〔553〕四海困窮，天祿永終：天子玉食四方，其祿自天予之，故曰天祿。四海之人困窮，則君祿永絕矣！戒之也。《論語・堯曰篇》：「堯曰：『咨！爾舜，天之

歷數在爾躬，允執厥中。四海困窮，天祿永終』。」

〔554〕禋祀上帝：《周禮·春官·大宗伯》：「以禋祀祀昊天上帝。」《詩·周頌·維
　　　　清》：「肇禋。」鄭《箋》：「文王受命始祭天。」孔穎達《疏》：「禋者，祭天
　　　　之名。」

又璽書曰〔555〕：

君子者自昭明德，達人者先天弗違，故能進退咸亨〔556〕，動靜元吉〔557〕。
朕雖蒙寡，庶乎景行。何則？三才剖判，九有區分，情性相乖，亂離云起。
是以建彼司牧，推乎聖賢，授受者任其時來，皇王者本非一族。人謀是與，
屈己從萬物之心；天意斯歸，鞠躬奉百靈之命。謳謌所往，則攘袂以膺之，
菁華已竭，乃褰裳而去之。昔在唐、虞，鑒於天道，舉其黎獻〔558〕，授彼明
哲，雖復質文殊軌，沿革不同，歷代因循，斯風靡替。

【注釋】

〔555〕璽書曰：按「璽書曰」以下一文，亦徐陵所作。《徐孝穆集》卷六題作〈梁
　　　　禪陳璽書〉。

〔556〕咸亨：凡物皆嘉美而可流通會聚也。《易·坤卦》：「品物咸亨。」

〔557〕元吉：《易·坤卦》：「六五，黃裳元吉。」孔穎達《疏》：「元，大也。以其
　　　　德能如此，故得大吉。」

〔558〕黎獻：《尚書·益稷謨》：「至于海隅蒼生，萬邦黎獻，共惟帝臣。」孔安國
　　　　《傳》：「獻，賢也。」蔡沈《集傳》：「黎獻者，黎民之賢者也。」

我大梁所以考庸太室，接禮貳宮〔559〕，月正元日，受終文祖〔560〕。但運
不常夷，道無恆泰，山岳傾偃，河海沸騰，電目雷聲之禽〔561〕，鉤爪鋸牙之
獸〔562〕，咀嚼含生，不知紀極。二后英聖，相仍在天，六夷貪狡，爭侵中國，
縣王都帝，人懷干紀，一民尺土，皆非梁地。朕以不造〔563〕，幼罹閔凶，仰
憑衡佐，亟移年序。周成、漢惠，邈矣無階，惟是童蒙，必貽顛躓。若使時
無聖哲，世靡艱難，猶當高蹈於滄洲，自求於泰伯者矣。

【注釋】

〔559〕考庸太室，接禮貳宮：《文選》王融〈三月三日曲水詩序〉：「接禮貳宮，考
　　　　庸太室。」李周翰注：「庸，用也。言考用才能於明堂之宮中。」又李善注：
　　　　「孟子曰：『舜上見帝，帝館甥於貳室，亦饗舜，迭為賓主，是天子而友匹

夫也。』趙岐曰：『舜在畎畝之時，堯友禮之。舜上見堯，堯舍之於副宮。堯亦就饗舜之所設，更爲賓主。』」

〔560〕月正元日，受終文祖：《史記・五帝本紀》：「正月上日，舜受終於文祖。文祖者，堯大祖也，於是帝堯老，命舜攝行天子之政。」

〔561〕電目雷聲之禽：《帝王世紀》：「黃帝於東海流波山得奇獸，狀如牛，蒼身，無角能走。出入水則風雨，光如日月，其音如雷，名曰夔。黃帝殺之，以其皮爲鼓，聞五百里。」

〔562〕鉤爪鋸牙之獸：《文選》司馬相如〈上林賦〉：「其獸則窮奇象犀。」李善注：「張揖曰：『窮奇，狀如牛而蝟毛，其音如嗥狗，食人者也。』又左思〈吳都賦〉：「鉤爪鋸牙，自成鋒穎。」呂延濟注：「言此群獸爪如鉤戟，牙如刀鋸。」

〔563〕不造：猶言不幸也。《詩・周頌・閔予小子》：「遭家不造，嬛嬛在疚。」

　　惟王應期誕秀，開籙握圖〔564〕，性道故其難聞〔565〕，嘉庸已其被物〔566〕，乾行同其燾覆〔567〕，日御比其貞明，登承聖於復禹之功，樹鞠子〔568〕於興周之業，滅陸渾於伊、洛〔569〕，殲驪戎於鎬京〔570〕，大小二震之驍徒，東南兩越之勍寇，遄行天討，無遺神策。於是祖述堯、舜，憲章文、武〔571〕，大樂與天地同和，大禮與天地同節，鼓之以雷霆，潤之以風雨，仁霑葭葦，信及豚魚〔572〕，殷牖斯空〔573〕，夏臺虛設〔574〕，民惟大畜〔575〕，野有同人〔576〕，升平頌平〔577〕，無偏無黨〔578〕。固以雲飛紫蓋，水躍黃龍，東伐西征，晻映川陸，榮光曖曖〔579〕，已冒郊廛，甘露瀼瀼〔580〕，漚流庭苑。車轍馬跡〔581〕，誰不率從？蟠水流沙〔582〕，誰不懷德？祥圖遠至，非唯赤伏之符〔583〕。靈命昭然，何止黃星之氣〔584〕？海口河目〔585〕，賢聖之表既彰，握旄執鉞〔586〕，君人之狀斯偉。且自攝提無紀，孟陬殄滅〔587〕，枉矢宵飛，天弧曉映〔588〕，久矣夷羊之在牧〔589〕，時哉蛟龍之出泉〔590〕，革運之兆咸徵，惟新之符竝集，朕所以欽若勛、華〔591〕，屢回星琯。

【注釋】

〔564〕開籙握圖：籙、圖，天神所與之策命，並天子將興之符應。《文選》張衡〈東京賦〉：「高祖膺圖受籙，順天行誅。」

〔565〕性道故其難聞：《論語・公冶長》：「子貢曰：『夫子之文章，可德而聞也；夫子之言性與天道，不可得而聞也。』」

〔566〕嘉庸已其被物：《文選》任昉〈宣德皇后令〉：「功隆賞薄，嘉庸莫疇。」劉

良注：「嘉，善。庸，功。」

〔567〕熏覆：《說文・火部》：「熏，薄覆照也。」

〔568〕鞠子：《尚書・康誥》：「無遺鞠子之羞。」孔安國《傳》：「鞠子，稚子也。」

〔569〕滅陸渾於伊、洛：陸渾，古地名，春秋時陸渾之戎居此，因名其所居之地曰陸渾。漢置陸渾縣，故城在今河南嵩縣北三十里。《左傳・僖公二十二年》：「秋，秦、晉遷陸渾之戎于伊川。」〈昭公十七年傳〉：「晉荀吳帥師滅陸渾。」

〔570〕殲驪戎於鎬京：鎬京，周武王所營之都，在今陝西長安縣西南。《左傳・莊公二十八年》：「晉伐驪戎。」杜注：「驪戎，在京兆新豐縣。」

〔571〕祖述堯、舜，憲章、武：祖述，謂宗其道而傳述之也。憲章，取法也。《禮記・中庸》：「仲尼祖述堯舜，憲章文、武。」

〔572〕信及豚魚：《易・中孚》：「豚魚吉，信及豚魚也。」魏王弼韓康伯注：「魚者，蟲之隱者也。豚者，獸之微賤者也，爭競之道不興，中信之德淳著，則雖微隱之物，信皆及之。」

〔573〕殷牖斯空：《史記・周本紀》：「崇侯虎譖西伯於殷紂曰：『西伯積善累德，諸侯皆嚮之，將不利於帝。』帝紂乃囚西伯於羑里。」《漢書・地理志》：「河南蕩陰有羑里城。」《戰國策・趙策》：「紂醢鬼侯，脯鄂侯。文王喟然而歎，故拘之牖里之庫。」牖里即羑里也。

〔574〕夏臺虛設：《史記・夏本紀》：「帝桀之時，召湯而囚之夏臺。」《大清一統志》：「夏臺在河南鞏縣西南，即夏桀囚湯處。」

〔575〕民惟大畜：《易・大畜》：「大畜，剛健篤實，輝光日新其德。」

〔576〕野有同人：《易・同人》：「同人于野，亨。」孔穎達《疏》：「同人，謂和同於人。于野亨者，野是廣遠之處，借其野名，喻其廣遠。言和同於人，必須寬廣无所不同，用心无私，處非近狹，遠至于野，乃得亨進，故云同人于野，亨。」

〔577〕升平頌平：《文選》張衡〈東京賦〉：「治致升平之德。」《漢書・王莽傳》：「策羣司曰：『赤煒頌平，考聲以律』。」

〔578〕無偏無黨：《尚書・洪範》：「無偏無黨，王道蕩蕩；無黨無偏，王道平平。」

〔579〕榮光曖曖：《文選》崔瑗〈座右銘〉：「在涅貴不淄，曖曖內含光。」呂向注：「曖曖，闇昧貌。」

〔580〕甘露瀼瀼：《詩・鄭風・野有蔓草》：「零露瀼瀼。」毛《傳》：「瀼瀼，盛貌。」

〔581〕車轍馬跡：《左傳・昭公十二年》：「昔周穆王欲肆其心，周行天下，將皆必有車轍馬跡焉。」

〔582〕蟠水流沙：《史記·五帝本紀》：「北至幽陵，南至交阯，西至流沙，東至蟠木，動靜之物，小大之神，日月所照，莫不砥屬。」裴駰《集解》：「《地理志》曰：『流沙在張掖居延縣。』《海外經》曰：『東海中有山焉，上有大桃樹，屈蟠三千里。』」

〔583〕赤伏之符：《後漢書·光武帝紀》：「建武元年夏四月，公孫述自稱天子。光武從薊還，行到南平棘，諸將復固請之，光武曰：『寇賊未平，何遽欲正號位乎？』行至鄗，光武先在長安時同舍生彊華自關中奉赤符曰：『劉秀發兵捕不道，四夷雲集龍鬭野，四七之際火爲主。』群臣因復奏曰：『受命之符，人應爲大，今上無天子，海內淆亂，符瑞之應，昭然著聞，宜答天神，以塞群望。』光武於是即皇帝位。」

〔584〕黃星之氣：《三國志·魏書·魏武帝紀》：「初，桓帝時，有黃星見於楚、宋之分。遼東殷馗善天文，言後五十歲，當有眞人起於梁、沛之間，其鋒不可當。至是凡五十年，而公破紹，天下莫敵矣！」

〔585〕海口河目：《詩·大雅·生民》：「誕寘之隘巷，牛羊腓字之；誕寘之寒冰，鳥覆翼之。鳥乃去之，后稷呱矣。」孔穎達《疏》：「天生后稷，異之於人者，謂有奇表異相，若孔子之河目海口，文王之四乳龍顏之類。」

〔586〕握旄執鉞：《尚書·牧誓》：「王左杖黃鉞，右秉白旄以麾。」

〔587〕攝提無紀，孟陬殄滅：屈原〈離騷〉：「攝提貞於孟陬兮。」王逸《章句》：「太歲在寅曰攝提格。孟，始也。正月爲陬。」

〔588〕枉矢宵飛，天弧曉映：《史記·天官書》：「枉矢，類大流星，蛇行而蒼黑，望之如有毛羽然。項羽救鉅鹿，枉矢西流，山東遂合從諸侯，西坑秦人，誅屠咸陽。」又曰：「其東有大星曰狼，下有四星曰弧。」張守節《正義》曰：「弧九星，在狼東南，天之弓也，以伐叛懷遠，又主備盜賊之知姦邪者。」

〔589〕夷羊之在牧：《國語·周語上》：「商之興也，檮杌次于丕山；其亡也，夷羊在牧。」韋昭注：「夷羊，神獸。牧，商郊牧野。」

〔590〕蛟龍之出泉：《孝經援神契》：「德至淵泉則黃龍見。」

〔591〕欽若勛、華：《尚書·堯典》：「欽若昊天」《傳》：「敬順昊天。」《史記·五帝本紀》：「帝堯者，放勳。虞舜者，名曰重華。堯老，禪位於舜；舜老，禪位於禹。」

　　昔者木運斯盡，予高祖受焉；今歷去炎精〔592〕，神歸樞紐，敬以火德，傳於爾陳。遠鑒前王，近謀羣辟，明靈有悅，率土同心。今遣使持節、兼太

保〔593〕、侍中、尚書左僕射、平樂亭侯王通〔五三〕，兼太尉司徒左長史〔594〕王瑒，奉皇帝璽綬，受終之禮，一依唐、虞故事。王其時陟元后，寧育兆民，光闡洪猷，以承昊天之休命。

【校證】

〔五三〕尚書左僕射、平樂亭侯王通

　　　平樂亭侯，宋浙本、三朝本、南監本、北監本、汲古本、《南史‧陳武帝紀》同。

　　　按本書卷十七〈王通傳〉云通母為梁武帝妹義興長公主，通以帝甥，封「武陽亭侯」，與此言為「平樂亭侯」者異。

【注釋】

〔592〕歷去炎精：《文選》孫楚〈為石仲容與孫皓書〉：「炎精幽昧，歷數將終。」呂向注：「漢火德。故云炎精。」按梁亦以火德王，云歷去炎精者，謂梁之歷運已終也，故下文云：「敬以火德傳于爾陳」。

〔593〕太保：與太宰、太傅皆為上公。論道經邦，燮理陰陽（《晉書‧職官志》），所以訓護入主，導以德義者（《宋書‧百官志》）。

〔594〕司徒左長史：漢司徒官屬有長史一人。晉司徒加置左長史，掌差次九品，銓衡人倫冠綬（《通典》卷二十〈總敘三公以下官屬〉）。梁定官品為十八班，班多者為貴，司徒左長史為十二班，陳第四品（《隋書‧百官志上》）。

　　是日，梁帝遜於別宮。高祖謙讓再三，羣臣固請，乃許。

陳書校注卷二

本紀第二
高祖下

永定元年（丁丑、五五七）

冬十月乙亥，高祖即皇帝位於南郊，柴燎告天曰〔1〕：

皇帝臣霸先〔一〕，敢用玄牡，昭告于皇皇后帝〔2〕：梁氏以圮剝荐臻〔3〕，歷運有極，欽若天應，以命于霸先。夫肇有烝民〔4〕，乃樹司牧，選賢與能，未常厥姓。放勛、重華之世，咸無意於受終，當塗、典午之君〔5〕，雖有心於揖讓，皆以英才處萬乘，高勛御四海，故能大庇黔首，光宅區縣。

【校證】

〔一〕皇帝臣霸先

　　霸先，北監本、汲古本、《南史·陳武帝紀》同。宋浙本、三朝本、南監本並作「諱」。

　　按陳高祖名「霸先」，世祖名「蒨」，宣帝名「頊」。各卷內遇此諸帝之名，宋浙本、南監本皆作「諱」，而不直書其名，此殆爲姚察、姚思廉原文之舊。因姚氏父子本陳之臣子，其修撰《陳書》，例避陳諱也。汲古本、殿本直書其名，則是後人重刊是書時所追改也。爲便省覽，今從汲古本及殿本。後遇此，不悉出校證。

【注釋】

〔1〕柴燎告天曰：按「告天曰」以下一文，係徐陵所作，《徐孝穆集》卷六題作〈爲陳武帝即位告天文〉。

〔2〕敢用玄牡，昭告于皇皇后帝：《論語·堯曰》：「予小子履，敢用玄牡，敢昭告于皇皇后帝。」何晏《集解》：「孔曰：『履，殷湯名。此伐桀告天之文。殷家尚白，未變夏禮，故用玄牡。皇，大。后，君也。大大君帝，謂天帝也』。」

〔3〕圮剝荐臻：《後漢書·崔琦傳》：「陵長閒舊，圮剝至親。」李賢注：「《左傳》曰：『少陵長，新閒舊。』言其亂政也。圮，毀也。」《詩·大雅·雲漢》：「天

降喪亂，饑饉荐臻。」毛亨《傳》：「薦（同荐），重；臻，至也。」

〔4〕肇有烝民：《爾雅・釋詁》：「肇，始也。烝，眾也。」

〔5〕當塗、典午之君：魏、晉之君也。《後漢書・袁術傳》：「少見讖書言代漢者當塗高。」李賢注：「當塗高者，魏也。」《三國志・蜀書・譙周傳》：「周因書版示立曰：『典午忽兮，月酉沒兮。』典午者，司馬也。」

有梁末運，仍葉遘屯〔6〕，獯醜憑陵，久移神器。承聖在外〔7〕，非能祀夏〔8〕，天未悔禍，復罹寇逆，嫡嗣廢黜〔9〕，宗枝僭詐，天地蕩覆，紀綱泯絕。

【注釋】

〔6〕仍葉遘屯：仍葉，猶言累世也。《晉書・武帝紀》：「粵在魏室，仍世多故，幾於顛墜。」屯，卦名，為艱險難進之象。遘屯，謂遘遇艱難也。

〔7〕承聖在外：謂梁元帝即位於江陵也。

〔8〕非能祀夏：謂不能常主社稷也。《梁書・元帝紀》：「承聖三年九月乙巳，魏遣其柱國于謹率大眾來寇。十一月辛卯，城陷于西魏。十二月辛未，西魏害世祖，遂崩焉。」

〔9〕嫡嗣廢黜，宗枝僭詐：謂梁武帝姪貞陽侯淵明自北齊還主社稷，黜梁敬帝為皇太子也。

霸先爰初投袂，大拯橫流，重舉義兵，實戡多難，廢王立帝，寔有厥功；安國定社，用盡其力。是謂小康，方期大道。既而煙雲表色，日月呈瑞，緯聚東井〔10〕，龍見譙邦〔11〕，除舊布新，即彰玄象；遷虞事夏，且協謳謌〔二〕，九域八荒，同布衷歡，百神羣祀，皆有誠願。

【校證】

〔二〕遷虞事夏，且協謳謌

謳謌，北監本、汲古本、《南史・陳武帝紀》同。宋浙本，三朝本、南監本並作「謳訟」。

按作「謳訟」是。《孟子・萬章篇》：「舜相堯，二十有八載，堯崩，三年之喪畢，舜避堯之子於河南之南，天下諸侯朝覲者，不之堯之子而之舜；訟獄者，不之堯之子而之舜；謳歌者，不謳歌堯之子而謳歌舜。」又曰：「舜薦禹於天，十有七年，舜崩，三年之喪畢，禹避舜之子於陽城，天下之民從之，若堯崩之後，不從堯之子而從舜也。」是為斯語所本。後人不達此「謳訟」

乃謳歌獄訟雙用之意，竟改「謳訟」爲「謳歌」，實非是。本書卷三十四〈何
之元傳〉：「洎高祖（梁武帝）晏駕之年，太宗（簡文帝）幽辱之歲，謳歌獄
訟，向西陝不向東都；不庭之民，流逸之士，征伐禮樂，歸世祖不歸太宗。」
正以謳歌與獄訟連用。考此處「且協謳謌」，係〈陳武帝即位告天文〉中之
一句。〈即位告天文〉出自徐陵之手，今行《徐孝穆集》卷六〈爲陳武帝即
位告天文〉內此句亦正作「且協謳訟」不誤。明此汲古本、殿本作「謳謌」
者，非是，當據宋浙本、南監本改。

【注釋】

〔10〕緯聚東井：緯謂金、木、水、火、土五大行星。《周禮・春官・大宗伯》：「祀
　　　日月星辰。」鄭玄注：「星謂五緯，即五星。言緯者，二十八宿隨天左轉爲
　　　經（恆星），五星右旋爲緯（行星）。」東井，十八宿之一，有星八。《晉書・
　　　天文志》：「南方東井八星，天之南門。」緯聚東井，謂五大行星同聚於東井
　　　之宿也。《史記・張耳陳餘列傳》：「漢王之入關，五星聚東井。」《漢書・高
　　　帝紀》：「元年冬十月，五星聚于東井。」師古注：「應劭曰：『東井，秦之分
　　　野，五星所在，其下當有聖人以仁義取天下』。」

〔11〕龍見譙邦：《三國志・魏書・魏文帝紀》：「初，漢熹平五年，黃龍見譙邦。太
　　　史令單颺曰：『其國當有王者興』。」按魏文帝爲沛國譙人。

　　梁帝高謝萬邦，授以大寶，霸先自惟菲薄，讓德不嗣，至于再三，辭弗
獲許。僉以百姓須主，萬機難曠，皇靈眷命，非可謙拒。畏天之威，用膺嘉
祚，永言夙志，能無慙德〔12〕？敬簡元辰，升壇受禪，告類上帝〔13〕，用答民
心，永保于我有陳。惟明靈是饗。

【注釋】

〔12〕慙德：《尚書・仲虺之誥》：「成湯放桀於南巢，惟有慙德。」

〔13〕告類上帝：《通鑑》卷八十八〈晉紀十〉：「懷帝永嘉六年，賈疋等奉秦王業爲
　　　皇太子，建行臺於長安，登壇告類。」胡三省注：「告類，或攝，或即位，
　　　祭天之禮。舜之攝也，肆類于上帝。孔安國注曰：『類，謂攝位事類，遂以
　　　攝告天及五帝，湯黜夏命，昭告于上天神后，皆其事也。』」

　　先是氛霧，晝夜晦冥，至于是日，景氣清晏，識者知有天道焉。禮畢，
輿駕還宮，臨太極前殿。

詔曰〔14〕：「五德更運，帝王所以御天；三正相因，夏、殷所以宰世。雖色分辭翰，時異文質〔三〕，揖讓征伐，迄用參差，而育德振民，義歸一揆。

【校證】

〔三〕色分辭翰，時異文質

辭翰，宋浙本、三朝本、南監本、北監本、汲古本同。《冊府》卷二○八作「駵翰」。

按《冊府》卷二○八作「駵翰」甚是。《禮記・檀弓上》：「殷人尚白，大事歛用日中，戎事乘翰（白色馬），牲用白；周人尚赤，大事歛用日中，戎事乘騵（赤馬），牲用騂（赤色牲口）。」是「色分駵翰」，謂周人與殷人有尚赤尚白之分也。下文之「時異文質」，「文」者，謂周人尚文華；「質」者，謂殷人重樸質。「時異文質」，與「色分駵翰」亦正相對爲義。各本作「色分辭翰」，非特義不可通，且與下句不相連貫。明此作「辭翰」者，乃「駵翰」之誤，當據《冊府》卷二○八改。

【注釋】

〔14〕詔曰：接「詔曰」以下一文，亦徐陵所作。《徐考穆集》卷六題作〈陳武帝即位詔〉。

朕以寡昧，時屬艱危，國步屢屯〔15〕，天維三絕〔16〕，肆勤先后，拯厥橫流。藉將帥之功，兼猛士之力，一匡天下，再造黔黎。梁氏以天祿永終，歷數攸在，遵與能之典〔17〕，集大命於朕躬。顧惟菲德，辭不獲亮，式從天睠，俯協民心，受終文祖，升禋上帝，繼迹百王，君臨萬宇，若涉川水，罔知攸濟！

【注釋】

〔15〕國步屢屯：謂國運屢頻艱險也。《詩・大雅・桑柔》：「於乎有哀，國步斯頻。」

〔16〕天維三絕：《文選》張衡〈西京賦〉：「爾乃振，衍地絡。」注：「薛曰：『維，綱。絡，網也』。」此云天維三絕者，一謂梁室遭侯景之亂，臺城陷沒，武帝、簡文帝相繼崩殂也；二謂梁元帝即位江陵，而承聖三年，西魏攻陷江陵，元帝遇害也；三謂梁敬帝即位，承聖四年五月，齊送貞陽侯還主社稷，敬帝遭廢黜也。

〔17〕與能之典：《禮記・禮運》：「大道之行也，天下爲公，選賢與能。」

　　寶業初建，皇祚惟新，思俾惠澤，覃被億兆；可大赦天下，改梁太平二年為永定元年。賜民爵二級，文武二等；鰥寡孤獨不能自存者，人穀五斛；逋租宿債，皆勿復收。其有犯鄉里清議贓污淫盜者，皆洗除先注，與之更始。長徒敕繫，特皆原之；亡官失爵，禁錮奪勞，一依舊典。」

　　又詔曰：「禮陳、杞、宋〔18〕，詩詠二客，弗臣之重，歷代斯敦。梁氏欽若人祇，憲章在昔，濟河沉璧〔19〕，高謝萬邦，茅賦所加，宜遵舊典。其以江陰郡〔20〕奉梁主為江陰王，行梁正朔，車旗服色，一依前準，宮館資待，務盡優隆。」

【注釋】

〔18〕禮陳、杞、宋：《史記‧陳杞世家》：「周武王克殷紂，乃復求舜後，得嬀滿，封之於陳，以奉舜祀。」又「周武王克殷紂，求禹之後，得東樓公，封之於杞，以奉夏后氏祀。」〈宋微子世家〉：「周公既承成王命誅武庚，乃命微子開代殷後，奉其先祀，國於宋。」

〔19〕濟河沉璧：謂沉璧於河為誓也。《左傳‧僖公二十四年》：「（晉公子重耳返國），及河，子犯以璧授公子曰：『臣負羈紲從君巡於天下，臣之罪甚多矣，臣猶知之，而況君乎？請由此亡。』公子曰：『所不與舅同心者，有如白水！』投其璧於河。濟河。」

〔20〕江陰郡：《隋書‧地理志》：「毗陵郡江陰縣，梁置江陰郡。」故治即今江蘇江陰縣治。

　　又詔：「梁皇太后為江陰國太妃，皇后為江陰國妃。」
　　又詔：「百司依位攝職。」
　　丙子，輿駕幸鍾山，祀蔣帝廟〔21〕。戊寅，輿駕幸華林園〔22〕，親覽詞訟，臨赦囚徒。

【注釋】

〔21〕蔣帝廟：《金陵圖經》：「漢末，蔣子文為秣陵尉，逐盜鍾山北，為賊傷額而死。嘗自謂骨青，死當為神。及吳大帝遷都建業，子文乘白馬，執白羽扇，見形。故令史白吳大帝為立廟，不爾，當百姓大疫。大帝猶未信，又翌日見於路曰：『當令飛蟲入人耳。』後如其言，帝乃立廟鍾山，封子文為蔣侯。」《金陵志》：「蔣子文，死而靈異，吳大帝立廟孫林岡，改鍾山為蔣山。晉加相國，重為立廟，宋封蔣王，齊進號蔣帝。」

〔22〕華林園：在江寧縣臺城內。《讀史方輿紀要》卷二十〈江寧府·江寧縣〉：「華林園，在故臺城內。吳時宮苑也，晉曰華林園。自晉以後，每臨華林園聽訟，為六朝故事。」

己卯，分遣大使，宣勞四方，下璽書敕州郡曰〔23〕：

「夫四王革代，商、周所以應天；五勝相推，軒、羲所以當運。梁德不造，喪亂積年，東夏崩騰，西都蕩覆。蕭勃干紀，非唯趙倫〔24〕；侯景滔天，踰於劉載〔四〕〔25〕。貞陽反篡，賊約連兵，江左累屬於鮮卑，金陵久非於梁國。自有氤氳混沌之世，龍圖鳳紀之前〔26〕，東漢興平之初〔27〕，西朝永嘉之亂，天下分崩，未有若於梁朝者也。

【校證】

〔四〕侯景滔天，踰於劉載

滔，宋浙本、三朝本、南監本、北監本、汲古本、《冊府》卷二一三竝作「滔」。按罪大滔天之「滔」，本字當作「滔」。《說文·水部》：「滔，水漫漫大皃，從水舀聲。」《尚書·堯典》：「共工象恭滔天。」孔穎達《正義》：「共工貌象恭敬，而心傲很，其侮上陵下，若水漫天。」是滔天之「滔」，當作「滔」。殿本從水臽聲，作訓為泥水淊淊（相和）也之淊，乃滔字之形誤。各本作「滔」不誤，當據改。

【注釋】

〔23〕下璽書敕州郡曰：按「下璽書敕州郡曰」以下一文，亦徐陵所作。《徐孝穆集》卷六題作〈陳武帝下州郡璽書〉。

〔24〕趙倫：晉八王之亂之趙王倫也。倫為司馬懿之第九子。永嘉元年（307）。倫舉兵誅賈后，翌年廢惠帝自立。後為齊王冏、河間王顒、成都王穎所殺（見《晉書》卷五十九）。

〔25〕劉載：即劉聰，劉淵之第四子。晉永嘉四年，殺兄和自立。五年，攻陷洛陽，執懷帝。建興四年（316），降愍帝於長安，西晉即為所亡（詳見《晉書》卷一○二）。

〔26〕龍圖鳳紀之前：《水經·河水注》：「粵在伏羲，受龍馬圖于河，八卦是也。後堯壇于河，受龍圖，作《握河記》。」《左傳·昭公十七年》：「郯子曰：『昔者黃帝氏以雲紀，太皞氏以龍紀。少皞摯之立也，鳳鳥適至，故紀於鳥。』」

〔27〕東漢興平之初：《後漢書·獻帝紀》：「興平二年三月丙寅，李傕脅帝幸其營，

焚宮室，四月丁酉，郭汜攻李催，矢及御前。」

朕以虛薄，屬當興運，自昔登庸，首清諸越〔28〕，徐門浪泊，靡不征行，浮海乘山，所在戡定。冒愬風塵，騁馳師旅，六延梁祀，十翦彊寇，豈曰人謀，皆由天啟。梁氏以天祿斯改，期運永終，欽若唐、虞，推其鼎玉〔29〕，朕東西退讓，拜手陳辭，避舜子於箕山之陽〔30〕，求支伯於滄洲之野〔31〕，而公卿敦逼，率土翹惶，天命難稽，遂享嘉祚。今月乙亥，升禮太壇，言念遷桐〔32〕，但有慙德。

【注釋】

〔28〕首清諸越：謂梁大同中，討平廣州盧子略、杜天合之亂及定交州刺史李賁之叛亂也。

〔29〕鼎玉：謂傳國之寶鼎及玉璽也。《南齊書·明帝紀》：「昔中原淪覆，鼎玉東遷。」

〔30〕避舜子於箕山之陽：《史記·夏本紀》：「帝舜崩，三年喪畢，禹辭避舜之子商均於陽城，天下諸侯皆去商均而朝禹，禹於是遂即天子位。」

〔31〕求支伯於滄州之野：《文選》阮籍〈為鄭沖勸晉王牋〉：「臨滄州而謝支伯，登箕山以揖許由。」李善注引《莊子》曰：「舜讓天下於子州支伯。子州支伯曰：『予有幽憂之病，方且治之，未暇治天下』。」

〔32〕遷桐：《史記·殷本紀》：「帝太甲既立三年，不遵湯法，亂德，於是伊尹放之於桐宮。」

自梁氏將末，頻月亢陽，火運斯終，秋霖奄降，翌日成禮，圓丘〔33〕宿設，埃雲晚霽，星象夜張。朝景重輪，泫三危之膏露〔34〕；晨光合璧〔35〕，帶五色之卿雲。顧惟寡薄，彌慙休祉，昧旦丕顯，方思至治。卿等擁旄方岳，相任股肱，剖符名宇〔五〕，方寄恤隱。王歷惟新，念有欣慶，想深求民瘼，務在廉平，愛惠以撫孤貧，威刑以御彊猾。若有萑蒲之盜〔36〕，或犯戎商；山谷之酋，擅彊幽險，皆從肆赦，咸使知聞。如或迷途，俾在無貸。今遣使人具宣往旨，念思善政，副此虛懷。」

【校證】

〔五〕剖符名宇

宇，南監本、北監本、汲古本同。宋浙本、《冊府》卷二一三竝作「守」。

按作「守」字是。「守」謂郡守。《史記·秦始皇本紀》：「今分天下以為三十

六郡，郡置守。」「剖符名守」，謂剖符委任爲名郡之太守。此與下文永定二年三月甲午詔內「剖符名郡。」之句法文義同。「剖符名守」之「守」，各本誤作「宇」，唯宋浙本與《册府》卷二一三作「守」，不誤，當據改

【注釋】

〔33〕圓丘：冬至之日，天子祭天之壇也。

〔34〕三危之膏露：《呂氏春秋·孝行覽·本味》：「水之美者，三危之露。」

〔35〕合璧：《漢書·律歷志》：「日月如合璧，五星如連珠。」師古注引孟康曰：「謂太初上元甲子夜半朔旦冬至時，七曜皆會聚斗、牽牛分度，夜盡如合璧連珠也。」

〔36〕萑蒲之盜：《左傳·昭公二十年》：「大叔爲政，不忍猛而寬。鄭國多盜，取人於萑苻之澤。大叔悔之，曰：『吾早從夫子，不及此。』興徒兵以攻萑苻之盜，盡殺之，盜少止。」杜注：「萑苻，澤名也。」

庚辰，詔出佛牙於杜姥宅〔37〕，集四部〔38〕設無遮大會〔39〕，高祖親出闕前禮拜。初，齊故僧統法獻於烏纏國〔40〕得之，常在定林上寺，梁天監末，爲攝山慶雲寺沙門慧興保藏。慧興將終，以屬弟慧志，承聖末，慧志密送于高祖，至是乃出。

【注釋】

〔37〕杜姥宅：《晉書·杜皇后傳》：「后母裴氏名穆。渡江立第南掖門外，世謂之杜姥宅云。」

〔38〕四部：佛家語。謂比丘、比丘尼、優婆塞、優婆夷也。亦曰四部眾。《法華經·序品》：「時四部眾，咸皆歡喜。」

〔39〕無遮大會：印度國俗常舉行之。梵語「般闍于瑟」，義譯曰「無遮會」。無遮者，謂寬容無阻之意，即賢聖道俗貴賤上下，一律參預，平等行財法二施之大法會也。

〔40〕烏纏國：亦作烏萇國。《魏書·西域傳》：「烏萇國，在賒彌南，北有葱嶺，南至天竺。婆羅門胡爲其上族，民事佛，多諸寺塔，極華麗。」

辛巳，追尊皇考曰景皇帝，廟號太祖；皇妣董太夫人曰安皇后，追謚前夫人錢氏號爲昭皇后，世子克爲孝懷太子。立夫人章氏爲皇后。癸未，尊景帝陵曰瑞陵，昭皇后陵曰嘉陵，依梁初園陵故事。立删定郎〔41〕，治定律令。

【注釋】

〔41〕刪定郎：吏部之屬官，掌改定律令。《宋書‧百官志》：「宋太祖元嘉十八年，尚書省增置刪定曹郎，次在左民曹上。蓋魏世之定科郎。」《晉書‧裴楷傳》：「賈充改定律令，以楷爲定科郎。」《隋書‧百官志上》：「梁天監初，武帝命尚書刪定郎濟陽蔡法度定令爲九品。」

　　戊子，遷景皇帝神主祔于太廟〔六〕。辛卯，以中權將軍、開府儀同三司〔42〕、丹陽尹〔43〕王沖爲左光祿大夫〔44〕。癸巳，追贈皇兄梁故散騎常侍、平北將軍、兗州刺史、長城縣公道譚〔七〕驃騎大將軍、太尉，封始興郡王；弟梁故侍中、驃騎將軍、南徐州刺史、武康縣侯休先車騎大將軍、司徒，封南康郡王。

【校證】

〔六〕遷景皇帝神主祔于太廟

　　祔，北監本、汲古本同。宋浙本、三朝本、南監本、《南史‧陳武帝紀》並作「袝」。

　　按《集韻》：「袝，盛服。」《說文‧示部》：「祔，後死者合食於先祖，从示付聲。」祔于太廟之「祔」，本字當作从示付聲之「祔」爲是。汲古本、殿本从衣作訓爲盛服之「袝」，乃「祔」字之形誤，當據宋浙本及南監本改。

〔七〕追贈皇兄梁故散騎常侍、平北將軍、兗州刺史、長城縣公道譚

　　兗州刺史、長城縣公道譚，宋浙本、北監本、汲古本同。

　　按本書卷一〈高祖紀上〉云：「梁敬帝太平二年正月丁未，詔贈高祖兄道談平北將軍、南兗州刺史。」卷二十八〈始興王伯茂傳〉亦云：「追贈高祖兄道談使持節、都督南兗州諸事、南兗州刺史。」兩言詔贈高祖兄「南兗州刺史」，而非「兗州刺史」，明此「兗州刺史」上，各本脫一「南」字，當據〈高祖紀上〉及〈始興王伯茂傳〉補。

　　又按「長城公道譚」之「譚」，〈高祖紀上〉及〈始興王伯茂傳〉俱作「談」。《莊子‧則陽》：「夫子何不譚（稱說）我於王？」唐陸德明《釋文》：「譚，本亦作談。」爲歸一律，「長城縣公道譚」之「譚」，依〈高祖紀上〉及〈始興王伯茂傳〉統一作「談」。

【注釋】

〔42〕中權將軍、開府儀同三司：陳置諸將軍之號爲九品，中權將軍擬官品第二，秩中二千石。加開府儀同三司，則秩萬石。

〔43〕丹陽尹：《隋書・地理志》：「江寧，梁置丹陽郡。」丹陽為帝都所在，其郡守曰尹，掌治京師。

〔44〕左光祿大夫：《通典》卷三十四〈光祿大夫〉：「晉受命，置左右光祿大夫，假金章紫綬。梁左右光祿並無員，以養老疾，陳因之。」《隋書・百官志上》：「陳左右光祿大夫品並第二，秩中二千石。」

是月，西討都督周文育、侯安都於郢州敗績〔45〕，囚於王琳。

【注釋】

〔45〕西討都督周文育、侯安都於郢州敗績：事詳見本書卷八〈周文育侯安都傳〉。《隋書・地理志》：「江夏郡，陳置郢州。」故治即今湖北武昌縣治。

十一月丙申，詔曰：「東都齊國，義乃親賢；西漢城陽，事兼功烈。散騎常侍、使持節、都督會稽等十郡諸軍事〔46〕、宣毅將軍〔47〕、會稽太守、長城縣侯蒨，學尚清優，神寓凝正，文參禮樂，武定妖氛，心力謀猷，為家治國。擁旄作守，朞月有成。辟彼關河，功踰蕭、寇〔48〕，萑蒲之盜，自反耕農；篁竹之豪，用稟聲朔〔49〕。朕以虛寡，屬當興運，提彼三尺，賓于四門，王業艱難，賴乎此子。宜隆上爵，稱是元功，可封臨川郡王，邑二千戶。兄子梁中書侍郎〔50〕頊襲封始興王；弟子梁中書侍郎曇朗襲封南康王〔51〕，禮秩一同正王。」

【注釋】

〔46〕都督會稽等十郡諸軍事：錢大昕《廿二史考異》卷二十七云：「考陳文帝於梁末建節稱都督十郡。其後徐度、沈恪、沈欽鎮會稽，則云九郡。九郡之名，見於徐度、沈恪傳。十郡則史未詳其名。」洪頤煊《諸史考異》卷八云：「案徐度、沈恪傳並云都督會稽、東陽、臨海、永嘉、新安、新寧、信安、晉安、建安九郡諸軍事。此云十郡，天嘉六年三月乙未，詔：『侯景以來，遭亂移在建安、晉安、義安郡者，並許還本土。』三郡毗連，疑即并此而十也。」

〔47〕宣毅將軍：梁置諸將軍之號為二十四班，班多者為貴，宣毅將軍為十七班；陳為第四品，秩中二千石。

〔48〕功踰蕭、寇：蕭謂蕭何，寇謂寇恂。蕭何結高祖於微時，從起兵。楚、漢相距京索間，何留守關中，補兵饋餉，軍得不匱。高祖數亡山東，而何常全關中以待之。高祖即位，論功第一，封酇侯（見《史記》卷五十三〈蕭相國世

家〉）。寇恂，東漢上谷昌平人。從光武定河內，拜河內太守，行大將軍事。
尋調守潁川，屢平羣寇，封雍奴侯（見《後漢書》卷十六〈寇恂傳〉）。

〔49〕稟聲朔：謂稟受王朝之聲教正朔也。

〔50〕中書侍郎：《通典》卷二十一〈中書令屬官〉：「魏黃初初，中書既置監令，又
置通事郎。後改曰中書侍郎。齊、梁皆四人，以功高者一人主省內事。」《隋
書·百官志上》：「梁中書侍郎爲九班，陳爲四品。」

〔51〕兄子頊襲封始興王，弟子曇朗襲封南康王：按頊時在長安（見卷五〈宣帝紀〉），
遙襲封始興王。曇朗已死於晉陽（見卷十四本傳），而上未知，故亦以曇郎
襲封南康王。

　　己亥，甘露降于鍾山松林，彌滿巖谷。庚子，開善寺〔52〕沙門採之以獻，
敕頒賜羣臣。丙辰，以鎮西將軍〔53〕、南豫州刺史徐度爲鎮右將軍〔54〕、領軍
將軍〔55〕。庚申，京師大火。

　　十二月庚辰，皇后謁太廟。

【注釋】

〔52〕開善寺：《讀史方輿紀要》卷二十〈江寧府·江寧縣〉：「靈谷寺，在外城內鍾
山之陽。《金陵記》：『本名道林寺，梁曰開善寺。明因孝陵奠焉，乃移於東
麓，賜名靈谷寺。』」

〔53〕鎮西將軍：陳置諸將軍之號爲九品，鎮西將軍爲第二品，秩中二千石。

〔54〕鎮右將軍：梁武帝置八鎮將軍，東西南北止施在外，左右前後止施在內。陳
鎮右將軍爲第二品，秩中二千石。

〔55〕領軍將軍：《通典》卷二十八〈左右領軍衛〉云：「梁領軍將軍管天下兵要，
謂之禁司，與左右僕射爲一流。」《隋書·百官志上》：「陳制，領軍將軍品
第三，秩中二千石。」

二年（戊寅，五五八）

　　春正月乙未，詔曰：「夫設官分職，因事重輕；羽儀車馬，隨時隆替。晉
之五校，鳴笳啟途；漢之九卿，傳呼竝逴，虞官夏禮，豈曰同科，殷朴周文，
固無恆格。

　　朕膺茲寶曆，代是天工〔56〕，留念官方，庶允時衷。梁天監中，左右驍騎
〔57〕領朱衣直閤〔58〕，竝給儀從，北徐州刺史昌義之初〔八〕首爲此職。亂離歲
久，朝典不存，後生年少，希聞舊則。今去左右驍騎，宜通文武，文官則用

腹心，武官則用功臣，所給儀從，同太子二衛率〔59〕。此外眾官，尚書詳為條制。」

【校證】

〔八〕北徐州刺史昌義之初首為此職

　　昌義之初，宋浙本、三朝本、南監本、北監本、汲古本竝作「唱義之初」。按各本「昌」作「唱」、「之」下多一「初」字，非是。「昌」為人姓，「義之」為其名。《梁書》卷十八〈昌義之傳〉：「昌義之，天監二年，遷北徐州刺史。六年，補朱衣直閤，除左驍騎將軍，直閤如故。」此處所謂「左右驍騎領朱衣直閤，北徐州刺史昌義之首為此職。」即指此而言。後之刊印是書者，不知「昌義之」為人姓名，妄於「昌」旁加「口」，「之」下又增一「初」字，遂作「唱義之初，首為此職。」實失之遠矣。幸《通典》卷二十八〈職官十・左右驍衛〉條下引此仍作「北徐州刺史昌義之首為此職」，不誤，當據正。

【注釋】

〔56〕天工：謂代天理物，治天下也。《尚書・皋陶謨》：「無曠庶官，天工人其代之」。蔡《傳》：「人君代天理物，庶官所治，無非天事，苟一職之或曠，則天工廢矣。」

〔57〕左右驍騎：本書卷十八〈韋翽傳〉：「驍騎之職，舊領營兵，兼統宿衛。自梁代以來，其任踰重，出則羽儀清道，入則與二衛通直，臨軒則升殿俠侍。」《隋書・百官志上》：「陳左右驍騎將軍，秩二千石。品竝第四。」

〔58〕朱衣直閤：《隋書・百官志上》：「梁置朱衣直閤將軍，以經為方牧者為之。其以左右驍騎帶領者，量給儀從。陳朱衣直閤將軍，秩千石，品第四。」

〔59〕太子二衛率：掌東宮門衛。《御覽》卷二四七引《晉志》曰：「太子出，二率從夾導輿車。」《隋書・百官志上》：「梁二率位視御史中丞。陳品第四，秩二千石。」

　　車騎將軍、開府儀同三司侯瑱進位司空，中權將軍、開府儀同三司、新除左光祿大夫王沖為太子少傅〔60〕。左衛將軍〔61〕徐世譜為護軍將軍〔62〕，南兗州刺史吳明徹進號安南將軍〔63〕，衡州刺史歐陽頠進號鎮南將軍〔64〕。

【注釋】

〔60〕太子少傅：以輔導太子為職，《隋書・百官志上》云：「梁置太子少傅一人，

位視左僕射。陳因之，品第二，秩中二千石。」

〔61〕左衞將軍：掌宿衞營兵，晉武帝初置（見《宋書・百官志》）。陳左衞將軍爲
　　　第三品，秩二千石（見《隋書・百官志上》）

〔62〕護軍將軍：《宋書・百官志》：「領軍將軍一人，掌內軍；護軍將軍一人，掌
　　　外軍。」《隋書・百官志上》：「陳護軍將軍，官品第三，秩中二千石。」

〔63〕安南將軍：陳置二百三十七號將軍。擬官第一至第九品；安南將軍爲第三品，
　　　秩中二千石。

〔64〕鎮南將軍：陳鎮南將軍爲第二品，秩中二千石。

辛丑，輿駕親祀南郊。詔曰：「朕受命君臨，初移星琯，孟陬嘉月，備禮
泰壇〔65〕，景候昭華，人祇允慶，思令億兆，咸與惟新。且往代祅氛，於今
猶梗，軍機未息，征賦咸繁，事不獲已，久知下弊，言念黔黎，無忘寢食！
夫罪無輕重，已發覺、未發覺，在今昧爽〔66〕以前，皆赦除之。西寇自王琳
以下，竝許返迷，一無所問。近所募義軍，本擬西寇，竝宜解遣，留家附業。
輓訂軍資未送者竝停〔九〕，元年軍糧逋餘者原其半。州郡縣軍戍竝不得輒遣使
民間，務存優養。若有侵擾，嚴爲法制。」

【校證】

〔九〕輓訂軍資未送者竝停

　　　輓，北監本、汲古本、《冊府》卷二〇八同。宋浙本、三朝本、南監本竝作
　　　「晚」。

　　　按宋浙本、南監本作晚近之「晚」是。其餘作訓爲引車也之輓，乃「晚」之
　　　叚借，此當據早出之宋浙本、南監本回改作「晚」爲是。

【注釋】

〔65〕泰壇：《禮記・祭法》：「燔柴于泰壇，祭天也。」孫希旦《集解》：「泰壇者，
　　　南郊之壇也。泰者，尊之之辭。」

〔66〕昧：《荀子・哀公》：「君昧爽而櫛冠。」楊倞注：「昧，闇。爽，明。謂初曉
　　　尚暗之時。」

乙巳，輿駕親祀北郊。甲辰，振遠將軍、梁州刺史張立表稱云：「乙亥歲
八月，丹徒〔67〕、蘭陵〔68〕二縣界遺山側，一旦因濤水涌生，沙漲，周旋千餘
頃，竝膏腴，堪墾植。」戊午，輿駕親祀明堂〔69〕。

【注釋】

〔67〕 丹徒：《宋書・州郡志》：「古名朱方，秦改曰丹徒。」故城在今江蘇丹徒縣東南十八里。

〔68〕 蘭陵：《太平寰宇記》卷九十二〈常州・武進縣〉：「晉太康二年分丹徒、曲阿二邑立武進縣，梁武帝改爲蘭陵縣。」故治在江蘇武進縣西北。

〔69〕 明堂：《淮南子・本經訓》：「古者明堂之制。」高誘注曰：「明堂，王者布政之堂。上圓下方，堂四出，各有左右房，凡十二所。王者月居其房，告朔朝歷，頒宣其令，謂之明堂。」

二月，壬申，南豫州刺史沈泰奔于齊〔70〕。辛卯，詔車騎將軍、司空侯瑱總督水步眾軍以遏齊寇〔71〕。

【注釋】

〔70〕 南豫州刺史沈泰奔于齊：《通鑑》卷一六七〈陳紀一〉胡注云：「沈泰進不能救侯安都之覆，退不能制魯悉達之倔強，蓋懼罪而北奔也。」

〔71〕 詔車騎將軍、司空侯瑱總督水步眾軍以遏齊寇：按《北齊書・王琳傳》云：「陳霸先即位，琳乃輔（永嘉王蕭）莊次於濡須口。齊遣揚州道行臺慕容儼率眾臨江爲其聲援。陳遣司空侯安都等拒之。」

三月甲午，詔曰：「罰不及嗣，自古通典；罪疑惟輕〔72〕，布在方策〔73〕。沈泰反覆無行，遐邇所知。昔有微功，仍荷朝寄，剖符名郡，推轂累藩〔74〕。漢口班師，還居方岳。良田有逾於四百，食客不止於三千，富貴顯榮，政當如此。鬼害其盈，天奪之魄，無故猖狂，自投獯醜。雖復知人則哲，惟帝其難〔75〕，光武有蔽於龐萌〔76〕，魏武不知於于禁〔77〕，但令朝廷無我負人。其部曲妻兒各令復業，所在及軍人若有恐脅侵掠者，皆以劫論。若有男女口爲人所藏，竝許詣臺申訴。若樂隨臨川王及節將立效者，悉皆聽許。」

【注釋】

〔72〕 罪疑惟輕：《尚書・大禹謨》：「罪疑惟輕，功疑惟重，與其殺不辜，寧失不經。」蔡《傳》：「罪已定矣，而於法之中，有疑其可重可輕者，則從輕以罰之。」

〔73〕 布在方策：《禮記・中庸》：「哀公問政。子曰：『文武之政，布在方策。』」鄭玄注：「方，版也。策，簡也。」

〔74〕 推轂累藩：《文選》干寶〈晉紀總論〉：「推轂鍾、鄧。」劉良注：「天子遣將，

推轂而送。」累藩，謂累爲藩鎮也。

〔75〕知人則哲，惟帝其難：《尚書·皐陶謨》：「禹曰：『吁！咸若時，惟帝其難之。知人則哲，能官人』。」

〔76〕光武有蔽於龐萌：龐萌，山陽人。更始二年，將兵與光武共破王郎於邯鄲。光武即位，以爲侍中，甚見信愛。嘗稱曰：「可以託六尺之孤，寄百里之命者，龐萌是也。」建武四年七月，海西王董憲將賁休以蘭陵城降漢，憲圍之。帝遣萌與虎牙大將軍蓋延救賁休。不克。時詔書下延而不及萌，萌以爲延譖己。會蘭陵爲憲所陷，龐萌遂反，殺楚郡太守而東附憲。帝聞之大怒，乃自將討萌。與諸將曰：「吾嘗以萌爲社稷之臣，將軍得無譏其言乎？」（詳見《後漢書·光武帝本紀》及《劉永傳》）

〔77〕魏武不知於于禁：于禁，泰山鉅平人。建安二年春，魏武征張繡，軍敗，爲流矢所中，長子昂、弟子安民遇害，衆軍潰亂而還。禁獨勒數百人，且戰且引，整隊鳴鼓而還。魏武悅，謂禁曰：「淯水之難，吾其急也，將軍在亂，能整討暴，堅壘有不可動之節，雖古名將，何以加之！」於是錄禁前後功，封益壽亭侯。建安二十四年，魏武遣禁佐曹仁攻關羽於樊，會大霖雨，平地水數丈，禁等七軍皆沒。羽乘大船就攻禁，禁遂降，惟龐德不屈節而死。魏武聞之，哀歎者久之，曰：「吾知禁三十年，何意臨危處難，反不及龐德邪！」（詳見《三國志·魏書·魏武帝紀》及《于禁傳》）

乙卯，高祖幸後堂聽訟，還於橋上觀山水，賦詩示羣臣。

是月，王琳立梁永嘉王蕭莊於郢州〔78〕。

【注釋】

〔78〕王琳立梁永嘉王蕭莊於郢州：西魏初剋江陵之時，梁元帝孫永嘉王莊年甫七歲，逃匿民家。後，琳迎還湘中，衛送東下。及敬帝立，出質於齊。陳武帝受禪，琳請納莊爲梁主。北齊文宣帝遣兵援送，琳乃遣兄子叔寶率所部十三州刺史子弟赴鄴，奉莊纂梁祚於郢州（見《北齊書·王琳傳》）。

夏四月甲子，輿駕親祀太廟。乙丑，江陰王薨〔79〕，詔遣太宰弔祭，司空監護喪事，凶禮所須，隨由備辦。以梁武林侯蕭諮息季卿嗣爲江陰王。

【注釋】

〔79〕江陰王薨：趙翼《陔餘叢考》卷七〈陳書書法〉云：「陳書避諱處太多，如武

帝受禪，以江陰郡奉梁主爲江陰王，車旗正朔，一如故事。宮館資給，務極優隆。永定二年，江陰王薨，詔遣太宰弔祭。絕不見纂弒之迹，此固循宋、齊、梁之舊例。然考《南史》〈沈恪傳〉、〈劉師知傳〉，則敬帝被害事，直書不諱。」按《南史·沈恪傳》云：「武帝受禪，時恪自吳興入朝。武帝使中書舍人劉師知引恪，令勒兵入，因衛敬帝如別宮。恪排闥入見武帝，叩頭謝曰：『恪身經事蕭家來，今日不忍見此事，分受死耳，決不奉命。』武帝嘉其意，不復逼，更以盪主王僧志代之。」〈劉師知傳〉：「梁敬帝在內殿，劉師知常侍左右。及將加害，師知詐帝令出。帝覺，遶牀走，曰：『師知賣我。陳霸先反。我本不須作天子，何意見殺？』師知執帝衣，行事者加刃焉。」

丙寅，輿駕幸石頭餞司空侯瑱。戊辰，重雲殿東鴟尾有紫煙屬天〔80〕。

【注釋】

〔80〕重雲殿東鴟尾有紫煙屬天：《通鑑》卷一六三〈梁紀十九〉胡三省注：「重雲殿在華林園。」《讀史方輿紀要》卷二十〈江寧府·江寧縣〉：「華林園，在故臺城內，建康宮北隅。吳時宮苑也。晉曰華林園。梁武帝時，於園內起重閣，上曰重雲殿，下曰光嚴殿。」《呂氏春秋·明理》：「其氣有上不屬天，下不屬地。」高誘注：「屬，至也。」

五月乙未，京師地震。癸丑，齊廣陵南城主張顯和、長史張僧那各率其所部入附。辛酉，輿駕幸大莊嚴寺〔81〕捨身〔82〕。壬戌，羣臣表請還宮。

【注釋】

〔81〕大莊嚴寺：《通鑑》卷一六二〈梁紀十八〉胡注：「莊嚴寺，近建康南郊壇。」

〔82〕捨身：佛家語，謂不惜犧牲而爲佛法效命也。《觀無量壽經》：「捨身，他世必生淨土。」《梁書·武帝紀》：「晚溺信佛，凡三捨身。」

六月己巳，詔司空侯瑱、領軍將軍徐度率舟師爲前軍以討王琳。

秋七月戊戌，輿駕幸石頭，親送瑱等。己亥，江州刺史周迪擒王琳將李孝欽、樊猛、余孝頃于工塘〔83〕。甲辰，遣吏部尚書〔84〕謝哲諭王琳。甲寅，嘉禾一穗六岐生五城〔85〕。

【注釋】

〔83〕工塘：清吳熙載《通鑑地理今釋》卷八〈梁紀二十二〉云：「工塘，在（江西）

臨川縣東南。」

〔84〕吏部尚書：主選事。本書卷二十六〈徐陵傳〉云：「自古吏部尚書者，品藻人
　　　倫，簡其材能，尋其門冑，逐其大小，量其官爵。」因吏部典選事，有選用
　　　百官之權，故六部尚書中，以吏部資望最重。陳吏部尚書官品第三，秩中二
　　　千石。

〔85〕五城：《大清一統志》卷七十四〈江寧府・古蹟〉：「五城，在上元縣東南。晉
　　　明帝時，王敦黨王合、錢鳳戰敗，率餘黨自倪塘西置五城造營處也。」

　　初，侯景之平也，火焚太極殿〔86〕。承聖中議欲營之，獨闕一柱。至是有
樟木大十八圍，長四丈五尺，流泊陶家後渚〔87〕，監軍鄒子度以聞。詔中書
合〔一〇〕沈眾兼起部尚書〔88〕，少府卿〔89〕蔡儔兼將作大匠〔90〕，起太極殿。

【校證】

〔一〇〕詔中書合沈眾兼起部尚書

　　　　中書合，宋浙本、南監本、北監本、汲古本、《南史・陳武帝紀》、《御覽》
　　　　卷九五七引並作「中書令」。

　　　　按中書令之「令」，殿本誤作「合」，當據各本改。

【注釋】

〔86〕太極殿：《建康實錄》卷十九：「咸和二年，蘇峻作亂，盡焚臺城宮室。峻平，
　　　乃復營治。七年，新宮城，正殿曰太極殿。」

〔87〕陶家後渚：《讀史方輿紀要》卷二十〈江寧府・江寧縣〉：「後渚，在府西南，
　　　秦淮別渚也。」《金陵記》：「陶家渚，西對蔡洲。六朝時，每餞北使於此。」
　　　《同治上江志》：「陶家渚，相傳陶隱居（弘景）宅在此，故名。」

〔88〕起部尚書：《通典》卷二十三〈工部尚書〉：「晉、宋以來，有起部尚書而不常
　　　置。每營造宗廟宮室則權置之，事畢則省，以其事分屬都官、左民二尚書。」
　　　《隋書・百官志上》：「陳起部尚書官品第四，秩中二千石。」

〔89〕少府卿：秦置，為九卿之一。掌山海地澤之稅，以奉養天子，為天子之私府
　　　（見《漢書・百官公卿表》）。梁天監七年，詔置十二卿，少府，其一也。位
　　　視尚書左右丞。陳官品第三，秩中二千石（見《隋書・百官志上》）。

〔90〕將作大匠：秦有將作少府，掌治宮室。漢景帝中元六年，更名將作大匠，掌
　　　修作宗廟、路寢、宮室、陵園、土木之工。江左至宋、齊，皆有事則置，無
　　　事則省（見《通典》卷二七〈將作監〉）。梁天監七年，改曰大匠卿，陳或曰

將作大匠，或曰大匠卿。官品第三，秩中二千石（見《隋書·百官志上》）。

八月丙寅，以廣梁郡為陳留郡〔91〕。辛未，詔臨川王蒨西討，以舟師五萬發自京師，輿駕幸冶城寺親送焉。前開府儀同三司、南豫州刺史周文育，前鎮北將軍〔92〕、南徐州刺史、新除開府儀同三司侯安都等於王琳所逃歸，自劾廷尉，即日引見，竝宥之。戊寅，詔復文育等本官。

【注釋】

〔91〕以廣梁郡為陳留郡：按本書卷十五〈陳詳傳〉：「高祖東征杜龕，詳躬下安吉、原鄉、故鄣三縣。……資割故鄣、廣德置廣梁郡，以詳為太守。高祖踐阼，改廣梁為陳留，又以為陳留太守。」陳留郡，故治即今安徽廣德縣治。

〔92〕鎮北將軍：陳鎮北將軍為第二品，秩中二千石。

壬午，追封皇子立為豫章王，諡曰獻；權為長沙王，諡曰思；長女為永世〔93〕公主，諡曰懿。

【注釋】

〔93〕永世：《宋書·州郡志》：「吳分溧陽為永平縣，晉太康更名永世。」故治在今江蘇溧水縣南十五里。

謝哲反命，王琳請還鎮湘川〔一一〕，詔追眾軍緩其伐。癸未，西討眾軍至自大雷〔94〕。

【校證】

〔一一〕王琳請還鎮湘川，詔追眾軍緩其伐

湘川，宋浙本、三朝本、南監本、北監本、汲古本同。

按王琳原為湘州刺史，此云「還鎮湘川」，「湘川」當是「湘州」之誤。《通鑑》卷一六七〈陳紀一〉正作「湘州」不誤，當據正。

【注釋】

〔94〕大雷：《太平寰宇記》卷一二五〈舒州·望江縣〉：「新冶縣亦為大雷戍，陳置大雷郡，隋改曰望江。」故治即今安徽望江縣治，隔江與江西彭澤縣相望。

丁亥，以信威將軍、江州刺史周迪為開府儀同三司，進號平南將軍〔95〕。改南徐州所領南蘭陵郡復為東海郡〔96〕。

【注釋】

〔95〕平南將軍：陳平南將軍爲第三品，秩中二千石。

〔96〕改南徐州所領南蘭陵郡復爲東海郡：《宋書·州郡志》：「晉元帝初，割吳郡海
　　　虞縣之北境爲東海郡，寄治曲阿。穆帝永和中，郡移出京口（今江蘇鎮江）。」
　　　《梁書·武帝紀》：「天監元年夏四月辛未，改南東海爲蘭陵郡。」至是復回改
　　　爲東海郡也。

　　　冬十月庚午，遣鎮南將軍、開府儀同三司周文育都督衆軍出豫章討余孝
勱〔97〕。

【注釋】

〔97〕遣鎮南將軍、開府儀同三司周文育出豫章討余孝頃：按卷八〈周文育傳〉云：
　　　「及周敷破余孝頃，孝頃子公颺、弟孝勱猶據舊柵，扇動南土。高祖遣文育、
　　　黃法㧑等討之。」

　　　乙亥，輿駕幸莊嚴寺，發《金光明經》題〔98〕。丁酉，以仁威將軍〔99〕、
高州刺史黃法㧑爲開府儀同三司，進號鎮南將軍〔一二〕。甲寅，太極殿成，匠
各給復。

【校證】

〔一二〕以仁威將軍、高州刺史黃法㧑爲開府儀同三司，進號鎮南將軍
　　　　仁威將軍，宋浙本、三朝本、南監本、北監本、汲古本同。
　　　　進號鎮南將軍，宋浙本、三朝本、南監本、北監本、汲古本同。
　　　　按仁威將軍，卷十一〈黃法㧑傳〉作「宣毅將軍」。
　　　　又按黃法㧑進號鎮南將軍，在永定元年冬十月丁酉，然十月庚午，周文育以
　　　　鎮南將軍、開府儀同三司都督衆軍出豫章討余孝勱。同一卷內同時出現兩「鎮
　　　　南將軍」，此中當有一誤。考卷三〈世祖紀〉云：「永定三年秋七月己未，平
　　　　南將軍、開府儀同三司、高州刺史黃法㧑進號安南將軍。」卷十一黃法㧑本
　　　　傳亦云：「以拒王琳功，授平南將軍、開府儀同三司。」兩處皆言黃法㧑爲
　　　　「平南將軍」，而非「鎮南將軍」。明此「鎮南將軍」，乃「平南將軍」之誤，
　　　　《南史·陳武帝紀》此正作「平南將軍」不誤，當據改。

【注釋】

〔98〕《金光明經》：佛經名，凡四卷。北涼高僧曇無讖所譯。

〔99〕仁威將軍：陳仁威將軍爲第四品，秩中二千石。

十二月庚申，侍中、安東將軍〔100〕臨川王蒨率百僚朝前殿，拜上牛酒。

【注釋】

〔100〕安東將軍：陳安東將軍爲第三品，秩中二千石。

甲子，輿駕幸大莊嚴寺，設無㝵〔一三〕大會，捨乘輿法物〔101〕。羣臣備法駕〔102〕奉迎，即日輿駕還宮。

【校證】

〔一三〕輿駕幸大莊嚴寺，設無㝵大會

　　　無㝵，宋浙本、三朝本、南監本、北監本、汲古本、《御覽》卷一三三引同。《南史·陳武帝紀》作「無碍」，《冊府》卷一九四作「無遮」。

　　　按作「無㝵」或「無碍」，其義與作「無遮」同，俱爲印度梵語「般闍于瑟」之義譯。原義爲寬容無阻，聖賢道俗貴賤上下，一律參預，平等行法之謂。「般闍于瑟」，宋浙本譯作「無㝵大會」，《南史·陳武帝紀》作「無碍大會」，《正字通》云：「碍，礙之俗字。」《集韻》：「㝵同礙。」是作「無㝵」，與作「無碍」同也。《說文·石部》：「礙，止也。」〈辵部〉：「遮，遏也。」「遏」猶「止」也，是《冊府》卷一九四作「無遮」之義，又與宋浙本之作「無㝵」者同。

【注釋】

〔101〕乘輿法物：《後漢書·光武帝紀》：「益州傳送公孫述瞽師、郊廟樂器、葆車、輿輦，於是法物始備。」李賢注：「法物，謂大駕（天子乘輿）、鹵簿（儀仗旌旗）儀式也。」

〔102〕法駕：天子乘輿也。《漢書·文帝紀》：「奉天子法駕，迎代邸。」

丙寅，高祖於太極殿東堂宴羣臣，設金石之樂，以路寢〔103〕告成也。壬申，割吳郡鹽官〔104〕、海鹽〔105〕、前京〔106〕三縣置海寧郡，屬揚州。以安成所部廣興六洞置安樂郡〔107〕。

【注釋】

〔103〕路寢：《公羊傳·莊公三十二年》：「路寢者何？正寢也。」何休注：「天子之正居也。天子諸侯皆有三寢，一曰高寢，二曰路寢，三曰小寢。」

〔104〕鹽官：《讀史方輿紀要》卷九十〈杭州府・海寧縣〉：「漢海鹽縣地，吳王濞
　　　　於此立鹽官，三國吳因置鹽官縣。」故治即今浙江海寧縣治。

〔105〕海鹽：《宋書・州郡志》：「《吳記》云：『本名武原鄉，秦以爲海鹽縣。』」故
　　　　治在今浙江平湖縣東南。

〔106〕前京：《大清一統志》卷八十三引《輿地紀勝》曰：「前京城，在華亭縣東南，
　　　　以近京浦，因名。」故城在今江蘇松江縣東南八十五里。

〔107〕以安成所部廣興六洞置安樂郡：錢大昕《廿二史考異》卷二十七云：「按《隋
　　　　志》失載此事。《南齊志》：廣興縣屬安成郡。《隋志》無此縣，疑平陳後所廢。」
　　　　按《讀史方輿紀要》卷八十七〈吉安府・永新縣〉云：「廣興城，在縣西北百
　　　　八十里，晉太康初置廣興縣，屬安成郡，隋廢。」又卷八十五云：「安樂郡，
　　　　陳天嘉元年廢。唐武德四年，改置樂平縣。」其地即今江西樂平縣地。

　　　丙戌，以寧遠將軍、北江州刺史熊曇朗爲開府儀同三司〔108〕，進號平西
將軍〔109〕。
【注釋】
〔108〕北江州刺史熊曇朗爲開府儀同三司：錢大昕《廿二史考異》卷二十七云：
　　　　「按曇朗傳無除北江州之文。陳時北江州治南陵。而曇朗據豐城新淦之地，
　　　　與南陵隔遠，蓋遙以州名授之。」
〔109〕以寧遠將軍進號平西將軍：陳寧遠將軍爲第五品。平西將軍爲第三品，秩中
　　　　二千石。

　　　丁亥，詔曰：「梁時舊仕，亂離播越，始還朝廷，多未銓序。又起兵已來，
軍勳甚眾。選曹即條文武簿及節將應九流者，量其所擬。」於是隨材擢用者
五十餘人。
三年（己卯、五五九）
　　　春正月己丑，青龍見于東方。丁酉，以鎮南將軍、廣州刺史歐陽頠即本
號開府儀同三司。是夜大雪，及旦，太極殿前有龍跡見。甲午〔一四〕，廣州刺
史歐陽頠表稱白龍見于州江南岸，長數十丈，大可八九圍，歷州城西道入天
井崗〔110〕。仙人見于羅浮山〔111〕寺小石樓，長三丈所，通身潔白，衣服楚麗。
【校證】
〔一四〕甲午，廣州刺史歐陽頠表稱白龍見于州江南岸

甲午，宋浙本、三朝本、南監本、北監本、汲古本同。《南史・陳武帝紀》
作「甲子」。

按殿本《考證》云：「按上文書丁酉夜大雪，則甲午爲前二日，不應顛倒在
後。若《南史》稱『甲子』，則以下文辛丑考之，又不相合。定有訛字，不
可考矣。」

【注釋】

〔110〕天井崗：《太平寰宇記》卷一五七〈廣州・南海縣〉：「天井崗，南海縣北四
里。」

〔111〕羅浮山：在廣東增城縣東。跨博羅縣界，袤直五百里，瑰奇靈秀，爲粵中名
山。《寰宇記》卷一六〇〈惠州・博羅縣〉：「《南越志》云：『增城縣有羅浮
山，羅水出焉，是爲浮山與羅山並體，故曰羅浮。非羽化，莫有登其極者。』」

辛丑，詔曰：「南康、始興王諸妹，已有封爵，依禮止是藩主。此二王者
有殊恆情，宜隆禮數。諸主儀秩及尚主，可竝同皇女。」

戊申，詔臨川王蒨省揚、徐二州辭訟。

二月辛酉，以平西將軍〔一五〕、桂州刺史淳于量爲開府儀同三司，進號鎮
西大將軍〔112〕。

【校證】

〔十五〕二月辛酉，以平西將軍、桂州刺史淳于量爲開府儀同三司，進號鎮西大將軍。
平西將軍，宋浙本、三朝本、南監本、北監本、汲古本同。
按平西將軍，卷十一淳于量本傳作「平西大將軍。」

【注釋】

〔112〕鎮西大將軍：陳置諸將軍之號爲九品，鎮西將軍爲第二品，秩中二千石，加
大，則進一階。

壬午，司空侯瑱督眾軍自江入合州，焚齊舟艦。三月丙申，侯瑱至自合
肥〔113〕，眾軍獻捷。

【注釋】

〔113〕合肥：漢置，即今安徽合肥縣治。

夏閏四月庚寅，詔曰：「開廩賑絕，育民之大惠；巡方恤患，前王之令典。

朕當斯季俗，膺此樂推，君德未孚，民瘼猶甚，重茲多壘，彌疚納隍！良由四聰弗達，千里勿應。博施之仁，何其或爽；殘弊之軌，致此未康。吳州〔114〕、縉州〔115〕，去歲蝗旱，郢田雖疏〔一六〕，鄭渠終涸；室靡盈積之望，家有填壑之嗟。百姓不足，兆民何賴？近已遣中書舍人〔116〕江德藻銜命東陽，與令長二千石〔117〕問民疾苦，仍以入臺倉見米分恤。雖德非既飽〔118〕，庶微慰阻飢〔119〕。」

【校證】

〔一六〕郢田雖疏，鄭渠終涸

　　　　疏，北監本、汲古本同。宋浙本、三朝本、南監本竝作「呪」，《冊府》卷一九五作「祝」。

　　　　按作「呪」是。作「祝」與「呪」同。集韻：「祝，或从口。」「呪」者，謂禱祝祈雨也。如後《漢書·諒輔傳》：「時夏大旱，太守自出祈禱山川，連日無所降。輔乃自暴庭中，慷慨呪曰……。」者即是。此處上文云：「吳州、縉州，去歲蝗旱。」因旱，故亦禱祝祈雨也。然雖經禱祝祈雨，天仍乾旱，故下文云：「鄭渠終涸。」明此「郢田雖疏」之「疏」，本當作「呪」，或作「祝」。北監本、汲古本、殿本作「疏」，為「祝」字之形譌，宋浙本、南監本作「呪」與《冊府》卷一九五作「祝」者，竝不誤，當據改。

【注釋】

〔114〕吳州：《隋書·地理志》：「鄱陽郡，梁置吳州。」故治即今江西鄱陽縣治。

〔115〕縉州：《大清一統志》卷二九九〈金華府·建置沿革〉：「東陽郡，梁末置縉州。」故治即今浙江金華縣治。

〔116〕中書舍人：《通鑑》卷一六七〈陳紀一〉胡三省注：「陳受禪後，國之政事，竝由中書省。有中書舍人五人，分掌二十一局，各當尚書諸曹，並為上司，總國內機要，尚書唯聽受而已。」

〔117〕令長二千石：舊制：縣之長官，萬戶以上為令，以下為長。太守秩二千石，故亦以二千石為太守之稱。

〔118〕德非既飽：《詩·大雅·既醉》：「既醉以酒，既飽以德，君子萬年，介爾景福。」〈既醉序〉：「既醉，太平也。醉酒飽德，人有士君子之行焉。」

〔119〕阻飢：《尚書·舜典》：「帝曰：『棄！黎民阻飢，汝后稷，播時百穀』。」孔安國《傳》：「阻，難也。眾人之難在於饑。」

　　甲午，詔依前代置西省學士，兼以伎術者預焉。

丁酉，遣鎮北將軍徐度率眾城南皖口〔120〕，是時久不雨。丙午，輿駕幸鍾山祀蔣帝廟，是日降雨，迄于月晦。

【注釋】

〔120〕城南皖口：《詩·小雅·出車》：「城彼朔方。」城，築城也。南皖口，鎮名，地當皖水入江之口，在今安徽懷寧縣西

五月丙辰朔，日有食之，有司奏：舊儀，御前殿，服朱紗袍、通天冠〔121〕。詔曰：「此乃前代承用，意有未同。合朔仰助太陽，宜備衮冕之服。自今已去，永可為准。」

【注釋】

〔121〕通天冠：《後漢書·輿服志》：「通天冠，乘輿所常服。」蔡邕《獨斷》：「天子冠通天冠，諸侯冠遠遊冠。」

丙寅，扶南國〔122〕遣使獻方物。

【注釋】

〔122〕扶南國：《梁書·諸夷傳》：「扶南國（即今泰國），在日南郡之南，海西大灣中，出金、銀、銅、錫，沈木香、象牙、孔翠、五色鸚鵡。」

乙酉，北江州刺史熊曇朗殺都督周文育于軍〔123〕，舉兵反。王琳遣其將常眾愛、曹慶率兵援余孝勱。

【注釋】

〔123〕熊曇朗殺都督周文育于軍：事詳卷八〈周文育傳〉及卷三十五〈熊曇朗傳〉。

六月，戊子，儀同侯安都敗眾愛等於左里〔124〕，獲琳從弟襲、主帥羊暕等三十餘人，眾愛遁走，庚寅，廬山〔125〕民斬之，傳首京師。甲午，眾師凱歸。詔曰：「曇朗噬逆，罪不容誅，分命眾軍，仍事掩討，方加梟磔〔126〕，以明刑憲。」徵臨川王蒨往皖口置城柵，以錢道戢守焉。

【注釋】

〔124〕左里：《太平寰宇記》卷一一一〈江州·都昌縣〉：「左里，今作左蠡，城在縣西北四十里，晉盧循所築。在（江西彭蠡）湖左，因為名。」

〔125〕廬山：在今江西星子縣西北，九江縣南。《寰宇記》卷一一一〈江州·德化

縣〉：「周武王時，匡俗兄弟七人，皆好道術，結廬於此山。仙去，空廬尚存，故曰廬山。」

〔126〕梟磔：謂如梟鳥裂牲般之施以極刑也。

丁酉，高祖不豫〔127〕，遣兼太宰、尚書左僕射王通以疾告太廟〔一七〕，兼太宰、中書令謝哲告大社、南北郊〔128〕。辛丑，高祖疾小瘳〔129〕。

【校證】

〔一七〕遣兼太宰、尚書左僕射王通以疾告太廟

　　　左僕射，宋浙本、三朝本、南監本、北監本、汲古本同。《南史・陳武帝紀》作「右僕射」。

　　　按卷十七〈王通傳〉，通自高祖受禪終高祖之世，俱爲尚書左僕射，則此《南史》作「尚書右僕射」者，「右」字當是「左」字之譌。各本竝作「左僕射」，不誤。

【注釋】

〔127〕不豫：《尚書・金縢》：「王有疾，弗豫。」《白虎通》云：「天子病曰不豫，言不復豫政也。」

〔128〕遣兼太宰以疾告太廟、中書令告大社、南北郊：《後漢書・禮儀志下》：「（帝）不豫，公卿朝臣問起居無間。太尉告請南郊，司徒、司空告請宗廟，告五嶽、四瀆、羣祀，竝禱求福。」

〔129〕疾小瘳：《說文》：「瘳，疾瘉也。」

故司空周文育之柩至自建昌〔130〕。壬寅，高祖素服哭於東堂〔131〕，哀甚。

【注釋】

〔130〕建昌：《太平寰宇記》卷一一一〈江州・建昌縣〉：「《豫章記》云：『後漢永元中，分海昏立建昌縣，以其戶口昌盛，因以爲名』。」故治在今江西南昌縣北。

〔131〕東堂：在建康宮正殿旁。《建康實錄》卷十九云：「咸和七年，新宮成，正殿曰太極殿，又爲東西堂。」

癸卯，高祖臨訊獄訟。是夜熒惑在天尊〔132〕。高祖疾甚〔一八〕。丙午，崩於璿璣殿，時年五十七。遺詔追臨川王蒨入纂。甲寅，大行皇帝遷殯于太極

殿西階。秋八月甲午，羣臣上諡曰武皇帝，廟號高祖。丙申，葬萬安陵〔133〕。

【校證】

〔一八〕是夜，熒惑在天尊。高祖疾甚

疾甚，北監本、汲古本、《南史・陳武帝紀》同。宋浙本、三朝本、南監本、《御覽》卷一三三引竝作「疾又甚」。

按上文云：「丁酉，高祖不豫，遣兼太宰、尚書左僕射王通以疾告太廟。」病至以疾告太廟，則其危可知，此高祖第一次疾甚也。辛丑，疾小瘳。至是夜，高祖疾復又轉重。明此「高祖疾甚」一句，當從宋浙本、南監本及《御覽》卷一三三引作「高祖疾又甚」爲是。汲古本、殿本「疾」下脫一「又」字，當據宋浙本及南監本補

【注釋】

〔132〕熒惑在天尊：熒惑，火星之別名。《呂氏春秋・制樂》注：「熒惑，五星之一，火之精也。」《文選》揚雄〈羽獵賦〉：「熒惑司命。」呂向注：「熒惑，星名，司，主也，主天子之命。」

〔133〕萬安陵：《元和志》卷二十五〈潤州・上元縣〉：「陳武帝萬安陵在縣東北三十八里方山西北。」

高祖智以綏物，武以寧亂，英謀獨運，人皆莫及，故能征伐四克，靜難夷凶。至升大麓之日〔134〕，居阿衡之任〔135〕，恆崇寬政，愛育為本。有須發調軍儲，皆出於事不可息。加以儉素自率，常膳不過數品，私饗曲宴〔136〕，皆瓦器蚌盤〔一九〕，看核庶羞，裁令充足而已，不為虛費。初平侯景，及立紹泰，子女玉帛，皆班將士。其充闈房者，衣不重綵，飾無金翠，哥鍾〔二〇〕女樂，不列於前。及乎踐祚〔二一〕，彌厲恭儉。故隆功茂德，光有天下〔137〕焉。

【校證】

〔一九〕私饗曲宴，皆瓦器蚌盤

宋浙本、三朝本、南監本、北監本、汲古本、《冊府》卷一九八同此。《御覽》卷九四一引「瓦器」上有一「用」字。《南史・陳武帝紀》「蚌」作「蟀」。

按《御覽》卷九四一引「瓦器」上有一「用」字，義較顯豁完足。《南史・陳武帝紀》「蚌」作「蟀」，《文選》張衡〈南都賦〉：「巨蟀函珠。」李善注：「蟀與蚌同。」

〔二〇〕哥鍾女樂，不列於前

哥鍾，宋浙本、三朝本、南監本、北監本、汲古本、《南史・陳武帝紀》同。
《冊府》一九八作「歌鐘」。

按《說文・可部》：「哥，聲也，从二可。古文以爲歌字。」是哥古與歌通
也。又《說文・金部》：「鍾，酒器也。」「鐘，樂鐘也。」「鍾」、「鐘」義
各有別，哥鍾之「鍾」，本字自當從《冊府》卷一九八作訓爲樂鐘也之「鐘」
爲是。各本作訓爲酒器也之「鍾」，非是，當據《冊府》卷一九八改。

〔二一〕及乎踐阼，彌屬恭儉

阼，《南史・陳武帝紀》同。宋浙本、三朝本、南監本、北監本、汲古本、
《冊府》卷一九八並作「祚」。

按《說文・新附》：「祚，福也。从示乍聲。」《說文・𨸏部》：「阼，主階也。
从𨸏乍聲。」《禮記・曲禮下》：「踐阼，臨祭祀。」孔穎達《疏》：「踐，履。
阼，主人階也。天子祭祀升阼階（天子之位），履主階行事，故云踐阼也。」
據是，知新君嗣位，履主階行事曰踐阼之「阼」，本字自以作訓爲主階也之
「阼」爲是。各本作訓爲福也之「祚」，乃「阼」之同音假借字。

【注釋】

〔134〕升大麓之日：《漢書・王莽傳中》：「予前來大麓，至於攝假。」顏師古注：「大
麓，謂爲大司馬宰衡時。」《後漢書・和熹鄧皇后紀》：「覽總大麓，經營天
物。」李賢注：「麓，錄也。言大錄萬機之政。」

〔135〕居阿衡之任：《詩・商頌・長發》：「實維阿衡，實左右商王。」毛《傳》：「阿
衡，伊尹也。後借爲宰相之稱。」

〔136〕私饗曲宴：謂於公事之餘，留臣下賜宴，謂之曲宴。《文選》曹操〈贈丁翼
詩〉：「吾與二三子，曲宴此城隅。」

〔137〕光有天下：《左傳・昭公二十八年》：「昔武王克商，光有天下」。光，廣之叚
借字也。《尚書・堯典》：「光被四表，格于上下。」《魏書・文帝紀》引〈獻
帝傳〉曰：「廣被四表，極于上下。」字正作廣。

　　陳吏部尚書姚察曰：「高祖英略大度，應變無方，蓋漢高、魏武之亞矣！
及西都蕩覆，誠貫天人。王僧辯闕伊尹之才，空結桐宮之憤〔138〕；貞陽假秦
兵之送，不思穆嬴之泣。高祖乃蹈玄機而撫末運，乘勢隙而拯橫流，王迹所
基，始自於此，何止戡黎升陑之捷〔139〕而已焉？故於愼徽時序之世〔140〕，變
聲改物之辰，兆庶歸以謳謌，炎靈去如釋負〔141〕，方之前代，何其美乎！」

【注釋】

〔138〕空結桐宮之憤：《史記·殷本紀》：「伊尹立太丁之子太甲。帝太甲既立三年，不明，暴虐，不遵湯法，亂德，於是伊尹放之於桐宮。」此云空結桐宮之憤者，謂太尉王僧辯納蕭淵明自北齊還主社稷，徒使梁敬帝心懷被黜之憤也。

〔139〕戡黎升陑之捷：《尙書·西伯戡黎序》蔡沈《傳》：「西伯，文王也。戡，勝也。黎，國名。黎爲不道，於是舉兵伐而勝之。」又〈湯誓序〉：「伊尹相湯伐桀，升自陑。」陑，山名，在山西永濟縣南。《括地志》：「雷首山延長數百里，隨州郡而異名。一名中條山，一名首陽山，又有歷山，陑山之名。」

〔140〕愼徽時序之世：《尙書·舜典》：「愼徽五典，五典克從；納于百揆，百揆時敘。」徽，美也，五典，五常之教也。時，是也。敘，序也。愼徽時序者，謂堯使舜敬敷五教，舜能愼美篤行斯道；使舜歷試百官，皆能有序不亂也。

〔141〕炎靈去如釋負：按卷一〈梁禪陳璽書〉內云：「今歷去炎精，敬以火德傳於爾陳。」炎精即炎靈，梁以火德王，因以炎靈爲梁之稱。炎靈去，謂梁遜位，傳祚於陳也。

陳書校注卷三

本紀第三

世祖

世祖文皇帝諱蒨，字子華，始興昭烈王〔1〕長子也。少沉敏有識量，美容儀，留意經史，舉動方雅，造次〔2〕必遵禮法。高祖甚愛之，常稱「此兒吾宗之英秀也」。

【注釋】

〔1〕始興昭烈王：按卷一〈高祖本紀上〉：「敬帝太平二年正月丁未，詔贈高祖兄道談長城縣公，諡曰昭烈。」卷二〈高祖本紀下〉：「永定元年冬十月癸巳，追贈皇兄梁故長城縣公道譚驃騎大將軍、封始興郡王。」

〔2〕造次必遵禮法：造次，謂急遽倉卒也。《論語·里仁》：「君子無終食之間違仁，造次必於是，顛沛必於是。」《漢書·景十三王傳》：「造次必於儒者。」

梁太清初，夢兩日鬭，一大一小，大者光滅墜地，色正黃，其大如斗，世祖因三分取一而懷之。

侯景之亂，鄉人多依山湖寇抄，世祖獨保家無所犯。時亂日甚，乃避地臨安〔3〕。及高祖舉義兵，侯景遣使收世祖及衡陽獻王〔4〕，世祖乃密袖小刀，冀因入見而害景。至便屬吏，故其事不行。

【注釋】

〔3〕臨安：《太平寰宇記》卷九十三〈杭州·臨安縣〉：「《吳志》云：「建安十六年，分置餘杭立臨水縣，晉太康中，改為臨安。」故治在今浙江臨安縣北四里。

〔4〕衡陽獻王：高祖第六子也。名昌，字敬業。文帝天嘉元年二月，封衡陽郡王。三月，薨，諡曰獻（見本書卷十四本傳）。

高祖大軍圍石頭，景欲加害者數矣。會景敗，世祖乃得出赴高祖營。起家為吳興太守。時宣城劫帥紀機、郝仲等各聚眾千餘人，侵暴郡境，世祖討

平之。

　　承聖二年（癸未、553），授信武將軍〔5〕，監南徐州。

【注釋】

　〔5〕信武將軍：梁置諸將軍之號爲二十四班，班多者多貴。信武將軍爲十五班。
　　　陳第四品，秩中二千石。

　　三年，高祖北征廣陵，使世祖爲前軍，每戰克捷。高祖之將討王僧辯也，
先召世祖與謀。時僧辯女婿杜龕據吳興，兵眾甚盛，高祖密令世祖還長城，
立柵以備龕。世祖收兵纔數百人，戰備又少，龕遣其將杜泰領精兵五千，乘
虛奄至，將士相視失色，而世祖言笑自若，部分益明，於是眾心乃定。泰知
柵內人少，日夜苦攻。世祖激厲將士，身當矢石，相持數旬，泰乃退走。及
高祖遣周文育率兵討龕，世祖與并軍往吳興。時龕兵尚眾，斷據衝要，水步
連陣相結，世祖命將軍劉澄、蔣元舉率眾攻龕，龕軍大敗，窘急，因請降。
東揚州刺史張彪起兵圍臨海太守王懷振，懷振遣使求救，世祖與周文育輕兵
往會稽以掩彪。後彪將沈泰開門納世祖，世祖盡收其部曲家累，彪至，又破
走，若邪〔6〕村民斬彪，傳其首。以功授持節〔一〕、都督會稽等十郡諸軍事、
宣毅將軍、會稽太守。山越深險，皆不賓附，世祖分命討擊，悉平之，威惠
大振。

【校證】

〔一〕以功授持節、都督會稽等十郡諸軍事

　　　持節，宋浙本、三朝本、南監本、北監本、汲古本同。

　　　按持節，卷二〈高祖紀下〉永定元年十一月丙申詔文作「使持節」。考魏、
　　　晉世，刺史任重者爲「使持節、都督」，輕者爲「持節、督」（見《南齊書·
　　　百官志》）。南朝之制，使持節得殺二千石以下，持節殺無官位人。若軍事，
　　　得與使持節同（見《宋書·百官志上》）。此處就「持節」下云「都督會稽等
　　　十郡諸軍事」審之，爲此都督者是屬守宰之任重者，則此「都督……諸軍事」
　　　上之「持節」，疑當從卷二〈高祖紀下〉作「使持節」爲是。

【注釋】

　〔6〕若邪：亦作「若耶」，在今浙江紹興縣南，其地有若耶山，山下有若耶溪，注
　　　入鏡湖，一名浣紗溪，相傳爲西施浣紗處；一名五雲溪，又爲古歐冶子鑄劍
　　　之所。

　　高祖受禪，立為臨川郡王，邑二千戶，拜侍中、安東將軍。及周文育、侯安都敗於沌口〔7〕，高祖詔世祖入衛，軍儲戎備，皆以委焉。尋命率兵城南皖。

【注釋】

〔7〕沌口：在湖北漢陽縣西南三十里當沌水入江之口。上接沔陽諸水，下通長江，為古軍事要地。

　　永定三年六月丙午，高祖崩，遺詔徵世祖入纂。甲寅，至自南皖，入居中書省。皇后令曰：「昊天不弔，上玄降禍。大行皇帝奄捐萬國，率土哀號，普天如喪，窮酷煩冤，無所逮及。諸孤藐爾〔8〕，反國無期，須立長主，以寧寓縣。侍中、安東將軍、臨川安蒨，體自景皇〔9〕，屬惟猶子〔10〕，建殊功於牧野〔11〕，敷盛業於戡黎〔12〕，納麓時敍之辰〔13〕，負扆乘機之日〔14〕，竝佐時雍〔15〕，是同草創，祧祏〔16〕所繫，遐邇宅心〔17〕，宜奉大宗〔18〕，嗣膺寶錄，使七廟有奉，兆民寧晏。未亡人假延餘息，嬰此百罹，尋繹纏綿，興言感絕。」世祖固讓，至于再三，羣公卿士固請，其日，即皇帝位於太極前殿。詔曰：「上天降禍，奄集邦家，大行皇帝背離萬國，率土崩心，若喪考妣。龍圖〔19〕寶歷，眇屬朕躬，運鍾擾攘，事切機務，南面須主，西讓禮輕，今便式膺景命〔20〕，光宅四海〔21〕。可大赦天下，罪無輕重，悉皆蕩滌。逋租宿債，吏民愆負，可勿復收。文武內外，量加爵敍。孝悌力田為父後者，賜爵一級。庶祇畏在心，公卿畢力，勝殘去殺〔22〕，無待百年。興言號哽，深增慟絕。」又詔州郡悉停奔赴。

【注釋】

〔8〕諸孤藐爾：諸，眾也。孤，孤兒也。藐爾，弱小貌。《文選》劉峻〈廣絕交論〉：「藐爾諸孤，朝不謀夕。」

〔9〕體自景皇：卷二〈高祖紀下〉云：「永定元年冬十月辛巳，追尊皇考曰景皇帝。」臨川王蒨為景皇帝之長孫，故云「體自景皇」。

〔10〕屬惟猶子：《禮記·檀弓上》：「兄弟之子，猶子也。」臨川王蒨為高祖兄道談之子，故云「屬惟猶子」。

〔11〕建殊功於牧野：牧野，在今河南淇縣南，周武王伐紂於此，大敗紂師（見《史記·周本紀》）。

〔12〕敷盛業於戡黎：戡，勝也。黎，國名。文王脫羑里之囚，獻洛西之地，紂賜

弓矢斧鉞，使得專征伐，爲西伯。文王既受命，黎爲不道，於是舉兵伐而勝之（見《史記·殷本紀》、《尚書·西伯戡黎》）。

〔13〕納麓時序之辰：《尚書·舜典》：「慎徽五典，五典克從；納于百揆，百揆時序；納于大麓，烈風雷雨弗迷。」此言堯使舜歷任百官，屢試諸艱，舜皆能勝任也。

〔14〕負扆乘機之日：《淮南子·氾論訓》：「周公繼文王之業，履天子之籍，聽天下之政，平夷狄之亂，誅管蔡之罪，負扆而朝諸侯。」注：「負，背也。扆，戶牖之間，言南面也。」

〔15〕時雍：《尚書·堯典》：「黎民於變時雍。」孔安國《傳》：「時，是；雍，和。言天下眾民皆變化從上，是以風俗大和。」

〔16〕祧祐：《左傳·襄公二十三年》：「失守宗祧。」杜注：「遠祖廟爲祧。」《說文·示部》：「祐，宗廟主也。」

〔17〕宅心：《文選》陸機〈漢高祖功臣頌〉：「萬邦宅心。」李周翰注：「宅，居也。言天下之人，懷高祖寬仁之德，常居於心也。」

〔18〕大宗：梁章鉅《稱謂錄·天子古稱大宗》：「王者，天下之大宗。以禮有大宗小宗。爲其族人所尊，稱宗子。天子則天下所尊，故稱之大宗。」

〔19〕龍圖：即河圖，以龍馬所負，故亦曰龍圖。《隋書·經籍志》：「《易》曰：『河出圖，洛出書。』然則聖人之受命也，必因積德累葉，豐功厚利，誠著天地，澤被生人，萬物之所歸往，神明之所福饗，則有天命之應。蓋龜龍銜負，出於河、洛，以紀易代之徵。」

〔20〕式膺景命：《尚書·仲虺之誥》：「式商受命。」孔安國《傳》：「式，用也。」《後漢書·班固傳》：「膺萬國之貢珍。」李賢注：「膺，受也。」《文選》班固〈典引〉：「逢吉丁辰，景命也。」李善注：「言逢此吉，當此時者，皇天之大命也。」

〔21〕光宅四海：《尚書·堯典序》：「昔在帝堯，聰明文思，光宅天下。」孔安國《傳》：「言聖德之遠著。」

〔22〕勝殘去殺：《論語·子路》：「善人爲邦百年，亦可以勝殘去殺矣。」朱熹《集注》：「勝殘，化殘暴之人使不爲惡也。去殺，謂民化於善，可以不用刑殺也。」

秋七月丙辰，尊皇后爲皇太后。己未，以鎮南將軍、開府儀同三司、廣州刺史歐陽頠進號征南將軍〔23〕，平南將軍、開府儀同三司周迪進號鎮南將軍〔二〕，平南將軍、開府儀同三司、高州刺史黃法氍進號安南將軍。庚申，以

鎮南大將軍〔三〕、開府儀同三司、桂州〔24〕刺史淳于量進號征南大將軍〔25〕。辛酉，以侍中、車騎將軍、司空侯瑱為太尉，鎮西將軍、開府儀同三司、南豫州刺史侯安都爲司空，侍中、中權將軍、開府儀同三司王沖為特進〔26〕、左光祿大夫，鎮北將軍、南徐州刺史徐度為侍中、中撫軍將軍、開府儀同三司〔27〕。壬戌，以侍中、護軍將軍徐世譜為特進、安右將軍〔28〕，侍中、忠武將軍〔29〕杜稜為傾軍將軍〔四〕。乙丑，重雲殿災。

【校證】

〔二〕平南將軍、開府儀同三司周妵進號鎮南將軍

　　鎮南將軍，宋浙本、三朝本、南監本、北監本、汲古本同。

　　按「鎮南將軍」，卷三十五〈周妵傳〉作「安南將軍」。

〔三〕以鎮南大將軍、開府儀同三司、桂州刺史淳于量進號征南大將軍

　　鎮南大將軍，宋浙本、三朝本、南監本、北監本、汲古本同。

　　按羅振玉《陳書斠議》：「『鎮南』，傳作『鎮西』。」查卷二〈高祖本紀下〉：「永定三年二月辛酉，以平西將軍、桂州刺史淳于量爲開府儀同三司，進號鎮西大將軍。」明此作「鎮南大將軍」者，「鎮南」乃「鎮西」之誤，當據卷二〈高祖本紀下〉及卷十一〈淳于量傳〉改。

〔四〕忠武將軍杜稜爲傾軍將軍

　　傾軍將軍，宋浙本、南監本、汲古本作「領軍將軍」。

　　按「領軍將軍」，殿本譌作「傾軍將軍」，當據各本改。

【注釋】

〔23〕鎮南將軍進號征南將軍：陳制：鎮南將軍與征南將軍同擬官品第二，唯征南班位在鎮南上，故此云以「鎮南將軍進號征南將軍」。

〔24〕桂州：《隋書・地理志》：「始安郡，梁置桂州。」故治即今廣西桂林縣。

〔25〕鎮南〔西〕大將軍進號征南大將軍：陳制：鎮南〔西〕將軍、征南將軍同擬官品第二，加大則進一階。唯征南大將軍班位在鎮南〔西〕上，故此云以「鎮南〔西〕大將軍進號征南大將軍」。

〔26〕特進：《通典》卷三十四〈文散官・特進〉：「漢制，諸侯功德優盛，朝廷所敬異者，賜位特進，位在三公下。」《隋書・百官志上》：「陳制：特進與左右僕射竝秩中二千石，品竝第二。」

〔27〕鎮北將軍徐度爲中撫將軍、開府儀同三司：陳制：四中（軍、撫、衛、權）將軍與八鎮（東西南北、前後左右）將軍，同擬官品第二，秩中二千石。唯

四中班位在八鎮之上，故此云以「鎮北將軍進號中撫軍將軍」。又加開府儀
同三司，則位第一品，秩萬石。

〔28〕安右將軍：陳安右將軍第三品，秩中二千石。

〔29〕忠武將軍：陳忠武將軍第四品，秩中二千石。

八月，癸巳，以平北將軍、南徐州刺史留異為安南將軍、縉州刺史，平
南將軍、北江州〔30〕刺史魯悉達進號安左將軍〔31〕。庚戌〔五〕，封皇子伯茂為
始興王，奉昭烈王後。徙封始興嗣王頊為安成王〔32〕。

【校證】

〔五〕八月庚戌，封皇子伯茂爲始興王，奉昭烈王後。徙封始興嗣王頊爲安成王

八月庚戌，宋浙本、三朝本、南監本、北監本、汲古本、《南史・陳文帝紀》
同。

按羅振玉《陳書斠議》：「〈始興王伯茂傳〉載，封始興王、安成王詔在（永
定三年）十月，不作『八月庚戌』。」

【注釋】

〔30〕北江州：《隋書・地理志》：「宣城郡南陵縣，陳置北江州。」故治在今安徽繁
昌縣西北。

〔31〕平南將軍進號安左將軍：陳平南、安左將軍第三品，秩中二千石，唯安左將
軍班位在平南將軍上。故此云以「平南將軍進號爲安左將軍」。

〔32〕徙封始興嗣王頊爲安成王：《通鑑》卷一六七〈陳紀一〉云：「初，高祖追諡
兄道談爲始興昭烈王，以其次子頊襲封。及世祖即位。頊在長安未還，上以
本宗乏饗，詔徙頊爲安成王，皇子伯茂爲始興王。」

九月辛酉〔六〕，立皇子伯宗為皇太子，王公以下賜帛各有差。乙亥，立妃
沈氏為皇后。

【校證】

〔六〕九月辛酉，立皇子伯宗爲皇太子

九月辛酉，宋浙本、三朝本、南監本、北監本、汲古本、《南史・陳文帝紀》
同。

按「九月辛酉」，卷四〈廢帝紀〉作「八月庚戌」。

冬十一月乙卯，王琳寇大雷，詔遣太尉侯瑱、司空侯安都、儀同徐度率眾以御之。

天嘉元年（庚辰、五六〇）

春正月癸丑，詔曰：「朕以寡昧，嗣纂洪業，哀惸在疚〔33〕，治道弗昭，仰惟前德，幽顯遐暢，恭己不言〔34〕，庶幾無改。雖宏圖懋軌，日月方弘，而清廟廓然，聖靈浸遠，感尋永往，瞻言罔極〔35〕！今四象運周〔36〕，三元告獻〔37〕，華夷胥洎，玉帛駿奔，思覃遺澤，播之億兆。其大赦天下，改永定四年為天嘉元年。鰥寡孤獨不能自存立者〔七〕，賜穀人五斛；孝悌力田殊行異等，加爵一級。」

【校證】

〔七〕鰥寡孤獨不能自存立者

　　自存立者，宋浙本、三朝本、南監本、北監本、汲古本同。《南史·陳武帝紀》、《冊府》卷一九五、卷二〇八「自存」下，竝無「立」字。

　　按卷二〈高祖紀下〉永定元年冬十月乙亥詔曰：「賜鰥寡孤獨不能自存者，人穀五斛。」本卷下文「天嘉六年春正月甲午，皇太子加元服，鰥寡孤獨不能自存者，人賜穀五斛。」卷五〈宣帝紀〉太建元年正月甲午詔曰：「鰥寡孤獨不能自存者，人賜穀五斛。」卷六〈後主紀〉太建十四年正月丁巳詔：「孤老鰥寡不能自存者，賜穀人五斛。」以上所見「不能自存」下，俱無「立」字，明此「不能自存」下，當從《南史·陳武帝紀》、《冊府》卷一九五、卷二〇八及全書文例無「立」字爲是。各本衍一「立」字，當據刪。

【注釋】

〔33〕哀惸在疚：《詩·小雅·正月》：「哀此惸獨。」《釋文》：「惸，獨也。」《楚辭·九章·抽思》：「既惸獨而不羣。」洪興祖《補注》：「無兄弟也。」

〔34〕恭己不言：《論語·衛靈公》：「無爲而治者，其舜也歟！夫何爲哉？恭己正南面而已矣。」

〔35〕瞻言罔極：《詩·大雅·桑柔》：「維此聖人，瞻言百里。」瞻，視也。言，語助詞。「瞻言百里」，謂慮之遠矣。又《小雅·蓼莪》：「欲報之德，昊天罔極。」《集傳》：「言欲報之以德，而其恩之大如天無窮。」

〔36〕四象運周：四象，謂金、木、水、火。又春、夏、秋、冬。運周，冬去春回，運行復始。陸機〈梁父吟〉：「四運循環轉，寒暑自相承。」陶潛〈酬劉柴桑詩〉：「窮居寡人用，時忘四運周。」

〔37〕三元告獻：《通鑑》卷一四〇〈齊紀六〉：「明帝建武三年，尉衛蕭穎胄曰：『朝廷盛禮，莫若三元。』」胡三省注引《玉燭寶典》曰：「正月爲端月，其一日爲上日，亦云三元，謂歲之元，月之元，時之元也。」《楚辭》宋玉〈招云〉：「獻歲發春兮，汨吾南征。」王逸《章句》：「獻，進也。言歲始來進，春氣奮發，萬物皆感氣而生。」

　　甲寅，分遣使者宣勞四方。

　　辛酉，輿駕親祀南郊，詔曰：「朕式饗上玄，虔奉牲玉，高禋禮畢，誠敬兼弘。且陰霾浹辰〔38〕，襄霽〔39〕在日，雲物韶朗，風景清和，慶動人祇，忭流庶俗，思俾黎元，同此多祐。可賜民爵一級。」辛未，輿駕親祀北郊，日有冠〔40〕。

【注釋】

〔38〕陰霾浹辰：《說文・雨部》：「霾，風而雨土爲霾。」陰霾者，謂風吹土揚，天日陰暗也。《左傳・成公九年》：「莒恃其陋，而不修城郭，浹辰之間，而楚克其三都。」杜注：「浹辰，十二日也。」

〔39〕襄霽在日：襄，開也。霽，雨後天晴也。

〔40〕日有冠：《雜占書》：「日有冠，如半暈也。法當在日上有冠，又有兩珥者尤吉。」

　　二月辛卯，老人星見〔41〕。乙未，高州刺史紀機自軍叛還宣城〔42〕，據郡以應王琳，涇令〔43〕賀當遷討平之。

【注釋】

〔41〕老人星見：見，出現也。老人星，南極星之別名也。《晉書・天文志》：「老人，春分一星在弧南，一曰南極。」

〔42〕紀機自軍叛還宣城：軍，謂侯瑱軍前也。

〔43〕涇：縣名，即今安徽涇縣。

　　丙申，太尉侯瑱敗王琳于梁山，攻齊兵于博望〔44〕，生擒齊將劉伯球，盡收其資儲船艦，俘馘〔45〕以萬計，王琳及其主蕭莊奔于齊。

【注釋】

〔44〕博望：在安徽當塗縣西南。《太平寰宇記》卷一〇五〈太平州・當塗縣〉：「天門山，在縣西南三十里，有二山夾大江，東曰博望。《輿地志》：『博望、梁

山東西相對，隔江如門，相去數里，謂之天門山。』」

〔45〕俘馘：《左傳・僖公二十二年》：「楚子使師縉示之俘馘。」杜注：「俘，所得囚。馘，所截耳。」

戊戌，詔曰：「夫五運遞來，三靈眷命，皇王因之改創，殷、周所以樂推。朕統歷承基，丕隆鼎運，期理攸屬，數祚斯在，豈僥倖所至，寧卜祝可求？故知神器之重，必在符命。是以逐鹿貽譏〔46〕，斷虵定業，亂臣賊子，異世同尤。王琳識暗挈瓶〔47〕，智慙衛足〔48〕，干紀亂常，自貽顛沛，而縉紳君子，多被縶維。雖涇渭合流〔49〕，蘭鮑同肆〔50〕，求之厥理，或有脅從。今九罭既設〔51〕，八紘斯掩〔52〕，天網恢恢〔53〕，吞舟是漏〔54〕。至如伏波遊說〔55〕，永作漢蕃；延壽脫歸，終為魏守。器改秦、虞，材通晉、楚，行藏用捨〔56〕，亦豈有恆？宜加寬仁，以彰雷作，其衣冠士族，預在凶黨，悉皆原宥；將帥戰兵，亦同肆眚，竝隨才銓引，庶收力用。」又詔師旅以來，將士死王事者，竝加贈謚。

【注釋】

〔46〕逐鹿貽譏：《漢書・蒯通傳》：「蒯通說韓信曰：『秦失其鹿，天下共逐之，高材者先得』。」師古注：「以鹿喻帝位。」《文選》有班彪〈王命論〉一文，班彪以爲漢高祖之興，乃天授而非以力求。然世俗見高祖興於布衣，不達其故，以爲適遭暴亂，得奮其劍，遊說之士，至比天下於逐鹿，幸捷而得之，不知神器有命，不可以智力求，故作〈王命論〉一文以譏逐鹿之瞽說，以絕亂臣賊子之覬覦。

〔47〕識暗挈瓶：瓶亦作缾。《左傳・昭公七年》：「雖有挈缾之知，守不假器，禮也。」杜注：「挈缾，汲者，喻小智。」

〔48〕智慙衛足：衛足，蜀葵之別名。謂葵能蔽其足也。《左傳・成公十七年》：「仲尼曰：『鮑莊子之知不如葵，葵猶能衛其足。』」杜注：「葵傾葉向日，以蔽其根，言鮑牽居亂，不能危行言遜。」

〔49〕涇渭合流：涇渭，陝西二水名。涇清渭濁，合流則清者亦濁。《詩・邶風・谷風》：「涇以渭濁，湜湜其沚。」

〔50〕蘭鮑同肆：肆，店也。鮑，鹽漬魚，其氣腥臭。蘭，草名，其氣芳香。《說苑・雜言》：「與善人居，如入蘭芷之室，久而不聞其香，而與之化矣。與惡人居，如入鮑魚之肆，久而不聞其臭，亦與之化矣。」蘭鮑同肆，謂蘭之芳香亦與鮑之腥臭同臭。

〔51〕九罭既設：《文選》張衡〈西京賦〉：「搜川瀆，布罭。」《爾雅・釋器》：「九

罟，魚網也。」

〔52〕八紘斯掩：《漢書・揚雄傳》：「日月之經不千里，則不能燭六合，耀八紘。」
師古注：「八紘，八方之綱維。」

〔53〕天網恢恢：謂天之禁網至為廣大，雖若甚疏，而為惡者，皆莫能逃出也。《老
子》七十三章：「天網恢恢，疏而不失。」

〔54〕吞舟是漏：喻用法之寬。《史記・酷吏列傳》：「漢興，網漏於吞舟。」

〔55〕伏波遊說：《後漢書・馬援傳》：「交阯女子徵側反，璽書拜援伏波將軍。」又
曰：「王莽末，四方兵起。援避地涼州，隗囂甚敬重之，與決籌策。建武四
年，囂使援奉書洛陽，見光武恢廓大度，同符高祖，及還，勸囂事漢。會囂
用王元計，發兵拒漢。援歸漢，因陳滅囂之術，帝使將突騎五千，往來遊說
囂將，下及羌豪，為陳禍福，以離囂支黨。」

〔56〕行藏用捨：謂見用於世，則出仕而行道；不見用於世，則隱居而修己。《論語・
述而》：「用之則行，舍之則藏。」

己亥，詔曰：「日者凶渠肆虐，眾軍進討，舟艦輸積，權倩民丁，師出經
時，役勞日久。今氛祲廓清，宜有甄被。可蠲復丁身〔57〕。夫妻三年於役不
幸者，復其妻子。」庚子，分遣使者齎璽書宣勞四方。乙巳，遣太尉侯瑱鎮
溢城。庚戌，以高祖第六子昌為驃騎將軍、湘州牧，立為衡陽王。

【注釋】

〔57〕蠲復丁身：丁身，從役之壯丁也。蠲復，免除租稅也。《後漢書・賈琮傳》：「招
撫荒散，蠲復徭役。」

三月丙辰，詔曰：「自喪亂以來，十有餘載，編戶凋亡，萬不遺一，中原
甿庶，蓋云無幾！頃者寇難仍接，籌斂繁多，且興師已來，千金日費，府藏
虛竭，杼軸歲空。近所置軍資，本充戎備，今元惡克殄，八表已康，兵戈靜
戢，息肩方在，思俾餘黎，陶此寬賦，今歲軍糧，通減三分之一。尚書申下
四方，稱朕哀矜之意。守宰明加勸課，務急農桑，庶鼓腹含哺〔58〕，復在茲
日。」蕭莊所署郢州刺史孫瑒舉州內附。丁巳，江州刺史周迪平南中〔59〕，
斬賊率熊曇朗，傳首京師。

【注釋】

〔58〕鼓腹含哺：口含食而手拍腹，喻民喜樂度日。《莊子・馬蹄》：「夫赫胥氏之時，

民居不知所爲，行不知所之，含哺而熙，鼓腹而遊。」

〔59〕南中：謂江西南江（贛江）流經之南康、安成、廬陵、臨川，豫章等地也。

先是，齊軍守魯山城〔60〕，戊午，齊軍棄城走，詔南豫州刺史程靈洗守之。

【注釋】

〔60〕魯山城：在湖北漢陽縣東北。《元和志》卷二十七〈鄂州‧漢陽縣〉：「魯山，一名大別山，山上有吳將魯肅神祠。」《讀史方輿紀要》卷七十六〈漢陽府‧漢陽縣〉：「魯山城，在城東北大別山上，三國時爲戍守處，因築城於此，六朝以來，皆爲要地。」

甲子，分荊州〔61〕之天門〔62〕、義陽〔63〕、南平〔64〕，郢州之武陵〔65〕四郡，置武州，其刺史督沅州，領武陵太守，治武陵郡。其都尉所部六縣爲沅州。別置通寧郡，以刺史領太守〔66〕，治都尉城，省舊都尉。以安南將軍、南兗州刺史、新除右衛將軍〔67〕吳明徹爲安西將軍〔68〕、武州刺史，僞郢州刺史孫瑒爲安南將軍、湘州刺史。丙子，衡陽王昌薨〔69〕。丁丑，詔曰：「蕭莊僞署文武官屬還朝者，量加錄序。」

【注釋】

〔61〕荊州：《隋書‧地理志》：「南郡，舊置荊州。」故治在今湖北江陵縣東南。

〔62〕天門：《宋書‧州郡志》：「天門郡，吳孫休永安六年，分武陵立。」故治即今湖北石門縣治。

〔63〕義陽：《隋書‧地理志》：「澧陽郡安鄉縣，舊置義陽郡。」故治即今湖南安鄉縣治。

〔64〕南平：《隋書‧地理志》：「澧陽郡孱陵縣，舊置南平郡。」故治在今湖南安鄉縣北。

〔65〕武陵：《隋書‧地理志》：「武陵郡武陵縣，舊置武陵郡。」故治在今湖南常德縣西。

〔66〕以刺史領太守：按江左以降，恆有以刺史領首郡太守者，如《晉書‧謝萬傳》：「遷豫州刺史，領淮南太守。」《南齊書‧王玄載傳》：「宋世，歷青、兗刺史，領東海太守。」《梁書‧馮道根傳》：「豫州刺史，領汝陰太守。」皆其例也。

〔67〕右衛將軍：《通典》卷二十八〈左右衛〉：「魏末，晉文王置中衛將軍。武帝受

禪，分中衛爲左右衛將軍，並置佐史，皆掌宿衛營兵。」《隋書・百官志上》：「陳制：右衛將軍爲三品，秩二千石。」

〔68〕安西將軍：陳安西將軍爲三品，秩中二千石。

〔69〕衡陽王昌薨：趙翼《陔餘叢考》卷七〈陳書書法〉：「衡陽王昌之死也，實文帝使侯安都殺之，故《南史》本紀書衡陽王昌沈於江夏，而〈昌傳〉亦書中流而殞之，使以溺告。〈安都傳〉則更明書安都往迎而溺之於江，此所謂紀實也。乃《陳書・本紀》則但書衡陽王薨，〈昌傳〉亦云中流船壞以溺薨，〈安都傳〉亦云安都請自迎昌，濟漢而薨，皆隱約其詞，而不明書其被害。」

夏四月丁亥，立皇子伯信爲衡陽王，奉獻王〔70〕後。乙未，以安南將軍荀朗爲安北將軍〔71〕、合州刺史。

【注釋】

〔70〕獻王：謂衡陽獻王昌也。

〔71〕安北將軍：陳安北將軍第三品，秩中二千石。

五月乙卯，改桂陽〔72〕之汝成縣〔73〕爲廬陽郡，分衡州之始興、安遠〔74〕二郡置東衡州〔75〕。

【注釋】

〔72〕桂陽：《隋書・地理志》：「桂陽郡郴縣，舊置桂陽郡。」故治即今湖南郴縣治。

〔73〕汝成縣：《宋書・州郡志》：「汝成縣，江左立。」故城在今湖南汝成縣西南。

〔74〕安遠：《隋書・地理志》：「南海郡始興縣，梁置安遠郡。」故治在今廣東始興縣北。

〔75〕五月乙卯，置東衡州句：錢大昕《廿二史考異》卷二十七云：「考歐陽頠傳稱梁元帝承制，以始興郡爲東衡州，則東衡州實置於梁末，不知何年省入衡州，至是復置耳。」按卷八〈侯安都傳〉：「合三郡爲東衡州，以安都從弟曉爲刺史。」

六月辛巳，改諡皇祖妣景安皇后曰景文皇后。

壬辰，詔曰：「梁孝元遭離多難，靈櫬播越，朕昔經北面，有異常倫，遣使迎接，以次近路。江寧既有舊塋，宜即安厝〔八〕，車旗禮章，悉用梁典，依魏葬漢獻帝故事。」甲午，追策故始興昭烈王妃曰孝妃。丁酉，以開府儀同

三司徐度為侍中、中軍將軍〔76〕。辛丑,國哀周忌,上臨于太極前殿,百僚陪哭,赦京師殊死已下。

是月,葬梁元帝於江寧。

【校證】

〔八〕江寧既有舊塋,宜即安小

安小,宋浙本、三朝本、南監本、北監本、汲古本並作「安卜」。

按「宜即安卜」,謂宜即妥擇墓穴,予以安葬也。「安卜」,殿本譌作「安小」,當據各本改。

【注釋】

〔76〕中軍將軍:陳中軍將軍第二品,秩中二千石。

秋七月甲寅,詔曰:「朕以眇身,屬當大寶,負荷至重,憂責實深。而庶績未康,胥怨猶結,佇咨賢良,發於夢想,每有一言入聽,片善可求,何嘗不褒獎抽揚,緘書紳帶?而傅巖虛往〔77〕,窮谷尚淹〔78〕,蒲幣空陳〔79〕,旌弓不至。豈當有乖則哲,使草澤遺才?將時運澆流,今不逮古?側食長懷,寢興增嘆!新安太守陸山才有啟,薦梁前征西從事中郎蕭策,梁前尚書中兵郎王暹,並世冑清華,羽儀著族,或文史足用,或孝德可稱,並宜登之朝序,擢以不次。王公已下,其各進舉賢良,申薦淪屈,庶眾才必萃,大廈可成,使〈棫樸〉載歌〔80〕,〈由庚〉在詠〔81〕。」

【注釋】

〔77〕傅巖虛往:《史記・殷本紀》:「帝武丁即位,思復興殷,而未得其佐。夜夢得聖人,名曰說。以夢所見視羣臣百吏,皆非也。於是迺使百工營求之野,得說於傅巖中(今山西平陸縣東二十五里),是時說築於傅巖。見於武丁,武丁曰:『是也。』得而與之語,果聖人,舉以為相,殷國大治。」

〔78〕窮谷尚淹:謂隱遁幽谷之賢人,尚滯留而未出也。

〔79〕蒲幣空陳:蒲幣,謂蒲輪安車與束帛也。《漢書・武帝紀》:「遣使者,安車蒲輪,束帛加璧,徵魯申公。」

〔80〕〈棫樸〉載歌:〈棫樸〉,《詩・大雅・文王之什》篇名,詠文王能官人,轉以喻賢才之眾多。〈棫樸〉曰:「芃芃棫樸,薪之槱之。」毛《傳》:「山木茂盛,萬民得而薪之;賢人眾多,國家得用蕃興。」

〔81〕〈由庚〉在詠:〈由庚〉,《詩・小雅・南有嘉魚之什》篇名。〈由庚序〉:「由

庚，萬物得由其道也。」

乙卯，詔曰：「自頃喪亂，編戶播遷，言念餘黎，良可哀惕。其亡鄉失土，逐食流移者，今年內隨其適樂，來歲不問僑舊，悉令著籍，同土斷之例〔82〕。」

丙辰，立皇子伯山為鄱陽王。

【注釋】

〔82〕同土斷之例：《晉書·范甯傳》：「昔中原喪亂，流寓江左，庶有旋反之期，故許其挾注本郡。自爾漸久，人安其業，丘壟墳柏，皆已成行，雖無本邦之名，而有安土之實，今宜正其封疆，以土斷人戶，明考課之科，修閭伍之法。」土斷，謂以土地定戶籍，使民安其居也。

八月庚辰，老人星見。

壬午，詔曰：「菽粟之貴，重於珠玉。自頃寇戎，游手者眾，民失分地之業，士有佩犢之譏〔83〕。朕哀矜黔庶，念康弊俗，思俾阻饑，方存富教。麥之為用，要切斯甚！今九秋在節，萬實可收，其班宣遠近，竝令播種。守宰親臨勸課，務使及時。其有尤貧，量給種子。」

【注釋】

〔83〕士有佩犢之譏：佩犢，謂解所佩刀劍以易牛犢，操田畜之事也。《漢書·循吏·龔遂傳》：「民有帶持刀劍者，使賣劍買牛，賣刀買犢，曰：『何為帶牛佩犢？』春夏不得趨田畝，秋冬課收斂，益畜果實菱芡。勞來循行，郡中皆有畜積。」

癸未，世祖臨景陽殿聽訟。

戊子，詔曰：「汙罇土鼓〔84〕，誠則難追，畫卯彫薪，或可易革〔九〕。梁氏末運，奢麗已甚，蕥蒏厭於胥史，歌鍾列於管庫，牛木被朱丹之采，車馬飾金玉之珍，逐欲澆流，遷訛遂遠。朕自諸生，頗為內足，而家敦朴素，室靡浮華，觀覽時俗，常所扼腕〔85〕！今妄假時乘〔86〕，臨馭區極，屬當淪季，思聞治道，菲食卑宮〔87〕，自安儉陋，俾茲薄俗，獲反淳風。維雕鏤淫飾，非兵器及國容所須，金銀珠玉，衣服雜玩，悉皆禁斷。」

【校證】

〔九〕畫卯雕薪，或可易革

畫卯，三朝本、南監本、汲古本同。宋浙本作「畫夘」、北監本作「畫卵」。
按李存義〈役謠〉：「五更飯罷走畫卯，水潦載道歸來哺。」「畫卯」，謂官
署卯刻始事，吏役皆須按期赴署報到，候本官點驗也。此處「畫卯雕薪」
之「畫卯」，非取此爲義。畫卯之「卯」，宋浙本作「夘」，北監本作「卵」，
「夘」、「卵」皆是「卵」字之誤。梁宗懍《荊楚歲時記》云：「古之豪家，
食稱畫卵，今代猶染藍茜雜色，仍加雕鏤，遞相餉遺。」東魏楊衒之《洛
陽伽藍記》亦云：「河間王琛語人云：『晉室石崇，乃是庶姓，猶能雉頭、
狐腋、畫卵、雕薪，況我大魏天王，不爲華侈。』」是知畫卵雕薪之「卵」，
本字當作「卵」。宋浙本作「夘」，北監本作「卵」，竝爲「卵」字之譌。南
監本作「卯」，蓋當時校書者不識宋浙本作「畫夘」爲何義？又睹「夘」與
「卯」形近，遂臆改作「卯」，後之北監本、汲古本、殿本悉從南監本所從
出，亦沿其譌作「夘」、作「卵」，實非是，當據《洛陽伽藍記》改。

【注釋】

〔84〕汙罇土鼓：《禮記·禮運》：「夫禮之初，始諸飲食，其燔黍捭豚，汙尊而杯飲，
　　　蕢桴而土鼓，猶若可以致其敬於鬼神。」鄭注：「汙尊，鑿地爲尊也。土鼓，
　　　築土爲鼓也。」

〔85〕扼腕：《戰國策·燕策》：「樊於期偏袒扼腕而進曰：『此臣日夜切齒拊心也』。」
　　　高誘注：「勇者奮厲，必以左手扼右腕也。」

〔86〕妄假時乘：時乘，喻君王之得位也。《易·乾卦》：「時乘六龍以御天。」

〔87〕菲食卑宮：謂人君自奉儉約而勤於民事也。《論語·泰伯》：「禹菲飲食而致孝
　　　乎鬼神，卑宮室而盡力乎溝洫。」

　　甲午，周將賀若敦率馬步一萬，奄至武陵〔88〕，武州刺史吳明徹不能拒，
引軍還巴陵〔89〕。

　　丁酉，上幸正陽堂閱武。

【注釋】

〔88〕周將賀若敦率馬步一萬奄至武陵：《周書·賀若敦傳》：「自江陵平後，巴、湘
　　　之地並內屬。每遣梁人守之。至是，陳將侯瑱、侯安都等圍逼湘州，遏絕糧
　　　援，（明帝）乃令敦率步騎六千度江赴救。」

〔89〕巴陵：《隋書·地理志》：「巴陵郡巴陵縣，舊置巴陵郡。」故治即今湖南岳陽
　　　縣治。

九月癸丑，彗星見。乙卯，周將獨孤盛領水軍將趣巴、湘，與賀若敦水陸俱進。太尉侯瑱自尋陽往禦之。辛酉，遣儀同徐度率眾會瑱于巴丘。丙子，太白晝見。丁丑，詔侯瑱眾軍進討巴、湘。

十月癸巳，侯瑱襲破獨孤盛於楊葉洲〔90〕，盡獲其船艦，盛收兵登岸，築城以保之。丁酉，詔司空侯安都率眾會侯瑱南討。

【注釋】

〔90〕楊葉洲：《讀史方輿紀要》卷七十六〈武昌府・武昌縣〉：「楊葉洲，在（湖北武昌）縣東。」

十二月乙未，詔曰：「古者春夏二氣，不決重罪。蓋以陽和布澤，天秩是弘，寬網省刑〔一○〕，義符含育，前王所以則天象地，立法垂訓者也。朕屬當澆季，思求民瘼，哀矜惻隱，念甚納隍〔91〕，常欲式遵舊軌，用長風化。自今孟春訖于夏首，罪人大辟〔92〕事已款者〔93〕，宜且申停。」

【校證】

〔一○〕寬網省刑，義符含育

省刑，三朝本、南監本、北監本、汲古本同。宋浙本作「眘刑」。

按「眘」爲古愼字（見《說文・心部》）。宋孝宗諱愼，宋浙本避諱作「寬網眘（愼）刑」，義甚明暢，原無不妥。元、明修補是書者，不識「眘」爲古愼字，誤改「眘」爲「省」，後之汲古本、殿本亦同作「省」，義雖可通，然究非宋本原文之舊，此當據宋浙本回改作「眘」（愼）爲是。

【注釋】

〔91〕念甚納隍：隍，城下溝也。《文選》張衡〈東京賦〉：「人或不得其所，若己納之於隍。」李善注：「《孟子》曰：『伊尹思天下之民，匹夫匹婦不得被堯舜之澤者，若己推而納之於溝中也。』」

〔92〕大辟：《尚書・呂刑》：「大辟疑赦，其罰千鍰。」孔安國《傳》：「大辟，死刑也。」

〔93〕事已款者：款，謂罪人自輸情實服罪。

己亥，周巴陵城主尉遲憲降，遣巴州〔94〕刺史侯安都守之〔一一〕。庚子，獨孤盛將餘眾自楊葉洲潛遁。

【校證】

〔一一〕遣巴州刺史侯安都守之

　　　　侯安都，宋浙本、三朝本、南監本、北監本、汲古本竝作「侯安鼎」。

　　　　按殿本作「侯安都」，當是「侯安鼎」之誤。是時候安都爲司空、南徐州刺
　　　　史，而非巴州刺史，則此云爲巴州刺史者，當是「侯安鼎」，而非「侯安都」
　　　　可知。《通鑑》卷一六八〈陳紀二〉正作「侯安鼎」，不誤，當據改。

【注釋】

〔94〕巴州：《隋書‧地理志》：「巴陵郡，梁置巴州。」故治即今湖南岳陽縣治。

二年（辛巳、五六一）

　　春正月庚戌，大赦天下。以雲麾將軍〔95〕、晉陵太守杜稜爲侍中、領軍將
軍。辛亥，以始興王伯茂爲宣惠將軍〔96〕、揚州刺史。乙卯，合州刺史裴景
徽〔一二〕奔于齊〔97〕。辛未，周湘州城主殷亮降，湘州平。

【校證】

〔一二〕合州刺史裴景徽

　　　　裴景徽，宋浙本、三朝本、南監本、汲古本、《通鑑》卷一六八〈陳紀二〉
　　　　同。

　　　　按《北齊書》、《南史‧王琳傳》竝作「裴景暉」。

【注釋】

〔95〕雲麾將軍：陳雲麾將軍第四品，秩中二千石。

〔96〕宣惠將軍：陳宣惠將軍第四品，秩中二千石。

〔97〕合州刺史裴景徽奔於齊：按《北齊書‧王琳傳》云：「琳尋與莊同降鄴都。孝
　　　昭帝遣琳出合肥，鳩集義故，更圖進取。琳乃繕艦，分遣招募，淮南傖楚，
　　　皆願戮力。陳合州刺史裴景暉，琳兄珉之婿也，請以私屬導引齊師。孝昭委
　　　琳與行臺左丞盧潛率兵應赴，沉吟不決，景暉懼事泄，挺身歸齊。」

　　二月丙戌，以太尉侯瑱爲車騎將軍、湘州刺史。庚寅，曲赦湘州諸郡。

　　三月乙卯，太尉、車騎將軍、湘州刺史侯瑱薨〔一三〕。丁丑〔一四〕，以鎮東
將軍、會稽太守徐度爲鎮南將軍、湘州刺史。

【校證】

〔一三〕三月乙卯，太尉、車騎將軍、湘州刺史侯瑱薨。

　　　　三月，北監本、汲古本、《南史‧陳文帝紀》同。宋浙本、三朝本、南監本

作「二月」。

按卷九〈侯瑱傳〉云：「三月，於道薨。」則此自以作「三月」者是。

〔一四〕三月乙卯……丁丑，以鎮東將軍、會稽太守徐度為鎮南將軍、湘州刺史

丁丑，宋浙本、三朝本、南監本、北監本、汲古本同。

按是年三月丁未朔，乙卯為三月初九。乙卯後二十二日之丁丑，已是四月
二日，則此「丁丑」繫於「三月」下有誤。疑「丁丑」以下二十字，當下
移繫於「夏四月」三字下為是。

夏四月，分荊州之南平、宜都〔98〕、羅〔99〕、河東〔100〕四郡，置南荊州，
鎮河東郡。以安西將軍、武州刺史吳明徹為南荊州刺史。庚寅，以安左將軍
魯悉達為安南將軍、吳州刺史。辛卯，老人星見。

【注釋】

〔98〕宜都：郡名。《宋書·州郡志》：「習鑿齒云：『魏武平荊州，分南郡枝江以西
為臨江郡。』建安十五年，劉備改為宜都。」故治在今湖北宜都縣西北。

〔99〕羅：郡名。《左傳·桓公十二年》：「伐絞之役，楚師分涉於彭，羅人欲伐之。」
杜注：「羅，熊姓國，在宜城縣（今湖北自忠縣）西山中。後徙南郡枝江縣。」
《漢書·地理志上》：「南郡枝江，故羅國。」又〈地理志下〉：「長沙國羅（縣）」
師古注：「應劭曰：『楚文王徙羅子自枝江居此。』」《讀史方輿紀要》卷八
十〈湖廣·長沙府·湘陰縣〉：「羅縣城，縣東北六十里，春秋時羅國地，
秦置縣，屬長沙郡。梁置羅州，陳罷為羅郡。」

〔100〕河東：郡名，《宋書·州郡志》：「河東郡，東晉成帝咸康三年立。」故治即
今湖北松滋縣治。

秋七月丙午，周將賀若敦自拔遁歸，人畜死者十七八。武陵、天門、南
平、義陽、河東、宜都郡悉平。

九月甲寅，詔曰：「姬業方闡，望載渭濱〔101〕；漢歷既融，道通圯上〔102〕。
若乃摛精辰宿，降靈惟岳，風雲有感，夢寐是求，斯固舟楫鹽梅，遞相表裏
〔103〕。長世建國，罔或不然。至於銘德太常，從祀清廟，以貽厥後來，垂諸
不朽者也。前皇經濟區宇，裁成品物，靈貺式甄〔104〕，光膺寶命，雖曁明濬
發，幽顯恊從，亦文武賢能，翼宣王業。故大司馬、驃騎大將軍瑱，故司空
文育，故平北將軍、開府儀同三司僧明，故中護軍〔105〕穎，故領軍將軍擬，
或締構艱難，經綸夷險；或摧鋒冒刃，殉義遺生；或宣哲恊規，綢繆帷幄；

或披荊汗馬〔106〕，終始勤劬；莫不罄誠悉力，屯泰以之〔107〕。朕以寡昧，嗣膺丕緒，永言勳烈，思弘典訓，便可式遵故實，載揚盛軌，可竝配食高祖廟庭〔108〕，俾茲大猷，永傳宗祐。」

【注釋】

〔101〕姬業方闡，望載渭濱：《史記・齊世家》：「太公望呂尚，嘗窮困，年老矣，以魚釣奸周西伯。西伯將出獵，卜之，曰：『所獲非龍非彲，非虎非羆，所獲霸王之輔。』於是西伯獵，果遇太公於渭之陽。與語，大悅，載與俱歸，立爲師。」

〔102〕漢歷既融，道通圯上：《史記・留侯世家》：「良與客狙擊秦皇帝博浪沙中，誤中副車。秦皇帝大怒，大索天下。良乃亡匿下邳。嘗從容步遊下邳圯上。有一老父，至良所，直墮其履圯下，顧謂良曰：『孺子，下取履！』良彊忍，下取履。父曰：『履我！』因長跪履之，父以足受，笑而去，良殊大驚，隨目之。父去里所，復還，曰：『孺子可教矣，後五日平明，與我會之。』……後出一編書，曰：『讀此則爲王者師。』」

〔103〕舟楫鹽梅，遞相表裏：《尚書・說命》：「爰立（傅說）作相。命之曰：『若濟巨川，用汝作舟楫。』又曰：『若作和羹，爾帷鹽梅。』」此殷高宗命傅說作相之辭。舟楫用以濟，喻賴輔臣以匡濟艱難也。鹽味鹹，梅味酸，調羹所需者，因以喻宰輔爲國家極需之人。

〔104〕靈貺式甄：《文選》范曄〈後漢書光武帝贊〉：「世祖誕命，靈貺自甄。」李周翰注：「言光武大受寶命，神靈賜福而自成也。」

〔105〕中護軍：《宋書・百官志》：「領軍將軍一人，掌內軍；護軍將軍一人，掌外軍。護軍將軍資輕者爲中護軍。」《隋書・百官志上》：「陳中護軍品第三，秩中二千石。」

〔106〕披荊汗馬：《後漢書・馮異傳》：「爲吾披荊棘，定關中。」李賢注：「荊棘，榛梗之謂，以喻紛亂。」汗馬，戰時馬疾馳而汗出，因謂有戰功曰汗馬。《北史・宇文貴傳》：「男兒當提劍汗馬以取公侯，何能爲博士也！」

〔107〕屯泰以之：屯泰，《易》卦名。〈屯〉，其卦以震遇坎，乾坤始交而遇險陷，故其名爲屯，以喻艱險也。〈泰〉，天地交而二氣通，故爲泰，以喻安夷。

〔108〕配食高祖廟庭：《通典》卷五十〈功臣配享〉：「凡有功者，銘書于王之太常，祭於大蒸……使功臣配食於蒸祭，所以尊崇其德，明其勳，以勸嗣臣也。」

丙辰，以侍中、中權將軍、特進、左光祿大夫、開府儀同三司王沖爲丹

陽尹；丹陽尹沈君理爲左民尚書〔109〕，領步兵校尉。

【注釋】

〔109〕左民尚書：魏置，領工役。梁、陳兼掌戶籍（見《通典》卷二十三〈戶部書〉）。陳左民尚書第三品，秩中二千石（見《隋書·百官志上》）。

　　冬十月乙巳〔一五〕，霍州〔110〕西山蠻率部落內屬。

【校證】

〔一五〕冬十月乙巳，霍州西山蠻率部內附

　　　　十月乙巳，宋浙本、三朝本、南監本、北監本、汲古本同。《南史·陳文帝紀》作「十月癸丑」。

　　　　按是年十月癸酉朔，癸酉後三十二日爲「乙巳」，後四十日爲「癸丑」。癸酉爲十月初一，癸酉後三十二日之「乙巳」，後四十日之「癸丑」，非「十月乙巳」，非「十月癸丑」可知。則此各本《陳書》作「十月乙巳」，《南史》作「十月癸丑」者，竝有誤。

【注釋】

〔110〕霍州：《隋書·地理志》：「廬江郡霍山縣，梁置霍州。」故治在今安徽霍山縣東。

　　十一月乙卯，高麗國〔111〕遣使獻方物。

【注釋】

〔111〕高麗國：《梁書·諸夷傳》：「其國，漢之玄菟郡也。在遼東之東（在今北韓）。晉安帝義熙中，始奉表通貢職，歷宋、齊，累遣使貢獻。」

　　甲子，以武昌〔112〕、國川爲竟陵郡，以安流民。

【注釋】

〔112〕武昌：《宋書·州郡志》：「魏文帝黃初三年，孫權改鄂爲武昌。」故治即今湖北武昌縣治。

　　十二月辛巳，以安東將軍、吳郡太守孫瑒爲中護軍。甲申，立始興國廟於京師，用王者之禮。太子中庶子〔113〕虞荔、御史中丞〔114〕孔奐以國用不足，奏立煮海鹽賦及榷酤之科〔115〕。詔竝施行。

先是，縉州刺史留異應于王琳等反。丙戌，詔司空侯安都率眾討之。

【注釋】

〔113〕太子中庶子：《通典》卷三十〈東宮官・太子庶子〉：「晉中庶子、庶子各四員，職比侍中、散騎常侍，皆以俊茂者爲之，或以郡守參選。」《隋書・百官志》：「陳制：太子中庶子品第四，秩二千石。」

〔114〕御史中丞：《隋書・百官志上》：「梁御史臺置御史中丞一人，掌督司百僚。陳御史中丞品第三，秩二千石。」

〔115〕以國用不足，奏立煮海鹽賦及榷酤之科：《通鑑》卷一六八〈陳紀二〉胡三省注：「吳王濞煮海爲鹽，今淮鹽也。至此，則東南瀕海煮鹽之地，皆歸於管榷矣。」

三年（壬午、五六二）

春正月庚戌，設帷宮於南郊，幣告胡公以配天〔116〕。辛亥，輿駕親祀南郊。詔曰：「朕負荷寶圖，亟回星琯，兢兢業業，庶幾治定，而德化不孚，俗弊滋甚，永言念之，無忘日夜。陽和布氣，昭事上玄，躬奉牲玉，誠兼饗敬，思與黎元，被斯寬惠，可普賜民爵一級，其孝悌力田，別加一等。」辛酉，輿駕親祀北郊。

【注釋】

〔116〕幣告胡公以配天：祭天而以先祖配之，謂之配天。《孝經・聖治章》：「昔者周公郊祀后稷以配天。」《通志・氏族略》〈以國爲氏〉云：「周武王克商，力求舜後，以備三恪，得胡公滿，封之陳，以奉舜祀，子孫以國爲姓。」是胡公爲陳姓之始祖，故郊祀以胡公配天也。

閏二月己酉，以百齊王餘明為撫東大將軍〔117〕，高句驪王高湯為寧東將軍〔118〕。

【注釋】

〔117〕以百濟餘明爲撫東大將軍：按《梁書・諸夷傳》：其國本與句驪在遼東之東，晉世，句驪既略有遼東，百濟亦據有遼西、晉平二郡地，自置百濟郡。晉義熙中，遣獻生口。普通二年，梁武帝以百濟王守藩海外，遠修貢職，嘉其誠款，詔封其王餘隆爲寧東大將軍。至是，陳亦以其王爲撫東大將軍。

〔118〕高句驪王高湯爲寧東將軍：按《梁書・諸夷傳》：其國在遼東之東。梁普通

元年，梁武帝詔封其王爲寧東將軍。至是。陳文帝亦以其王爲寧東將軍。

江州刺史周迪舉兵應留異襲湓城，攻豫章郡，竝不剋。辛亥，以南荊州刺史吳明徹爲安右將軍。甲子，改鑄五銖錢。

三月丙子，安成王頊至自周〔119〕，詔授侍中、中書監、中衛將軍，置佐史〔120〕。丁丑，以安右將軍吳明徹爲安南將軍、江州刺史，督眾軍南討。甲申，大赦天下。庚寅，司空侯安都破留異於桃支嶺〔121〕，異脫身奔晉安〔122〕，東陽郡平。

【注釋】

〔119〕安成王頊至自周：卷二十九〈毛喜傳〉云：「高祖鎮京口，命喜與高宗（安成王頊）往江陵同謁梁元帝。及江陵陷，喜及高宗俱遷關右。世祖即位，喜自周還，進和好之策。朝廷乃遣周弘正等通聘。」《通鑑》卷一六八〈陳紀二〉云：「天嘉二年十一月，周人許歸安成王頊，使司會上士杜杲來聘。三年春正月丁未，周人以安成王爲柱國大將軍。遣杜杲送之南歸。」

〔120〕詔授侍中、中書監、中衛將軍，置佐史：卷二十八〈始興王伯茂傳〉云：「舊制：諸王受封，未加戎號者，不置佐史。」《隋書・百官志上》：「陳制：親王起家則爲侍中。若加將軍，方得有佐史。」又曰：「陳制：中衛將軍，擬官品第二，秩中二千石。」

〔121〕桃支嶺：亦作「桃枝嶺」。《讀史方輿紀要》卷九十四〈處州府・縉雲縣〉：「馮公嶺，在（浙江縉雲）縣西南三十里，崎嶇盤屈，長五十里，有桃花隘，爲絕險處，郡北之鎖鑰也。」《志》云：「桃花隘嵯峨險仄，勢接雲霄，周圍壘石三四里，容百千人，山麓去郡城不過二十里，亦曰桃花嶺，即古桃枝嶺。」

〔122〕晉安：郡名。《宋書・州郡志》：「晉太康三年，分建安立。」故治在今福建閩侯縣冶山之麓。

夏四月癸卯，曲赦東陽郡。乙巳，齊遣使來聘〔123〕。

【注釋】

〔123〕齊遣使來聘：按卷十四〈南康愍王曇朗傳〉：「紹泰二年，徐嗣徽、任約引齊寇攻逼京師，尋而請和，求高祖子姪爲質。高祖仍使曇朗爲質於齊。齊背約，復遣蕭軌等隨嗣徽渡江。高祖與戰，大破之，虜蕭軌等。齊人請割地并入馬牛以贖之。高祖不許。及軌等誅，齊人亦害曇朗於晉陽，是時，既與齊絕，

弗之知也。天嘉三年，齊人結好，方始知之。乃遣江德藻、劉師知迎曇朗喪柩。以三年春至都。」是天嘉二年，齊、陳始結好也，自是數年內，兩國聘使，往還頻仍。

六月丙辰以侍中、中衛將軍安成王頊為驃騎將軍、揚州刺史。以會稽、東陽、臨海、永嘉、新安、新寧、晉安、建安八郡置東揚州。以揚州刺史始興王伯茂為鎮東將軍〔124〕、東揚州刺史，征北將軍、司空、南徐州刺史侯安都為侍中、征北大將軍〔125〕。

【注釋】

〔124〕鎮東將軍：陳鎮東將軍第二品，秩中二千石。

〔125〕征北大將軍：陳征北將軍第二品，秩中二千石。加大，則進一階。

秋七月己丑，皇太子納妃王氏。在位文武賜帛各有差；孝悌力田為父後者賜爵二級。

九月戊辰朔，日有食之。以侍中、都官尚書〔126〕到仲舉為尚書右僕射〔127〕、丹陽尹。丁亥，周迪請降，詔安成王頊督眾軍以招納之。

是歲，周所立梁王蕭詧死，子巋代立〔128〕。

【注釋】

〔126〕都官尚書：隋、唐謂之刑部尚書。《通典》卷二十三〈職官五‧刑部尚書〉：「魏青龍二年，置尚書都官郎，宋又置都官尚書，主軍事、刑獄，領都官、水部、庫部、功論四曹。」《隋書‧百官志上》：「陳制：都官尚書品第三，秩中二千石。」

〔127〕尚書右僕射：《隋書‧百官志上》：「尚書省置令，左右僕射各一人。掌出納王命，敷奏萬機。令總統之。令闕，則左右僕射為主。陳左右僕射品並第二，秩中二千石。

〔128〕周所立梁王蕭詧死，子巋代立：《周書》卷四十八〈蕭詧傳〉：「蕭詧，昭明太子之第三子。中大通三年，封岳陽郡王。太清二年，為雍州刺史。及湘東王殺其兄湘州刺史河東王譽，詧因與江陵構隙，恐湘東襲之，（西魏文帝）大統五年，乃遣使稱藩，請為附庸。魏恭帝元年，太祖（宇文泰）令柱國于謹伐江陵，詧以兵會之。及江陵平，太祖立詧為梁主，居江陵東城，資以江陵一州之地。詧乃稱皇帝於其國，年號大定，在位八年薨。蕭巋，詧第三子。

在位初，屢爲陳所敗，失江南諸郡地。」

四年（癸未、五六三）

　　春正月丙子，干陁利國〔129〕遣使獻方物。甲申，周迪棄城走，閩州〔130〕刺史陳寶應納之，臨川郡平。壬辰，以平西將軍、郢州刺史章昭達爲護軍將軍，仁武將軍、新州刺史華皎進號平南將軍，鎮南將軍、開府儀同三司、高州刺史黃法氍爲鎮北大將軍〔131〕、南徐州刺史，安西將軍。領臨川太守周敷爲南豫州刺史，中護軍孫瑒爲鎮右將軍。罷高州隸入江州。

【注釋】

〔129〕干陁利國：《梁書・諸夷傳》：「干陁利國，在南海洲上。其俗與扶南林邑略同。出斑布、檳榔特精好，爲諸國之冠。梁武帝世，數遣使奉表通貢職。」

〔130〕閩州：《隋書・地理志》：「建安郡，陳置閩州。」故治即今福建建甌縣治。

〔131〕鎮北大將軍：陳鎮南、鎮北將軍第二品，秩中二千石。加大，則進一階。

　　二月戊戌，征南將軍、開府儀同三司、廣州刺史歐陽頠進號征南大將軍。庚戌，以侍中、司空、征北大將軍、侯安都爲征南大將軍、江州刺史。庚申，以平南將軍華皎爲南〔一六〕湘州刺史。

【校證】

〔一六〕以平南將軍華皎爲南湘州刺史

　　　　南湘州刺史，宋浙本、三朝本、南監本、北監本、汲古本同。

　　　　按梁、陳二代未曾置南湘州。南湘州一名，本書亦僅此一見，卷四〈廢帝紀〉及卷二十本傳俱云皎爲「平南將軍、湘州刺史」。明此作「南湘州刺史」者，「湘州」上衍一「南」字，當據〈廢帝紀〉及本傳刪。

　　三月辛未，以鎮南將軍、開府儀同三司徐度爲侍中、中軍大將軍〔132〕。辛巳，詔贈討周迪將士死王事者。

【注釋】

〔132〕中軍大將軍：陳鎮南將軍第二品，中軍大將軍第一品。

　　夏四月辛丑，設無导大會於太極前殿。乙卯，以侍中、中書監、中衛將軍、驃騎將軍、揚州刺史安成王頊爲開府儀同三司。

　　五月丁卯，安前將軍、右光祿大夫徐世譜卒。

　　六月癸巳，太白晝見。司空侯安都賜死〔133〕。

【注釋】

〔133〕司空侯安都賜死：卷八〈侯安都傳〉：「自王琳平後，安都勳庸轉大，又自以
　　　　功安社稷，漸用驕矜，數招聚文武之士，齋內動至千人。部下將帥，多不遵
　　　　法度，檢問收攝，則奔歸安都。世祖性嚴察，深銜之。安都弗之改，日益驕
　　　　橫。及侍讌酒酣，或箕踞傾倚。嘗陪樂遊禊飲，乃白帝曰：『何如作臨川王
　　　　時？』帝不應。安都再三言之，帝曰：『此雖天命，抑亦明公之力。』宴訖，
　　　　又啓便借供帳水飾，將載妻妾於御堂歡會，世祖雖許其請，甚不懌。明日，
　　　　安都坐於御坐，賓客居群臣位，稱觴上壽。初，重雲殿災，安都率將士帶甲
　　　　入殿，帝甚惡之，自是陰爲之備。頻遣臺使案問安都部下，檢括亡叛，安都
　　　　內不自安。三年冬，遣其別駕周弘實自託於舍人蔡景歷，并問省中事。景歷
　　　　錄其狀具奏之，希旨稱安都謀反。世祖慮其不受制，明年春，乃除安都爲都
　　　　督江吳二州諸軍事、征南大將軍、江州刺史。自京口還都，部伍入于石頭，
　　　　世祖引安都醼於嘉德殿，又集其部下將帥會于尙書朝堂，於坐收安都，囚于
　　　　嘉德西省，明日，於西省賜死，時年四十四。

　　七月丁丑，以鎮北大將軍、開府儀同三司、南徐州刺史黃法氍爲鎮南大
將軍、江州刺史。

　　九月壬戌，開府儀同三司、廣州刺史歐陽頠薨。癸亥，曲赦京師。辛未，
周迪復寇臨川，詔護軍章昭達率眾討之。

　　十一月辛酉，章昭達大破周迪，悉擒其黨與，迪脫身潛竄。

　　十二月丙申，大赦天下。詔護軍將軍章昭達進軍建安，以討陳寶應，信
威將軍、益州刺史〔134〕余孝頃督會稽、東陽、臨海、永嘉諸軍自東道會之。
癸丑，以前安南將軍、江州刺史吳明徹爲鎮前將軍〔135〕。

【注釋】

〔134〕益州刺史余孝頃：《通鑑》卷一六九〈陳紀三〉胡三省注：「梁元帝之世，益
　　　　州之地已入于周，陳命余孝頃遙領益州刺史耳。」

〔135〕以前安南將軍吳明徹爲鎮前將軍：陳安南將軍第三品；鎮前將軍第二品。

五年（甲申、五六四）

　　春正月庚辰，以吏部尚書、領右軍將軍袁樞爲丹陽尹。辛巳，輿駕親祀北郊。乙酉，江州溢城火，燒死者二百餘人。

　　三月丁丑，以征南大將軍、開府儀同三司、桂州刺史淳于量爲中撫軍大將軍[136]。壬午，詔以故護軍將軍周鐵虎配食高祖廟庭。

【注釋】

〔136〕以征南大將軍開府儀同三司淳于量爲中撫軍大將軍：陳制：四中（中軍、中撫、中衛、中權）將軍與四征（征東、征西、征南、征北）將軍爲第二品，秩中二千石。加大，則進一階。唯四中大將軍班位在四征大將軍上，故此云以「征南大將軍進爲中撫軍大將軍」。

　　夏四月庚子，周遣使來聘。
　　五月庚午，罷南丹陽郡[137]。
　　是月，周、齊並遣使來聘。

【注釋】

〔137〕南丹陽郡：《隋書・地理志》：「江寧，梁置丹陽郡及南丹陽郡。」南丹陽郡，故治在今安徽當塗縣北。

　　六月丁未夜，有白氣兩道，出于北斗東南，屬地。
　　秋七月丁丑，詔曰：「朕以寡昧，屬當負重，星籥亟改，晷旒弗曠，不能仰協璿衡[138]，用調玉燭[139]，傍慰蒼生，以安黔首。兵無寧歲，民乏有年，移風之道未弘，習俗之患猶在，致令甿多觸網，吏繁筆削[140]，獄犴滋章[141]，雖由物犯，囹圄淹滯，亦或有冤。念俾納隍，載勞負戾[一七]，加以膚湊[一八]不適，攝衛有虧，比獲微痊，思覃寬惠，可曲赦京師。」

【校證】

〔一七〕載勞負戾

　　戾，三朝本、南監本、北監本、汲古本同。宋浙本、《冊府》卷二〇八作「辰」。按作「辰」字是。《淮南子・氾論訓》：「周公繼文王之業，履天子之籍，聽天下之政，平夷狄之亂，誅管蔡之罪，負辰而朝諸侯。」高誘注：「負，背也。辰，戶牖之間，言南面也。」此處上文云：「朕以寡昧，屬當負重。」「負重」謂負天下之重任。此云：「載勞負辰。」「負辰」謂負辰南面而朝諸侯。南監本、汲古本、殿本「負辰」譌作「負戾」，當據宋浙本、《冊府》

二〇八改。

〔一八〕加以膚湊不適，攝衛有虧

　　　湊，宋浙本、南監本、北監本、汲古本同。《冊府》卷二〇八作「腠」。

　　　按「湊」，水上人所會也（見《説文·水部》）。「腠」，膚理也（見《集韻》）。

　　　「湊」、「腠」義各有別。「膚湊不適，攝衛有虧」之「湊」，本字自以從《冊

　　　府》卷二〇八作訓爲「膚理也」之「腠」爲是。各本誤作水部之「湊」，當

　　　據《冊府》二〇八改。

【注釋】

〔138〕仰恊璿衡：《尚書·舜典》：「在璿璣玉衡，以齊七政。」孔穎達《疏》：「璿，

　　　美玉也。璣衡俱以玉飾，璣爲轉運，衡爲橫蕭，運璣使動，以衡望之，是王

　　　者正天文之器，漢世以來謂之渾天儀是也。」

〔139〕用調玉燭：《爾雅·釋天》：「四氣和謂之玉燭。」梁昭明太子〈七契〉：「銅

　　　律應度，玉燭調和。」

〔140〕吏繁筆削：《文選》任昉〈王文憲集序〉：「畜筆削之刑，懷輕重之意。」張

　　　銑注：「筆削，謂遷易其文不定也。」

〔141〕獄犴滋章：獄犴，獄舍也。《後漢書·崔駰傳》：「所至之縣，獄犴填滿。」

　　　九月，城西城。

　　　冬十一月丁亥，以左衛將軍程靈洗爲中護軍。己丑，章昭達破陳寶應于
建安，擒寶應、留異，送京師，晉安郡平。甲辰，以護軍將軍章昭達爲鎮前
將軍、開府儀同三司。

　　　十二月甲子，曲赦建安、晉安二郡。討陳寶應將士死王事者，竝給棺槥
〔142〕，送還本鄉，并復其家。瘡痍未瘳者，給其醫藥。癸未，齊遣使來聘。

【注釋】

〔142〕竝給棺槥：《漢書·高帝紀下》：「八年冬十一月，令士卒從軍死者爲槥，歸

　　　其縣，縣給衣衾棺葬具。」顏師古注：「服虔曰：『槥音衛。』應劭曰：『小

　　　棺也。』」

六年（乙酉、五六五）

　　　春正月甲午，皇太子加元服〔143〕，王公以下賜帛各有差；孝悌力田爲父
後者賜爵一級；鰥寡孤獨不能自存者穀人五斛。庚戌，以領軍將軍杜稜爲翊

左將軍〔144〕、丹陽尹，丹陽尹袁樞為吏部尚書，衛尉卿〔145〕沈欽為中領軍〔146〕。

【注釋】

〔143〕正月甲午，皇太子加元服：元，首也。元服，謂冠也。《後漢書・禮儀志上》：「正月甲子若丙子爲吉日，可加元服。」《禮記・冠義》云：『冠者，禮之始也。凡人之所以爲人者，禮義也。禮義之始，在於正容體、齊顏色、順辭令、而後禮義備。以正君子、親父子、和長幼。故冠而後服備，服備而後容體正、顏色齊、辭令順。是故古者聖王重冠，所以爲國本也』」。

〔144〕翊左將軍：陳翊左將軍第三品，秩中二千石。

〔145〕衛尉卿：秦置，爲九卿之一（見《漢書，百官公卿表》）。梁天監七年，詔置十二卿，衛尉，其一也，位視侍中，掌宮門屯兵。陳衛尉卿品第三，秩中二千石（見《隋書・百官志上》）。

〔146〕領軍：《宋書・百官志》：「領軍將軍一人，掌內軍。領軍將軍資輕者爲中領軍。」《通典》卷二十八〈左右領軍衛〉：「梁領軍將軍管天下兵要，謂之禁司，與左右僕射爲一流。中領軍與吏部尚書爲一流。」《隋書・百官志》：「陳中領軍品第三，秩中二千石。」

三月乙未，詔侯景以來，遭亂移在建安、晉安、義安郡〔147〕者，竝許還本土；其被略爲奴婢者，釋爲良民。

【注釋】

〔147〕義安郡：《隋書・地理志》：「義安郡海陽縣，舊置義安郡。」故治即今廣東潮安縣治。

夏四月甲寅，以侍中、中書監、中衛將軍、驃騎將軍、開府儀同三司、揚州刺史安成王頊為司空。

辛酉〔一九〕，有彗星見。周遣使來聘。

【校證】

〔一九〕夏四月甲寅……辛酉，有彗星見

辛酉，宋浙本、三朝本、南監本、北監本、汲古本同。《南史・陳文帝紀》「辛酉」上有「六月」二字。

按「辛酉」上，當從《南史》有「六月」二字爲是。《隋書・天文志》云：「陳文帝天嘉六年六月辛酉，有彗星長可丈餘。」「辛酉」上正有「六月」

二字。各本竝脱，當據補。

秋七月癸未，大風至自西南，廣百餘步，激壞靈臺候樓。甲申，儀賢堂〔148〕無故自壞。丙戌，臨川太守駱文牙〔二〇〕斬周迪，傳首京師，梟於朱雀航〔149〕。丁酉，太白晝見。

【校證】

〔二〇〕臨川太守駱文牙斬周迪

　　　駱文牙，宋浙本、三朝本、南監本、北監本、汲古本同。

　　　按錢大昕《廿二史考異》云：「本傳及〈陳寶應傳〉但稱『駱牙』。」羅振
　　　玉《陳書斠議》：「玉案：〈周迪傳〉及《南史》亦然。」

【注釋】

〔148〕儀賢堂：《讀史方輿紀要》卷二十〈江寧府‧江寧縣〉：「儀賢堂，在宮城北
　　　華林園內，本名延賢堂。宋元嘉三年，帝臨延賢堂聽訟，自是每歲三訊皆於
　　　此堂，因名聽訟堂。梁天監七年，改名儀賢。」

〔149〕梟於朱雀航：按卷三十五〈周迪傳〉作「梟於朱雀觀。」唐許嵩《建安實錄》：
　　　「晉成帝咸康二年，新立朱雀航，對朱雀門，南渡淮水，亦名朱雀橋。《晉
　　　起居注》云：『謝安置重樓并二銅雀於橋上，以朱雀觀名之。』」

八月丁丑詔曰：「梁室多故，禍亂相尋，兵甲紛紜，十年不解，不逞之徒，虐流生氣；無賴之屬，暴及徂魂〔150〕。江左肇基，王者攸宅，金行水位之主，木運火德之君〔151〕，時更四代，歲逾二百。若其經綸三業〔二一〕，縉紳民望，忠臣孝子，何世無才〔二二〕，而零落山丘，變移陵谷，或〔二三〕皆剪伐，莫不侵殘。玉杯得於民間，漆簡傳於世載，無復五株之樹，罕見千年之表。自大祚光啟，恭惟揖讓，爰暨朕躬，聿脩祖武〔152〕。雖復旗旗服色〔153〕，猶行杞、宋之計〔二四〕，每車駕巡遊，眇瞻河、雒之路，故喬山之祀〔154〕，蘋藻弗虧〔155〕，驪山之墳〔156〕，松柏恆守。唯戚藩舊塋，士子故塋，掩殣未周，樵牧猶眾。或親屬流隸，負土無期，子孫冥滅，手植何寄？漢高留連於無忌，宋祖惆悵於子房，丘墓生哀，性靈共惻者也！朕所以興言永日，思慰幽泉，維前代王侯，自古忠烈，墳冢被發，絕無後者，可檢行脩治，墓中樹木，勿得樵採，庶幽顯咸暢，稱朕意焉。」己卯，立皇子伯固為新安郡王，伯恭為晉安王，伯仁為廬陵王，伯義為江夏王〔157〕。

【校證】

〔二一〕若其經綸三業

三業，宋浙本、三朝本、北監本、汲古本同。南監本、《冊府》卷一九一竝作「王業」。

按作「王業」是，各本譌作「三業」，當據南監本及《冊府》卷一九一改。

〔二二〕忠臣孝子，何世無才

才，宋浙本、三朝本、南監本、北監本、汲古本同。《冊府》卷一九一作「之」。

按《冊府》卷一九一作「何世無之」，於義較勝，當據改。

〔二三〕或皆剪伐，莫不侵殘

或，宋浙本、三朝本、南監本、北監本、汲古本同。《冊府》卷一九一作「咸」。

按《冊府》卷一九一作「咸」字是。「咸皆剪伐」，與下句「莫不侵殘」，正相對爲義。各本「咸」譌作「或」，當據《冊府》卷一九一改。

〔二四〕旍旗服色，猶行杞、宋之計

之計，宋浙本、北監本、汲古本同。南監本、《冊府》卷一九一竝作「之邦」。

按南監本及《冊府》卷一九一作「之邦」是，各本「邦」譌作「計」，當據南監本及《冊府》卷一九一改。

【注釋】

〔150〕徂魂：《史記・伯夷傳》：「吁嗟徂兮！」司馬貞《索隱》：「徂者，死也。」

〔151〕金行水位之主，木運火德之君：謂晉、宋、齊、梁之君也。《文選》劉峻〈辯命論〉：「金行不競。」李善注：「金行，謂晉也。」《南齊書・高帝紀》：「宋帝禪位，下詔曰：『昔金政（謂晉）既淪，水德（謂宋）締構』。」本書〈高祖紀・梁禪陳璽書〉云：「昔者木運（謂齊）斯盡，予高祖受焉。今歷去炎精，神歸樞紐，故敬以火德（謂梁），傳于爾陳。」

〔152〕聿脩祖武：聿脩，述治也。《詩・大雅・文王》：「無念爾祖，聿修厥德。」毛《傳》：「聿，述也。」又《大雅・下武》：「昭茲來許，繩其祖武。」毛《傳》：「武，迹也。」鄭《箋》：「戒愼其祖考所履踐之迹。」

〔153〕旍旗服色：《禮記・大傳》：「改正朔，易服色。」鄭玄注：「服色，車馬。」孔穎達《疏》：「服色，車馬也。謂夏尚黑，殷尚白，周尚赤，車之與馬，各用從尚之正色也。」

〔154〕喬山之祀：喬山亦作橋山，在陝西中部縣西北，上有黃帝冢。《史記・封禪書》：「漢武帝北巡朔方，還祭黃帝冢橋山。」

〔155〕蘋藻弗虧：蘋藻，可供食用之水草，古用以薦於鬼神。《左傳・隱公三年》：

「蘋、蘩、蘊藻之菜，筐、筥、錡、釜之器，潢、汙、行潦之水，可薦於鬼神。」

〔156〕驪山之墳：驪山，在陝西臨潼縣東南，秦始皇嘗作閣道至山，死即葬此。

〔157〕江夏：《隋書・地理志》：「江夏郡江夏縣，舊置江夏郡。」故治在今湖北武昌縣南。

九月癸未，罷豫章郡〔158〕。

是月，新作大航〔159〕。

【注釋】

〔158〕九月癸未，罷豫章郡：錢大昕《廿二史考異》卷二十七云：「此事疑有誤。宣帝子有豫章王叔英，可證豫章郡未嘗罷也。」

〔159〕大航：即朱雀航，在江寧縣南。舊時秦淮上自石頭至於方山，運瀆總二十四渡，皆浮航往來，謂之二十四航，惟以朱雀航最大，故亦名大航。《讀史方輿紀要》卷二十引《輿地志》云：「自石頭東至運瀆總二十四航，相傳晉咸康中所立，惟朱雀爲大航。」

冬十月辛亥，齊遣使來聘。

十二月乙卯，立皇子伯禮爲武陵王。丁巳，以鎮前將軍、開府儀同三司章昭達爲鎮南將軍、江州刺史，鎮南大將軍、江州刺史黃法𣰰爲中衛大將軍〔160〕，中護軍程靈洗爲宣毅將軍、郢州刺史，軍師將軍、郢州刺史沈恪爲中護軍，鎮東將軍、吳興太守吳明徹爲中領軍。戊午，以東中郎將、〔161〕吳郡太守鄱陽王伯山爲平北將軍、南徐州刺史。

【注釋】

〔160〕鎮南大將軍黃法𣰰爲中衛大將軍：陳八鎮將軍與四中將軍同擬官品第二，秩中二千石，加大，則同進一階。唯四中大將軍班位在八鎮大將軍上，故此云以「鎮南大將軍進爲中衛大將軍」。

〔161〕東中郎將：陳東中郎將第四品，秩中二千石。

癸亥，詔曰：「朕自居民牧之重，託在王公之上，顧其寡昧，鬱于治道。加以屢虧聽覽，事多壅積，冤滯靡申，幽枉弗鑒。念茲罪戾〔二五〕，有甚納隍。而惠澤未流，愆陽累月〔162〕，今歲序云暮，元正向肇〔163〕，欲使幽圄之內，

同被時和，可曲赦京師。」

【校證】

〔二五〕罪戾，三朝本、南監本、北監本、汲古本同。宋浙本、《冊府》卷二○八竝
　　　　作「罪隸」。

　　　　按作「罪隸」是。《左傳·莊公二十二年》：「免於罪戾，弛於負擔，君之惠
　　　　也。」「罪戾」，謂罪也。《周禮·秋官·司厲》：「其奴，男子入於罪隸，女
　　　　子入於舂槀。」鄭司農云：「謂坐爲盜賊而爲奴者，輸於罪隸、舂人、槀人
　　　　之官。」是「罪戾」與「罪隸」之義有別。此處下文云：「今歲序云暮，元
　　　　正向肇，欲使幽圄之內，同被時和，可曲赦京師。」所謂「曲赦京師」，指
　　　　曲赦京師幽圄內之罪奴而言，則此「念茲罪戾」之「戾」，自以作爲奴之入
　　　　於罪隸者之「隸」爲是。各本竝譌作「戾」，當據宋浙本及《冊府》卷二○
　　　　八改。

【注釋】

〔162〕愆陽累月：《左傳·昭公四年》：「冬無愆陽。」杜注：「愆，過也，謂冬溫也。」
〔163〕元正向肇：元正，元月一日也。肇，始也。

天康元年（丙戌、五六六）

　　春二月丙子，詔曰：「朕以寡德，纂承洪緒，日昃劬勞，思弘景業，而政
道多昧，黎庶未康，兼疹患淹時，愆陽累月，百姓何咎！寔由朕躬，念茲在
茲，痛如疾首！可大赦天下，改天嘉七年爲天康元年。」

　　三月己卯，以驃騎將軍、開府儀同三司、揚州刺史、司空安成王頊爲尚
書令。

　　夏四月乙卯，皇孫至澤生，在位文武賜絹帛各有差；爲父後者賜爵一級。

　　癸酉，世祖疾甚。是日，崩于有覺殿。遺詔曰：「朕疾苦彌留〔164〕，遂至
不救，脩短有命〔二六〕，夫復何言！但王業艱難，頻歲軍旅，生民多弊，無忘
愧惕。今方隅乃定，俗教未弘，便及大漸，以爲遺恨！社稷任重，太子可即
君臨，王侯將相，善相輔翊，內外恊和，勿違朕意。山陵務存儉速。大斂竟，
羣臣三日一臨，公除之制〔165〕，率依舊典。」

【校證】

〔二六〕脩短有命，夫復何言

　　　　脩，宋浙本、三朝本、南監本、北監本同。汲古本作「修」。

按《說文・肉部》：「脩，脯也。从肉攸聲。」〈彡部〉：「修，飾也。从彡攸聲。」〈足部〉：「脩，長也。从足攸聲。」「脩」、「修」、「脩」三字，音同義異。「脩短有命」之「脩」，本字當作訓爲長也「脩」爲是。其作「脩」、作「修」者，則竝爲「脩」之同音假借。

【注釋】

〔164〕疾苦彌留：《文選》王儉〈褚淵碑文〉：「景命不永，大漸彌留。」張銑注：「大漸彌留，謂病甚。」

〔165〕公除之制：《通鑑》卷一三七〈齊紀三〉云：「武帝永明八年九月，魏太皇太后馮氏殂。……王公皆詣闕上表，請時定兆域，及依漢魏故事，并太皇太后終制，既葬。公除。」胡三省注：「公除者，以天下爲公而除服也。」

六月甲子，羣臣上諡曰文皇帝，廟號世祖。丙寅，葬永寧陵〔166〕。

【注釋】

〔166〕永寧陵：《元和郡縣志》卷二十五〈潤州・上元縣〉：「文帝蒨永寧陵，在上元縣東北四十里蔣山東北。」

世祖起自艱難，知百姓疾苦。國家資用，務從儉約。常所調斂，事不獲已者，必咨嗟改色，若在諸身。主者奏決，妙識眞僞，下不容姦，人知自勵矣。一夜內刺閨〔167〕取外事分判者，前後相續。每雞人伺漏〔168〕，傳更籤〔169〕於殿中，乃敕送者必投籤於階石之上，令鏘然有聲，云「吾雖眠，亦令驚覺也」。始終梗槩，若此者多焉。

【注釋】

〔167〕刺閨：《通鑑》一六九〈陳紀三〉胡三省注：「以錐薾物曰刺；閨，宮中小門也。就閨中刺取外事，故曰刺閨。」

〔168〕雞人伺漏：雞人，周官名。《周禮・春官・雞人》：「大祭祀，夜嘑旦以嘂百官。」鄭玄注：「夜，夜漏未盡，雞鳴時也。呼旦，以警起百官，使夙興。」

〔169〕更籤：古夜間計時之具，又曰漏籤，更籌。

陳吏部尚書姚察曰：「世稱繼體守文〔170〕，宗枝承統〔171〕，得失之間，蓋亦詳矣！大抵以奉而勿墜爲賢能，撓而易之爲不肖，其有光揚前軌，克荷曾構，固以少焉。世祖自初發跡，功庸顯著，寧亂靜寇，首佐大業。及國禍奄

臻，入承寶祚，兢兢業業。眞若馭朽〔172〕。加以崇尚儒術，愛悅文義，見善如弗及，用人如由己，恭儉以御身，勤勞以濟物，自昔允文允武〔173〕之君，東征西怨之后〔174〕，賓實之迹，可爲聯類。至於杖聰明，用鑒識，斯則永平之政，前史其論諸。」

【注釋】

〔170〕繼體守文：《史記・外戚世家》：「自古受命帝王及繼體守文之君，非獨內德茂也，蓋亦有外戚之助焉。」司馬貞《索隱》：「繼體，謂非創業之主，而是嫡子繼先帝之正體而立者也。」《漢書・外戚傳序》：「繼體守文之君。」師古注：「守文，言遵成法不用武功也。」

〔171〕宗枝承統：宗枝，同宗之支屬也。此謂陳文帝以武帝姪子而承繼帝業。

〔172〕馭朽：《尙書・五子之歌》「予臨兆民，懍乎若朽索之馭六馬。」

〔173〕允文允武之君：《詩・魯頌・泮水》：「允文允武，昭假烈祖。」鄭《箋》：「僖公信文矣，爲修泮宮也；信武矣，爲伐淮夷也。」

〔174〕東征西怨之后：《孟子・梁惠王下》：「書曰：『湯一征，自葛始。』天下信之。『東面而征，西夷怨；南西而征，北狄怨。曰：奚爲後我？』民望之，若大旱之望雲霓也。」

陳書校注卷四

本紀第四

廢帝

廢帝，諱伯宗，字奉業，小字藥王，世祖嫡長子也。梁承聖三年五月庚寅生。永定二年二月戊辰，拜臨川王世子。三年，世祖嗣位，八月庚戌〔一〕，立爲皇太子。自梁室亂離，東宮焚燼，太子居于永福省。

【校證】

〔一〕八月庚戌，立爲皇太子

　　八月庚戌，宋浙本、三朝本、南監本、北監本、汲古本、《南史・陳廢帝紀》同。

　　按「八月庚戌」，卷三〈世祖紀〉作「九月辛酉」。

天康元年四月癸酉，世祖崩，其日，太子即皇帝位于太極前殿，詔曰：「上天降禍，大行皇帝奄棄萬國，攀號靡及，五內崩殞〔1〕。朕以寡德，嗣膺寶命，煢煢在疚〔2〕，懼甚綴旒，方賴宰輔，匡其不逮。可大赦天下。」又詔內外文武，各復其職，遠方悉停奔赴。

【注釋】

〔1〕五內崩殞：五內，五臟也。石崇〈王明君辭〉：「哀鬱傷五內，泣淚霑珠纓。」

〔2〕煢煢在疚：《漢書・匡衡傳》：「《詩》云：『煢煢在疚。』」師古注：「煢煢，憂貌。」

五月乙卯〔二〕，尊皇太后曰太皇太后，皇后曰皇太后。

【校證】

〔二〕五月乙卯，尊皇太后曰太皇太后

　　乙卯，宋浙本、三朝本、南監本、北監本、汲古本同。《南史・陳廢帝紀》作「己卯」。

按是年五月丁丑朔，丁丑後二日爲「己卯」，後三十九日爲「乙卯」，「乙卯」爲六月初十，已過五月。明此各本作「五月乙卯」者有誤，《南史・陳廢帝紀》作五月「己卯」不誤，當據改。

　　庚寅，以驃騎將軍、司空、揚州刺史、新除尚書令、安成王頊爲驃騎大將軍，進位司徒、錄尚書、都督中外諸軍事。丁酉，中軍大將軍、開府儀同三司徐度進位司空；鎮南將軍、開府儀同三司、江州刺史章昭達爲侍中，進號征南將軍；鎮東將軍、東揚州刺史、始興王伯茂進號征東將軍、開府儀同三司；平北將軍、南徐州刺史、鄱陽王伯山進號鎮北將軍；吏部尚書袁樞爲尚書左僕射；雲麾將軍、吳興太守沈欽爲尚書右僕射；新除中領軍吳明徹爲領軍將軍；新除中護軍沈恪爲護軍將軍；平南將軍、湘州刺史華皎進號安南將軍；散騎常侍、御史中丞徐度〔三〕爲吏部尚書。

【校證】

〔三〕御史中丞徐度爲吏部尚書

　　徐度，宋浙本、三朝本、南監本、北監本、汲古本並作「徐陵」。

　　按上文云「天康元年五月丁酉，徐度進位司空。」司空品第一，班位遠在「御史中丞」及「吏部尚書」上，則此云「遷吏部尚書」者，非徐度可知。考卷二十六〈徐陵傳〉，陵於天嘉六年除御史中丞，天康元年，遷吏部尚書。明此由「御史中丞」遷「吏部尚書」者，乃「徐陵」而非「徐度」，殿本「徐陵」誤作「徐度」，當據各本改。

　　六月辛亥，翊右將軍、右光祿大夫王通進號安右將軍〔3〕。

【注釋】

〔3〕翊右將軍進號安右將軍：陳翊右將軍與安右將軍同爲第三品，秩中二千石，唯安右班位在翊右上，故此云以「翊右將軍進號安右將軍」。

　　秋八月丁酉，立妃王氏爲皇后〔四〕。

【校證】

〔四〕六月辛亥，翊右將軍、右光祿大夫王通進號安右將軍。秋八月丁酉，立妃王氏爲皇后

　　秋八月，三朝本、南監本、北監本、汲古本同。此三字，宋浙本墨丁空格，

《南史·陳廢帝紀》、《通鑑》卷一六九〈陳紀三〉竝作「秋七月」。

按是年六月丙午朔，辛亥爲六月初六，辛亥後四十六日爲「七月丁酉」，至八月則無丁酉，明此南監本、汲古本、殿本作「秋八月丁酉」者有誤，《南史》及《通鑑》作「秋七月丁酉」，不誤。「秋七月」三字，宋浙本以墨丁空格代之，蓋南宋浙杭重刊是書時，所據之本有蝕損，當時校書者不能定其爲何字，乃愼以墨丁空格代之也。至元、明修補此書時，補版者既未能以曆步算宋本墨丁空格內之月份究屬何月？復不知據《南史·陳廢帝》或《通鑑·陳紀》以補正之，竟臆補以「秋八月」三字，實非是。後之南監本、北監本、汲古本及殿本竝由三朝本所從出，亦沿其譌作「秋八月丁酉」，俱與曆不合，此當據《南史·陳廢帝紀》與《通鑑》卷一六九改。

冬十月庚申，輿駕奉祠太廟。

十一月乙亥，周遣使來弔。

十二月甲子，高麗國遣使獻方物。

光大元年（丁亥、五六七）

春正月癸酉，尚書左僕射袁樞卒。

乙亥，詔曰：「昔昊天成命，降集寶圖，二后重光，九區咸乂。閔余沖薄，王道未昭，荷茲神器，如涉靈海，庶親賢竝建，牧伯惟良，天下雍熙〔4〕，緬同刑措〔5〕。今三元改曆，萬國充庭，清廟無追，具僚斯在，言瞻宁位，觸感崩心。思播遺恩，俾覃黎獻。可大赦天下。改天康二年爲光大元年。孝悌力田賜爵一級。」

【注釋】

〔4〕天下雍熙：雍熙，和樂貌。《三國志·魏書·高堂隆傳》：「至德雍熙，光於四海。」

〔5〕緬同刑措：《華嚴經音義·上》：「緬，思貌。」刑措，謂民不犯法，刑罰置而無所用也。《史記·周本紀》：「成康之際，天下安寧，刑措四十年不用。」

己卯，以領軍將軍吳明徹爲丹陽尹。辛卯，輿駕親祀南郊。

二月辛亥，宣毅將軍、南豫州刺史余孝頃謀反伏誅。癸丑，以征東將軍、開府儀同三司、東揚州刺史、始興王伯茂爲中衛大將軍〔五〕，開府儀同三司、黃法𣰽爲鎮北將軍、南徐州刺史，鎮北將軍、南徐州刺史鄱陽王伯山爲鎮東將軍、東揚州刺史。

【校證】

〔五〕以征東將軍、開府儀同三司、東揚州刺史始興王伯茂爲中衞大將軍

　　　征東將軍、中衞大將軍，宋浙本、南監本、北監本、汲古本同。

　　　按卷二十八〈始興王伯茂傳〉作「鎮東將軍」、「中衞將軍」。

　　三月甲午，以尚書右僕射沈欽爲侍中、尚書左僕射〔六〕。

【校證】

〔六〕三月甲午，以尚書右僕射沈欽爲侍中、尚書左僕射

　　　尚書左僕射，宋浙本、三朝本、南監本、北監本、汲古本同。

　　　按魏晉六朝之制，尚書省左右僕射省置無常，若左右僕射並闕，則置尚書
　　　僕射，若尚書僕射省，則又復置兩僕射。考此處上文云：「正月癸酉，尚書
　　　左僕射袁樞卒。」此云「以尚書右僕射沈欽爲尚書左僕射。」自是終廢帝
　　　之世，下迄宣帝太建元年，皆未言何人繼沈欽爲「尚書右僕射」。疑此期間
　　　內右僕射不置，左僕射亦省，但以沈欽爲尚書僕射也。故下卷〈宣帝紀〉
　　　云：「太建元年正月丁酉，尚書僕射沈欽爲尚書左僕射，度支尚書王勸爲尚
　　　書右僕射。」足證宣帝太建元年正月丁酉未復置左右兩僕射前，尚書省但
　　　以沈欽爲「尚書僕射」也。則此廢帝光大元年三月甲午「以尚書右僕射沈
　　　欽爲尚書左僕射」者，「尚書左僕射」乃「尚書僕射」之誤，《南史・陳廢
　　　帝紀》正作「尚書僕射」不誤。各本「僕射」上衍一「左」字，當據《南
　　　史・陳廢帝紀》刪。

　　夏四月乙卯，太白晝見。
　　五月癸巳，以領軍將軍、丹陽尹吳明徹爲安南將軍、湘州刺史。乙未，
以鎮右將軍杜稜爲領軍將軍。安南將軍、湘州刺史華皎謀反〔6〕。丙申，以中
撫大將軍淳于量爲使持節、征南大將軍，總率舟師以討之。

【注釋】

〔6〕湘州刺史華皎謀反：按尚書僕射到仲舉、中書舍人劉師知、右衞將軍韓子高
　　　及華皎等，並見寵任於文帝世。及廢帝即位，安成王頊入輔攬權，到、劉、
　　　韓等，或爲頊所黜，或爲頊所戮。華皎亦慮禍及己，因繕甲聚徒，撫循所部，
　　　潛結周兵，陰以自保。及詔以吳明徹代皎爲湘州刺史，皎遂稱兵反（事詳卷
　　　七〈世祖沈皇后傳〉、卷二十〈韓子高華皎傳〉）。

六月壬寅，以中軍大將軍、司空徐度進號車騎將軍，總督京邑眾軍，步道襲湘州。

閏月癸巳，以雲麾將軍、新安王伯固爲丹陽尹。

秋七月戊申，立皇子至澤爲皇太子，賜天下爲父後者爵一級，王公卿士已下賚帛各有差。

九月乙巳，詔曰：「逆賊華皎，極惡窮凶，遂樹立蕭巋，謀危社稷。棄親即讐，人神憤惋，王師電速〔七〕，水陸爭前，梟剪之期，匪朝伊暮。其家口在北里尚方，宜從誅戮，用明國憲。」

【校證】

〔七〕王師電速，水陸爭前

速，三朝本、南監本、北監本、汲古本同。宋浙本作「邁」。

按宋浙本作「邁」，於義較勝。疑思廉原文本作「邁」，至三朝本始因「邁」「速」二字形近而誤作「速」。後之汲古本、殿本自三朝本所從出，故亦沿其譌作「速」。此當據宋浙本回改作「邁」爲是。

丙辰，百濟國〔7〕遣使獻方物。

是月，周將長胡公拓跋定率步騎二萬入郢州，與華皎水陸俱進，都督淳于量、吳明徹等與戰，大破之。皎單舸奔江陵，擒拓跋定，俘獲萬餘人，馬四千餘匹，送京師。

冬十月辛巳，赦湘、巴二郡〔八〕爲皎所詿誤〔8〕者。甲申，輿駕親祀太廟。

【校證】

〔八〕赦湘、巴二郡爲皎所詿誤者

郡，宋浙本、三朝本、南監本、北監本、汲古本同。

按陳有湘州與巴州，而無湘郡與巴郡，明此各本作「湘、巴二郡」者，「郡」字乃「州」字之譌，《南史·陳廢帝紀》及《通鑑》卷一七〇〈陳紀四〉竝作「州」，不誤，當據改。

【注釋】

〔7〕百濟國：《梁書·諸夷傳》：「百濟，其國本與句驪在遼東之東，晉世句驪既略有遼東，百濟亦據有遼西、晉平二郡地，自置百濟郡。晉太元中、義熙中、宋元嘉中，並遣獻生口。梁中大通六年、大同七年，累遣使獻方物。」

〔8〕詿誤：《廣雅·釋詁二》：「詿，欺也。」《後漢書·光武帝紀》：「吏人爲隗囂

所註誤者，自殊死以下，皆赦除之。」

十一月己未，以護軍將軍沈恪爲平西將軍、荊州刺史。甲子，侍中、中權將軍、開府儀同三司、特進、左光祿大夫王沖薨。

十二月庚寅，以兼從事中郎孔英哲爲奉聖亭侯，奉孔子祀。

二年（戊子、五六八）

春正月己亥，侍中、都督中外諸軍事、驃騎大將軍、司徒、錄尚書、揚州刺史安成王頊進位太傅，領司徒，加殊禮，劍履上殿；侍中、征南將軍、開府儀同三司、江州刺史章昭達進號征南大將軍；淳于量爲侍中、中軍大將軍、開府儀同三司〔九〕；安南將軍、湘州刺史吳明徹即本號開府儀同三司，進號鎮南將軍〔一〇〕；雲麾將軍、郢州刺史程靈洗進號安西將軍。

【校證】

〔九〕侍中、征南將軍、開府儀同三司、江州刺史章昭達進號征南大將軍，淳于量爲侍中、中軍大將軍、開府儀同三司

淳于量爲侍中、中軍大將軍，北監本、汲古本同。宋浙本、三朝本、南監本「淳于量」上並有「中撫大將軍、新除征南大將軍」十二字。汲古本、殿本並脫此十二字。按以全書命官，必先列舊官名，次乃敘新除官名文例準之，此處「淳于量」上，應有「中撫軍大將軍、新除征南大將軍」十二字，當據宋浙本與南監本補。

〔一〇〕安南將軍、湘州刺史吳明徹即本號開府儀同三司，進號鎮南將軍

進號鎮南將軍，宋浙本、三朝本、南監本、北監本、汲古本同。

按吳明徹於宣帝太建元年正月丁酉，始由「安南將軍」進號「鎮南將軍」（見卷五〈宣帝紀〉），則前此吳明徹未嘗「進號鎮南將軍」可知。且既云「即本號（安南將軍）開府儀同三司」，則「開府儀同三司」下，不當復言「進號鎮南將軍」。此猶卷二〈高祖紀下〉「永定三年正月丁酉，鎮南將軍、廣州刺史歐陽頠即本號開府儀同三司」下，不再有「進號某某將軍」之例同。他如卷五〈宣帝紀〉「太建三年春正月壬午，中權將軍、護軍將軍、鄱陽王伯山即本號開府儀同三司。」及卷六〈後主紀〉「太建十四年九月丙寅，征南將軍、江州刺史豫章王叔英即本號開府儀同三司」下，並無「進號某某將軍」六字，明此「開府儀同三司」下，各本多「進號鎮南將軍」六字，非是。《南史・陳廢帝紀》「即本號開府儀同三司」下，正無此六字，當據刪。

庚子，詔討華皎軍人死王事者，竝給棺槥，送還本鄉，仍復其家。

甲子，罷吳州〔9〕，以鄱陽郡還屬江州。侍中、司空、車騎將軍徐度薨。

【注釋】

〔9〕罷吳州，以鄱陽郡還屬江州：錢大昕《廿二史考異》卷二十七曰：「按陳時有兩吳州，廢帝所廢之吳州治鄱陽，後主所置之吳州治吳郡。」

夏四月辛巳，太白晝見。丁亥，割東揚州晉安郡爲豐州。

五月丙辰，太傅安成王頊獻玉璽一。

六月丁卯，彗星見。

秋七月丙午，輿駕親祀太廟。戊申，新羅國〔10〕遣使獻方物。壬戌，立皇弟伯智爲永陽〔11〕王，伯謀爲桂陽王。

【注釋】

〔10〕新羅國：《梁書·諸夷傳》：「其國，在百濟東南五千餘里。其地東濱大海，南北與句驪、百濟接。其國小，不能自通聘使。無文字，刻木爲信，語言待百濟而後通焉。普通二年，王姓募名秦，始使使隨百濟奉獻方物。」

〔11〕永陽：《隋書·地理志》：「永陽，舊曰營陽，梁置永陽郡。」故治在今湖南道縣北。

九月甲辰，林邑國〔12〕遣使獻方物。丙午，狼牙脩國〔13〕遣使獻方物。以侍中、征南大將軍、開府儀同三司、江州刺史章昭達爲中撫大將軍。戊午，太白晝見。

【注釋】

〔12〕林邑國：《梁書·諸夷傳》：「本漢日南郡象林縣，古越裳之界也。其地出瑇瑁、貝齒、吉貝、沈木香。累遣使獻方物。」

〔13〕狼牙脩國：《梁書·諸夷傳》：「狼牙脩國，在南海中（暹羅西南、馬來亞北境），土氣物產，與扶南略同。」

冬十月庚午，輿駕親祀太廟。

十一月丙午，以前平西將軍、荊州刺史沈恪爲護軍將軍。壬子，以鎮北將軍、開府儀同三司、南徐州刺史黃法氍爲鎮西將軍、郢州刺史，新除中軍大將軍、開府儀同三司淳于量爲鎮北將軍、南徐州刺史。甲寅，慈訓太後集

羣臣於朝堂，令曰：

　　中軍儀同、鎮北儀同、鎮右將軍、護軍將軍、八座卿士〔14〕：昔梁運季末，海內沸騰，天下蒼生，殆無遺噍。高祖武皇帝撥亂反正，膺圖御籙〔15〕，重懸三象〔16〕，還補二儀；世祖文皇帝克嗣洪基，光宣寶業，惠養中國，綏寧外荒。竝戰戰兢兢，劬勞締構，庶幾鼎運，方隆殷、夏。

【注釋】

〔14〕八座卿士：《通典》卷二十二〈歷代尚書〉：「後漢以六曹尚書并令、僕二人，謂之八座（令謂尚書令、僕謂左右僕射。祠部尚書與右僕射通職，有祠部則不置右僕射）。魏以五曹尚書（即不置祠部）、二僕射、一令爲八座。宋、齊與魏同。」按梁、陳之制：祠部省置無恆，若置六曹，則八座之制與後漢同。若僅置五曹，則八座之制與宋、齊同。倘六曹竝置，然左右僕射竝闕，則以尚書令及尚書僕射爲八座。八座皆國執政之卿士。

〔15〕膺圖御籙：《文選》沈約〈齊故安陸昭王碑文〉：「商武姬文，所以膺圖受籙。」呂向注：「圖籙，並天子將興之符應。」

〔16〕重懸三象：三象，謂日月星也。沈約〈齊武帝議謚〉：「含精靈于五緯，駕貞明于三象。」

　　伯宗昔在儲宮，本無令問，及居崇極，遂騁凶淫。居處諒闇〔17〕，固不哀戚，嬪嬙卅角〔一〕，就館相仍，豈但依車所納，是謫宗正，衰絰生子，得誚右師。七百之祚何憑，三千之罪爲大。且費引金帛，令充椒闈〔18〕，內府中藏，軍備國儲，未盈其稔，皆已空竭。太傅親承顧託，鎮守宮闈，遺誥綢繆，義深垣屏，而櫛塗未御，翌日無淹，仍遣劉師知、殷不佞等顯言排斥。韓子高小豎輕佻，推心委仗，陰謀禍亂，決起蕭牆〔19〕。元相雖持，但除君側。又以余孝頃密邇京師，便相徵召，殄悪之咎，凶徒自擒，宗社之靈，祆氛是滅。於是密詔華皎，稱兵上流，國祚憂惶，幾移醜類。乃至要招遠近，叶力巴、湘，支黨縱橫，寇擾黟、歙〔20〕。又別敕歐陽紇等攻逼衡州，嶺表紛紜，殊淹弦望。豈止罪浮於昌邑〔21〕，非唯聲醜於太和〔22〕。但賊豎皆亡，祆徒已散，日望懲改，猶加掩抑，而悖禮忘德，情性不悛〔23〕，樂禍思亂，昏悪無已。張安國最爾凶狡，窮爲小盜，仍遣使人蔣裕鉤出上京〔24〕，即置行臺，分選凶黨。賊皎妻呂，春徒〔25〕爲孽，納自奚宮〔二〕，藏諸永巷〔26〕，使其結引親舊，規圖戕禍。盪主侯法喜等，太傅麾下，恆遊府朝，啗〔三〕以深利，謀興肘腋〔27〕。適又盪主孫泰等潛相連結，大有交通，兵力殊彊〔四〕，指期

挺亂〔28〕。皇家有慶，歷數遐長，天誘其衷，同然開發。此諸文迹，今以相示，是而可忍，誰則不容？祖宗基業，將懼傾覆〔29〕，豈可復肅恭禋祀，臨御兆民？式稽故實，宜在流放，今可特降爲臨海郡王，送還藩邸。

【校證】

〔一一〕嬪嬙丱角，就館相仍

丱角，三朝本、南監本、北監本、汲古本同。宋浙本作「弗隔」。

按宋浙本作「弗隔」是。「弗隔」者，謂不隔絕嬪嬙也。三朝本改「弗隔」爲「丱角」（謂童女），則原謂伯宗居處諒闇，弗隔嬪嬙，就館相仍者，反變就館相仍者，乃嬪嬙丱角，而非廢帝伯宗，非特主從顛倒，文義亦極不順。此顯係宋浙本作「弗隔」不誤，三朝本妄改反致誤也。此猶卷三〈世祖紀〉天嘉五年「曲赦京師詔」內，宋浙本原作「載勞負扆」不誤者，三朝本誤作「載勞負戾」之例同（詳見卷三校證〔一七〕「載勞負戾」條）。後之殿本，從三朝本出，遂亦多沿襲其誤，若斯之類，皆當據宋浙本改。

〔一二〕納自奚宮，藏諸永巷

奚宮，宋浙本、三朝本、南監本、北監本、汲古本同。

按古代掌奚隸工役之官署，但有「奚官」，而無名「奚宮」者，如明邱濬《大學衍義補·愼刑憲·定律令之制》載：「晉武帝時，有邵廣者，坐盜官物當棄市。其二幼子宗雲，撾登聞鼓乞恩，求自沒爲奚官奴以贖父命。議者欲特聽減廣死罪，爲五歲刑，宗等付奚官爲奴。」二見奚官，字正作「奚官」，不誤，當據改。

〔一三〕啗以深利，謀興肘腋

啗，南監本、北監本、汲古本同。《南史·陳廢帝紀》作「啖」，宋浙本、三朝本並作「陷」。

按「啗以深利」之「啗」，正字當作「啖」。《史記·高帝紀》：「使酈生、陸賈往說秦將，啖以利。」「啖以利」，謂以厚利誘之也，句法與此「啖以深利」同。「啗」字，汲古本與殿本作「啗」，爲字書所無，當是「啖」之誤字。宋浙本作「陷」，則爲「啖」字之形誤。唯《南史·陳廢帝紀》作「啖」不誤，當據改。

〔一四〕大有交通，兵力殊彊

殊彊，宋浙本、南監本、汲古本作「殊彊」。

按彊弱之「彊」，殿本誤作疆域之「疆」。各本作「彊」，不誤，當據改。

【注釋】

〔17〕居處諒闇：《後漢書・和熹鄧皇后紀》：「太后諒闇既終。」李賢注：「諒闇，居喪之廬也。」

〔18〕椒閣：后妃所居之處也。

〔19〕決起蕭牆：《論語・季氏》：「邦分崩離析而不能守，而謀動干戈於邦域之內，吾恐季氏之憂，不在顓臾，而在蕭牆之內也。」鄭玄注：「蕭之言肅也。蕭牆謂屏也。君臣相見之禮，至屏而加肅敬焉，是以謂之蕭牆。」蕭牆在家室之內，俗因以禍起於內部，謂曰禍起蕭牆。

〔20〕寇擾黟、歙：《宋書・州郡志》：「黟，漢舊縣。」縣以黟山爲名，故治即今安徽黟縣治。《讀史方輿紀要》卷二十八〈徽州府〉：「歙，秦置，縣南有歙浦，因名。」故治即今安徽歙縣治。

〔21〕罪浮於昌邑：昌邑，漢武帝孫昌邑王賀也。昭帝崩，無嗣。大臣霍光迎賀即位。賀宴樂淫亂，立二十七日，太后命廢歸昌邑（見《漢書》卷六十三〈武五子傳〉）。

〔22〕聲醜於太和：太和，謂晉廢帝司馬奕也。奕，哀帝之母弟。哀帝崩，無嗣。奕即位，年號太和。在位六年，昏濁潰亂，動違禮度，崇德太后命廢奕爲東海王（見《晉書》卷八〈廢帝紀〉）。

〔23〕情性不悛：《尚書・泰誓上》：「惟受罔有悛心。」孔安國《傳》：「悛，改也。」

〔24〕劉師知、殷不佞等顯言排斥，張安國蔓爾凶狡，蔣裕鉤出上京句：按卷七〈世祖沈皇后傳〉云：「時高宗與僕射到仲舉、舍人劉師知等並受遺輔政。師知與仲舉恆居禁中參決眾事。而高宗爲揚州刺史，與左右三百人入居尚書省。師知見高宗權重，陰忌之。乃矯敕高宗還東府經理州務。高宗將出，而諮議毛喜止之，高宗乃稱疾，召師知留之與語，使毛喜入言於后，后曰：『今伯宗年幼，政事並委二郎，此非我意。』喜又言於廢帝，帝曰：『此自師知所爲，非朕意也。』喜出，以報高宗，高宗因囚師知，自入見后及帝，極陳師知之短，仍自草敕請畫。以師知付廷尉治罪，其夜，於獄中賜死。自是政無大小，盡歸高宗。后憂悶計無所出，乃密賂宦者蔣裕，令誘建安人張安國，使據郡反，冀因此以圖高宗。安國事覺，並爲高宗所誅。」

〔25〕舂徒：女囚執舂擣穀物之役者。《論衡・四諱》：「被刑謂之徒。」《漢書・惠帝紀》：「有罪當刑及當爲城旦舂者。」師古注：「應劭曰：『城旦者，旦起行治城。舂者，婦人不豫外徭，但舂作米，皆四歲刑也。』」

〔26〕永巷：宮內道名，爲幽閉有罪宮女之處。

〔27〕謀興肘腋：謂謀興切近之變也。《三國志·蜀書·法正傳》：「近則懼孫夫人生
　　　變於肘腋之下。」

〔28〕指期挺亂：《增韻》：「挺，引也。」《唐書·盧鈞傳》：「相挺爲亂。」

〔29〕將懼傾霣：霣，墜也。《文選》司馬相如〈上林賦〉：「臨坻注壑，瀺灂霣墜。」
　　　李善注：「霣即隕字也。」

　　太傅安成王，固天生德，齊聖廣深，二后鍾心，三靈佇眷。自前朝不恣，
任總邦家，威惠相宣，刑禮兼設，指揮嘯咤，湘、郢廓清，闢地開疆，荊、
益風靡，若太戊之承殷歷〔30〕，中都〔一五〕之奉漢家，校以功名，曾何髣髴。
且地彰靈璽〔31〕，天表長彗〔32〕，布新除舊〔33〕，禎祥咸顯。文皇知子之鑒，
事甚帝堯；傳弟之懷，久〔一六〕符太伯。今可還申曩志，崇立賢君，方固宗祧，
載貞辰象〔34〕。中外宜依舊典，奉迎輿駕。

【校證】

〔一五〕若太戊之承殷歷，中都之奉漢家

　　　　中都，宋浙本、三朝本、南監本、北監本、汲古本同。《冊府》卷一八八作
　　　　「中宗」。

　　　　按《冊府》卷一八八作「中宗」極是。「中宗」者，漢宣帝之廟號也。宣帝
　　　　名詢，武帝之曾孫。昭帝崩，昌邑王立。無道，大將軍霍光廢之，立詢爲
　　　　帝（見《漢書·宣帝紀》）。所謂「中宗之奉漢家」，即指此而言。各本「中
　　　　宗」譌作「中都」，當據《冊府》卷一八八改。

〔一六〕傳弟之懷，久符太伯

　　　　久，汲古本同。宋浙本、三朝本、南監本竝作「又」。

　　　　按作「又」字是。「又」字遙與上文「且地彰靈璽」之「且」字相對爲義。
　　　　《冊府》卷一八八、《通鑑》卷一七〇〈陳紀四〉亦同作「又」。汲古本、
　　　　殿本作「久」，蓋與「又」字形近而譌，當據宋浙本及南監本改。

【注釋】

〔30〕太戊之承殷歷：大戊，殷中宗也。《史記·殷本紀》：「帝雍己崩，弟太戊立，
　　　是爲帝太戊。立伊陟爲相，帝修其德。殷復興，諸侯歸之，故稱中宗。」

〔31〕地彰靈璽：謂光大二年五月丙辰，太傅安成王獻玉璽一。

〔32〕天表長彗：謂光大二年六月丁卯，彗星見。

〔33〕布新除舊：《左傳·昭公十七年》：「申須曰：『彗所以除舊布新也。』」

〔34〕載貞辰象：《文選》沈約〈齊故安陵昭王碑文〉：「考景皇帝，含道居貞，卷懷前代。公含辰象之秀德，體河嶽之上靈。」李善注：「《周易》曰：『居貞之吉，順以從上也。』」呂向注：「辰象，日月星也。」

　　未亡人不幸屬此殷憂，不有崇替，容危社稷，何以拜祠高寢〔35〕，歸祔武園〔36〕？攬筆潛然，兼懷悲慶！」
【注釋】
〔35〕拜祠高寢：《文選》任昉〈爲齊明帝作相讓宣城郡公第一表〉：「將何以肅拜高寢？」呂延濟注：「高寢，高祖寢廟也。」
〔36〕歸祔武園：《禮記·檀弓上》：「季武子曰：『周公蓋祔。』」鄭玄注：「祔，謂合葬。」《後漢書·光武帝紀》：「遷呂太后廟主於園，四時上祭。」李賢注：「園，謂塋域也，於中置寢。」武園，此指陳武帝之塋域。

　　是日，出居別第。太建二年四月，薨，時年十九。
　　帝仁弱無人君之器，世祖每慮不堪繼業。既居冢嫡，廢立事重，是以依違積載。及疾將大漸，召高宗謂曰：「吾欲遵太伯之事〔37〕。」高宗初未達旨，後寤，乃拜伏涕泣，固辭。其後宣太后依詔廢帝焉。
【注釋】
〔37〕欲遵太伯之事：謂欲讓位於弟也。《史記·吳太伯世家》：「吳太伯，周太王之子，而王季歷之兄也。季歷賢而有聖子昌，太王欲立季歷以及昌。於是太伯乃犇荊蠻，以避季歷，季歷果立。」

　　史臣曰：「臨海雖繼體之重，仁厚懦弱，混一是非，不驚得喪，蓋帝摯、漢惠〔38〕之流也。世祖知神器之重，諒難負荷，深鑒堯旨〔39〕，弗傳寶祚焉。」
【注釋】
〔38〕帝摯、漢惠：《史記·五帝紀》：「帝嚳崩，而摯代立。帝摯立，不善，而弟放勳立，是爲帝堯。」張守節《正義》引《帝王紀》云：「摯在位九年，政微弱，而唐侯德盛，諸侯歸之。摯服其義，乃率羣臣造唐而致禪。」又〈呂后本紀〉：「孝惠爲人仁弱，高祖以爲不類我，常欲廢太子。高祖崩，太子襲號爲帝。終不能治天下，日飲爲淫樂，不聽政，在位七年崩。」
〔39〕深鑒堯旨：謂深識帝堯傳賢不傳子之意旨。

陳書校注卷五

本紀第五
宣帝〔1〕

【注釋】
〔1〕宣帝：錢大昕《廿二史考異》卷二十七云：「依高祖、世祖之例，當以高宗題目，而諸本俱題宣帝，目錄亦然，皆誤也。」

　　高宗孝宣皇帝諱頊，字紹世，小字師利，始興昭烈王第二子也。梁大通二年七月辛酉生〔一〕，有赤光滿堂室。少寬大，多智略。及長，美容儀，身長八尺三寸，手垂過膝〔二〕。有勇力，善騎射。高祖平侯景，鎮京口，梁元帝徵高祖子姪入侍，高祖遣高宗赴江陵，累官為直閣將軍、中書侍郎。時有馬軍主〔三〕李總與高宗有舊，每同遊處。高宗嘗夜被酒，張燈而寐。總適出，尋返，乃見高宗身是大龍，總便驚駭，走避佗室。及江陵陷，高宗遷于關右。永定元年，遙襲封始興郡王，邑二千戶。三年，世祖嗣位，改封安成王。天嘉三年，自周還，授侍中、中書監、中衛將軍，置佐史。尋授使持節、都督揚南徐東揚南豫北江五州諸軍事、揚州刺史，進號驃騎將軍，餘如故。四年，加開府儀同三司。六年，遷司空。天康元年，授尚書令，餘並如故。廢帝即位，拜司徒，進號驃騎大將軍，錄尚書，都督中外諸軍事，給班劍三十人。光大二年正月，進位太傅，領司徒，加殊禮，劍履上殿，增邑并前三千戶，餘並如故。十一月甲寅，慈訓太後令廢帝為臨海王，以高宗入纂〔2〕。

【校證】
〔一〕梁大通二年七月辛酉生
　　　大通二年，宋浙本、三朝本、南監本、北監本、汲古本、《御覽》卷一三四引同。《南史·陳宣帝紀》作「中大通二年」。
　　　按「大通」、「中大通」，並為梁武帝年號。「大通二年」為西元528年，中大通二年為西元530年。據宣帝崩於太建十四年（582）正月甲寅，年五十三，

上推其出生之年，適爲梁武帝「中大通二年」。明此《南史·陳宣帝紀》作「中大通二年」生者，不誤。其餘各本作「大通二年」生，「大通」上竝脫一「中」字，當據《南史》補。

〔二〕身長八尺三寸，手垂過膝

手垂，宋浙本、三朝本、南監本、北監本、汲古本同。《南史·陳宣帝紀》、《御覽》卷一三四引竝作「垂手」。

按作「垂手」是。「垂手過膝」者，言人有異相也。如《三國志·蜀書·劉先主傳》「身長七尺五寸，垂手過膝。」《晉書·劉曜載記》：「曜身長九尺三寸，垂手過膝。」本書卷一〈高祖紀上〉：「身長七尺五寸，日角龍顏，垂手過膝。」凡言「垂手過膝」，皆作「垂手」，不作「手垂」，明此各本作「手垂」者，當從《南史·陳宣帝紀》及《御覽》卷一三四引作「垂手」爲是。

〔三〕時有馬軍主李總，與高宗有舊

馬軍主，宋浙本、三朝本、南監本、北監本、汲古本同。

按馬軍主：《南史·陳宣帝紀》作「軍主」，「軍」上無「馬」字。

【注釋】

〔2〕慈訓太后令廢帝爲臨海王，以高宗入纂：按《北齊書·後主紀》云：「是月，陳安成王頊廢其主自立。」《通鑑》一七〇〈陳紀四〉亦云：「安成王專政，以太皇太后令誣帝，云『與劉師知，華皎等通謀。』且曰：『文皇知子之鑒，事等帝堯；傳弟之懷，又符太伯，今可還申曩志，崇立賢君。』遂廢帝爲臨海王。」然《陳書·宣帝紀》及〈廢帝紀〉絕不言安成王廢主自立。其所以然者，蓋姚思廉本爲宣帝臣子，及入隋入唐，又多與陳宣帝子孫同仕於朝，故唐貞觀中撰次《陳書》時，遂多爲陳飾諱故也。

太建元年（己丑、五六九）

春正月甲午，即皇帝位於太極前殿，詔曰：「夫聖人受命，王者中興，竝由懿德，方作元后。高祖武皇帝揖拜堯圖，經綸禹跡，配天之業，光辰象而利貞〔3〕；格地之功，侔川岳而長遠。世祖文皇帝體上聖之姿，當下武之運〔4〕，築宮示儉，所務唯德，定鼎初基，厥謀斯在。朕以寡薄〔四〕，才非聖賢，夙荷前規，方傳景祚，雖復親承訓誨，志守蕃維〔五〕，詠季子之高風，思城陽之遠託，自元儲紹國，正位君臨，無道非幾，佇聞刑措。豈圖王室不造，頻謀亂階，天步艱難，將傾寶歷。仰惟嘉命，爰集朕躬。我心貞確，堅誓蒼昊，而羣辟啟請，相誼渭橋〔5〕，文母〔6〕尊嚴，懸心長樂〔7〕，對揚璽綬〔8〕，非止殷

湯之三辭；履涉春冬，何但代王之五讓〔9〕。今便肅奉天策〔10〕，欽承介圭〔11〕，若據滄溟，踰增競業，思所以雲行雨施，品物咸亨，當與黔黎，普同斯慶。可改光大三年為太建元年，大赦天下。在位文武賜位一階；孝悌力田及為父後者賜爵一級，異等殊才，並加策序。鰥寡孤獨不能自存者，人賜穀五斛。復太皇太后尊號曰皇太后。立妃柳氏為皇后，世子叔寶為皇太子；皇子南中郎將〔12〕、江州刺史康樂〔13〕侯叔陵為始興王，奉昭烈王祀。」

【校證】

〔四〕朕以寡薄，才非聖賢

寡薄，宋浙本、南監本、汲古本作「寡薄」。

按作「寡薄」是。「寡薄」之「薄」，殿本作「簿籍」之「簿」，非是，當據宋浙本改。

〔五〕志守蕃維，詠季子之高風

蕃維，宋浙本、南監本、汲古本作「藩維」。

按作「藩維」是。「藩侯」、「藩國」之「藩」，殿本誤作草茂之「蕃」，非是，當據宋浙本改。

【注釋】

〔3〕利貞，謂萬物之成遂也。《易·乾卦》：「乾，元亨利貞。」程《傳》：「利者，萬物之遂；貞，萬物之成。」

〔4〕當下武之運：《詩·大雅·下武》：「下武維周，世有哲王。」毛《傳》：「武，繼也。」鄭《箋》：「下猶後也。後人能繼先祖者。」《文選》王融〈三月三日曲水詩序〉：「皇上體膺上聖，運鍾下武。」

〔5〕相詣渭橋：《史記·文帝紀》：「十一年，立為代王。后崩，諸呂呂產等欲為亂，丞相陳平、太尉周勃等使人迎代王。代王至渭橋，羣臣拜謁稱臣，太尉跪上天子璽符。」

〔6〕文母尊嚴：文母，謂聖善有德之太后、皇后也。《漢書·元后傳》：「太皇太后當為新室文母太皇太后。」《後漢書·鄧騭傳》：「伏惟和熹皇后，聖善之德，為漢文母。」

〔7〕懸心長樂：長樂，母后所居之宮。《漢書·高帝紀》：「五年，治長樂宮，七年，宮成。」《雍錄》卷二〈總說〉：「兩宮初成，朝諸侯羣臣，乃於長樂，不在未央。自惠帝以後，皆居未央宮，而長樂常奉母后。」

〔8〕對揚聖緒：《尚書·說命下》：「敢對揚天子之休命。」孔安國《傳》：「對，答

也。答受美命而稱揚之。」

〔9〕代王之五讓:《史記・文帝紀》:「諸呂欲爲亂,大臣共誅之,迎代王即天子位。代王不敢當,西鄉讓者三,南鄉讓者再,丞相平等謹奉子天璽符再拜上,代王遂即天子位。」

〔10〕肅奉天策:肅奉,敬奉也。《晉書・禮志》:「欽承舊章,肅奉典制。」天策,良策也。庾信〈賀平鄴都表〉:「天策勇決,無待間於容成。」

〔11〕欽承介圭:《尚書・顧命》:「大保承介圭。」孔安國《傳》:「大圭尺二寸,天子守之。」

〔12〕南中郎將:陳南中郎將第四品,秩中二千石。

〔13〕康樂:《宋書・州郡志》:「吳孫權黃武中立,曰陽樂,晉武帝太康元年更名康樂。」故治在今江西萬載縣東二十里。

乙未,輿駕謁太廟。丁酉,分命大使巡行四方,觀省風俗。征南大將軍、開府儀同三司、新除中撫大將軍章昭達進號車騎大將軍〔六〕,新除中軍大將軍、開府儀同三司、南徐州刺史淳于量爲征北大將軍,鎮北將軍、開府儀同三司、南徐州刺史、新除鎮西將軍、郢州刺史黃法𣯧進號征西大將軍,新除安南將軍、開府儀同三司、湘州刺史吳明徹進號鎮南將軍,鎮東將軍、揚州刺史、鄱陽王伯山進號中衛將軍,尚書僕射〔14〕沈欽為尚書左僕射,度支尚書〔15〕王勱爲尚書右僕射,護軍將軍沈恪爲鎮南將軍〔七〕、廣州刺史。

【校證】

〔六〕新徐中撫大將軍章昭達進號車騎大將軍

車騎大將軍,宋浙本、三朝本、南監本、北監本、汲古本同。

按羅振玉《陳書斠議》:「《南史・昭達傳》:『宣帝即位,進號車騎大將軍,以還朝遲留,爲有司所劾,降號車騎將軍。』案:《南史》是也。觀此下二年六月又書『車騎將軍章昭達進號車騎大將軍』可證。蓋元年進『車騎將軍』,二年進『車騎大將軍』,此誤。」

〔七〕太建元年正月丁酉……護軍將軍沈恪爲鎮南將軍

鎮南將軍,宋浙本、三朝本、南監本、北監本、汲古本同。

按沈恪於太建二年六月戊申,始由「安南將軍」進號「鎮南將軍」,則前此元年正月時,未嘗進號「鎮南將軍」可知。疑此「鎮南將軍」,乃「安南將軍」之誤。

【注釋】

〔14〕尚書僕射：《通典》卷二十二〈尚書上‧僕射〉：「僕射省置無恆。置二，則爲左右僕射；或不兩置，但日尚書僕射。」《隋書‧百官志上》：「陳尚書僕射品第二。秩中二千石。」

〔15〕度支尚書：《通典》卷二十三〈尚書下‧戶部尚書〉：「魏文帝置度支尚書寺，專掌軍國支計。晉有度支尚書，皆主計算也。」《隋書‧百官志》：「陳度支尚書品第三，秩中二千石。」

　　辛丑，輿駕親祀南郊。壬寅，以皇子建安侯叔英爲宣惠將軍、東揚州刺史，改封豫章王。豐城〔16〕侯叔堅改封長沙王。癸卯，以明威將軍周弘正爲特進。戊午，輿駕親祀太廟。

【注釋】

〔16〕豐城：《讀史方輿紀要》卷八十四〈南昌府‧豐城縣〉：「漢豫章郡南昌縣地，三國吳分置富城縣，晉太康初，移治豐水西，改日豐城縣。」故治在今江西豐城縣西南。

　　二月庚午，皇后謁太廟。辛未，皇太子謁太廟。乙亥，輿駕親耕籍田〔17〕。

【注釋】

〔17〕親耕籍田：《禮記‧月令》：「孟春，天子以元日祈穀於上帝。乃擇元辰，天子親載耒耜，帥三公九卿諸侯大夫，躬耕帝藉。天子三推，三公五推，卿諸侯九推。」《史記‧文帝紀》：「正月，上曰：『農，天下之本，其開籍田，朕親率耕，以給宗廟粢盛。』」《集解》引韋昭曰：「籍，借也。借民力以治之，以奉宗朝，且以勸率天下，使務農也。」

　　夏五月甲午，齊遣使來聘。丁巳，以吏部尚書、領大著作〔18〕徐陵爲尚書右僕射，太子詹事〔19〕、駙馬都尉〔20〕沈君理爲吏部尚書。

【注釋】

〔18〕大著作：《宋書‧百官志》：「漢東京圖書悉在東觀，故使名儒碩學入直東觀，撰述國史，著作之名，自此始也，著作郎謂之大著作。」六朝恆以他官兼領之。《隋書‧百官志上》：「陳大著作品第六，秩六百石。」

〔19〕太子詹事：職總東宮內外眾務。陳太子詹事第三品，秩中二千石。

〔20〕駙馬都尉：《漢書‧百官公卿表》：「漢武帝初置，掌駙馬（天子副車之馬），
　　　秩比二千石。」本書卷十七〈袁樞傳〉云：「駙馬都尉，置由漢武，或以假
　　　諸功臣，或以加之戚屬。魏、晉以來，凡尚公主，必拜駙馬都尉。蓋以王姬
　　　之重，庶姓之輕，若不加其等級，寧可合卺而酳？所以假駙馬之位，乃崇於
　　　皇女也。」

　　秋七月辛卯，皇太子納妃沈氏，王公已下賜帛各有差。
　　丁酉，以平東將軍、吳郡太守晉安王伯恭爲中護軍，進號安南將軍。
　　九月甲辰，以新除中護軍晉安王伯恭爲中領軍。
　　冬，十月，新除左衛將軍歐陽紇據廣州舉兵反〔21〕。辛未，遣車騎將軍、
開府儀同三司章昭達率眾討之。壬午，輿駕親祀太廟。

【注釋】

〔21〕新除左衛將軍歐陽紇據廣州舉兵反：《通鑑》卷一七〇〈陳紀四〉云：「歐陽
　　　紇在廣州十餘年，威惠著於百越。自華皎之叛，帝心疑之，徵爲左衛將軍。
　　　紇恐懼，其下多勸之反，遂舉兵攻衡州刺史錢道戢。」

二年（庚寅、五七〇）
　　春正月乙酉，以征西大將軍、開府儀同三司、郢州刺史黃法㲠爲中權大
將軍〔22〕。丙午，輿駕親祀太廟。

【注釋】

〔22〕中權大將軍：陳中權將軍第二品，秩中二千石。加大，則進一階，位從公。

　　二月癸未，儀同章昭達擒歐陽紇送都，斬于建康市，廣州平。
　　三月丙申，皇太后崩。丙午，曲赦廣、衡二州。丁未，大赦天下。又詔
自討周迪、華皎已來，兵交之所有死亡者，竝命收歛，并給棺槥，送還本鄉；
瘡痍未瘳者，各給醫藥。
　　夏，四月，乙卯，臨海王伯宗薨。戊寅，皇太后祔葬萬安陵〔23〕。

【注釋】

〔23〕皇太后祔葬萬安陵：萬安陵，在江蘇江寧縣方山西北。卷二〈高祖紀下〉云：
　　　「永定三年六月丙午，武帝崩，秋八月丙申，葬萬安陵。」至是皇太后崩，
　　　祔葬萬安陵。

閏月戊申，輿駕謁太廟。己酉，太白晝見。

五月乙卯，儀同黃法氍獻瑞璧一。壬午，齊遣使來弔。

六月戊子，新羅國遣使獻方物。辛卯，大雨雹。乙巳，分遣大使巡行州郡，省理冤屈。戊申，車騎將軍、開府儀同三司章昭達進號車騎大將軍，安南將軍、廣州刺史沈恪進號鎮南將軍。

秋八月甲申，詔曰：「懷遠以德，抑惟恆典，去戎即華，民之本志。頃年江介〔24〕繦負相隨，崎嶇歸化，亭候不絕，宜加卹養，答其誠心。維是荒境自投，有在都邑及諸州鎮，不問遠近，竝蠲課役。若克平舊土，反我侵地，皆許還鄉，一無拘限。州郡縣長明加甄別，良田廢村，隨便安處。若輒有課訂，即以擾民論。」又詔曰：「民惟邦本，著在典謨，治國愛民，抑又通訓。朕聽朝晏罷，日昃劬勞，方流惠澤，覃被億兆。有梁之季，政刑廢缺，條綱弛紊，僭盜荐興，役賦征徭，尤為煩刻。大陳御寓，拯茲餘弊，滅扈戡黎〔25〕，弗遑創改，年代彌流，將及成俗，如弗解張，物無與厝，夕惕疚懷，有同首疾。思從卑菲〔26〕，約己濟民，雖府帑未充，君孰與足〔27〕？便可刪革，去其甚泰，冀永為定准，令簡而易從。自今維作田，值水旱未收〔八〕，即列在所，言上折除。軍士年登六十，悉許放還。巧手於役死亡及與老疾，不勞訂補。其籍有巧隱，并王公百司輒受民為程蔭，解還本屬，開恩聽首。在職治事之身，須通相檢示，有失不推，當局任罪。令長代換，具條解舍戶數，付度後人。戶有增進，即加擢賞；若致減散，依事准結。有能墾起荒田，不問頃畝少多，依舊蠲稅。」戊子，太白晝見。

【校證】

〔八〕值水旱未收

　　未，三朝本、南監本、汲古本同。宋浙本作「失」。

　　按宋浙本作「失」字義長。疑思廉原文本作「失」，至元、明修補是書時，因「失」「未」形近，始譌作「未」。後之汲古本、殿本竝從三朝本所從出，亦沿其譌作「未」，此當據早出之宋浙本回改作「失」為是。

【注釋】

〔24〕江介：《文選》左思〈魏都賦〉：「江介之湫湄。」李善注：「介，界也。」

〔25〕滅扈戡黎：《史記·夏本紀》：「禹崩，啟即天子位，有扈氏不服，啟伐之，大戰於甘，遂滅有扈氏，天下咸服。」《尚書》：「西伯戡黎。」蔡沈《傳》：「西伯，文王也，戡，勝也。黎，國名，在上黨壺關之地。按《史記》：文王脫

羑里之囚，獻洛西之地，紂賜弓矢鈇鉞，使得專征伐，爲西伯。文王既受命，黎爲不道，於是舉兵伐而勝之。」

〔26〕思從卑菲：《論語‧泰伯》：「禹，菲飲食，而致孝乎鬼神；卑宮室，而盡力乎溝洫。」

〔27〕君孰與足：《論語‧顏淵》：「百姓足，君孰與不足？百姓不足，君孰與足？」

九月乙丑，以散騎常侍、鎮東將軍、吳興太守杜稜爲特進、護軍將軍。

冬十月乙酉，輿駕親祀太廟。

十一月辛酉，高麗國遣使獻方物。

十二月癸巳夜，西北有雷聲。

三年（辛卯、五七一）

春正月癸丑，以尚書右僕射、領大著作徐陵爲尚書僕射。辛酉，輿駕親祀南郊。辛未，親祀北郊。

二月辛巳，輿駕親祀明堂。丁酉，親耕籍田。

三月丁丑，大赦天下，自天康元年訖太建元年，逋餘軍糧、祿秩、夏調未入者，悉原之。又詔：犯逆子弟支屬逃亡異境者，悉聽歸首；見繫繫者，量可散釋；其有居宅，竝追還。

夏四月壬辰，齊遣使來聘。

五月戊申，太白晝見。辛亥，遼東〔九〕、新羅、丹丹〔28〕、天竺〔29〕、盤盤〔30〕等國，竝遣使獻方物。

【校證】

〔九〕遼東、新羅、丹丹、天竺、盤盤等國，竝遣使獻方物

　　遼東，宋浙本、三朝本、南監本、北監本、汲古本同。《南史‧陳宣帝紀》作「高麗」。

　　按《南史‧陳宣帝紀》作「高麗」是。《梁書‧諸夷傳》云：「晉世，句麗（即高麗）略有遼東，百濟亦據有遼西。」是「遼東」者，乃高麗國所據有之土也。本書凡外國遣使來獻方物者，史官皆書其國名，無以其所據之地以代稱其國者，則此「遼東、新羅、丹丹等國」之「遼東」，自以從《南史》作「高麗」爲是。

【注釋】

〔28〕丹丹：西南夷國名，在今馬來亞牛島西岸海中。梁世累遣使來遣方物。《梁

書‧諸夷傳》云：「中大通二年，其王遣使奉表，送牙像及塔各二軀，并獻火齊珠、吉貝、雜香藥等。大同元年，復遣使獻金、銀、瑠、璃雜寶、香藥等物。」入陳之後，仍累遣使來獻方物。

〔29〕天竺：即印度之古稱。《梁書‧諸夷傳》云：「天竺，一名身毒，蓋傳譯音字不同，其實一也。其地出犀象、瑇瑁、火齊、珊瑚、琅玕等，天監後，數遣使獻方物。」

〔30〕盤盤：在今馬來亞半島東北。《梁書‧諸夷傳》：「中大通元年五月，遣使貢牙像及塔，并獻沈檀等香數十種。六年八月，復使送菩提國眞舍利及畫塔，并獻菩提樹葉、詹糖等香。」

六月丁亥，江陰王蕭季卿以罪免〔31〕。甲辰，封東中郎將長沙王府諮議參軍蕭彝為江陰王。

【注釋】

〔31〕江陰郡王蕭季卿以罪免：按卷二〈高祖紀下〉云：「永定二年四乙丑，江陰王蕩，詔以（梁）武林侯蕭諮息季卿嗣為江陰王。」卷十〈淳于量傳〉云：「太建三年，坐就江陰王蕭季卿買梁陵中樹，季卿坐免，量免侍中。」

秋八月辛丑，皇太子親釋奠于太學〔32〕，二傅、祭酒以下可賚帛各有差〔一〇〕。

【校證】

〔一〇〕秋八月辛丑，皇太子親釋奠于太學，二傅、祭酒以下可賚帛各有差
　　　　可賚帛各有差，宋浙本、三朝本、南監本、北監本、汲古本同。《冊府》卷二六〇「賚帛」上無「可」字。
　　　　按此非詔文，「賚帛各有差」上，不當有「可」字。此猶「太建元年秋七月辛卯，皇太子納妃沈氏，王公已下，賜帛各有差。」及「太建五年三月己丑，皇孫胤生，內外文武賜帛各有差。」兩見「賜帛（即賚帛）各有差」上，並無「可」字。今各本「賚帛」上衍一「可」字，當據《冊府》卷二六〇刪。

【注釋】

〔32〕皇太子親釋奠于太學：《禮記‧文王世子》：「凡始立學者，必釋奠于先聖先師。」鄭玄注：「釋奠者，設薦饌酌奠。」

九月癸酉，太白晝見。

冬十月甲申，輿駕親祀太廟。乙酉，周遣使來聘。己亥，丹丹國遣使獻方物。

十二月壬辰，車騎大將軍、司空章昭達薨。

四年（壬辰、五七二）

春正月丙午，以雲麾將軍、江州刺史、始興王叔陵爲湘州刺史，進號平南將軍，東中郎將、吳郡太守、長沙王叔堅爲宣毅將軍、江州刺史，尚書僕射、領大著作徐陵爲尚書左僕射，中書監王勱爲尚書右僕射。庚申，以丹陽尹、衡陽王伯信爲信威將軍、中護軍。庚午，輿駕親祀太廟。

二月乙酉，立皇子叔卿爲建安王，授東中郎將、東揚州刺史。

三月壬子，以散騎常侍孫瑒爲安西將軍、荊州刺史。乙丑，扶南、林邑國竝遣使來獻方物。

夏四月戊子，以中權大將軍、開府儀同三司黃法氍爲征南大將軍、南豫州刺史。

五月癸卯，尚書右僕射王勱卒。

六月辛巳，侍中、鎮右將軍、右光祿大夫杜稜卒。

秋八月辛未，周遣使來聘〔33〕。丁丑，景雲〔34〕見。

【注釋】

〔33〕周遣使來聘：《通鑑》卷一七一〈陳紀五〉：「周使司城大夫杜杲來聘，（議）合從圖齊。」

〔34〕景雲：《楚辭》東方朔〈七諫哀命〉：「虎嘯而谷風至，龍舉而景雲往。」王逸《章句》：「景雲，大雲而有光者。」《白虎通・封禪》：「德至山陵則景雲出，芝實茂，陵出異丹。」

戊寅，詔曰：「國之大事，受脤興戎〔35〕。師出以律，稟策於廟，所以乂安九有〔36〕，克成七德〔37〕。自頃掃滌羣穢，廓清諸夏，乃貔貅〔38〕之戮力，亦帷幄之運籌〔39〕。雖左袵已剗〔40〕，干戈載戢〔41〕，呼韓來謁〔42〕，亭鄣無警〔43〕，但不教民戰，是謂棄之，仁必有勇，無忘武備。磻溪之傳韜訣〔44〕，穀城之授神符〔45〕，文叔〔46〕懸制戎規，孟德〔47〕頗言兵略。朕既愍暗合，良皆披覽，兼昔經督戎，備嘗行陳，齊以七步〔48〕，蕭之三鼓〔49〕，得自胸襟，指掌可述。今竝條制，凡十三科，宜即班宣，以爲永准。」

【注釋】

〔35〕受脈興戎：《周禮・春官・大宗伯》：「以脈膰之禮，親兄弟之國。」鄭玄注：「脈膰，社稷宗廟之肉，以賜同姓之國，同福祿也。」孔穎達《疏》：「脈是社稷之肉，膰是宗廟之肉。」《左傳・閔公二年》：「受命于廟，受脈于社。」《後漢書・皇甫嵩朱儁傳論》：「皇甫嵩、朱儁，並以上將之略，受脈倉卒之時。」

〔36〕乂安九有：乂，治也。《史記・河渠書》：「諸夏乂安。」《詩・商頌・玄鳥》：「奄有九有。」毛《傳》：「九有，九州也。」

〔37〕克成七德：《左傳・宣公十二年》：「楚子曰：『夫武，禁暴、戢兵、保大、定功、安民、和眾、豐財，武有七德。』」

〔38〕貔貅之戮力：貔貅，猛獸名也，喻勇猛之士。《晉書・熊遠傳》：「命貔貅之士，鳴檄前驅。」

〔39〕帷幄之運籌：《漢書・高祖紀》：「運籌帷幄之中，決勝千里之外，吾不如子房。」

〔40〕左衽已戢：左衽，衣襟向左，夷狄之俗也。左衽已戢，謂夷狄已平定也。

〔41〕干戈載戢：《詩・周頌・時邁》：「載戢干戈，載櫜弓矢。」毛《傳》：「戢，聚也。」鄭《箋》：「載之言則也。王巡守而天下咸服，兵不復用。」

〔42〕呼韓來謁：漢神雀末，呼韓單于為兄致支單于所敗，從漢求助，乃於甘露三年正月，朝宣帝於甘泉宮。漢元帝竟寧元年，復來朝，願婿漢以自親，帝以後宮良家子王昭君賜之（見《漢書・宣帝》、〈元帝紀〉）。

〔43〕亭鄣無警：邊塞險要之地，築牆置亭使人守之，謂之亭鄣。《史記・張儀傳》：「守亭鄣者，不下十萬。」

〔44〕磻溪之傳韜訣：《史記・齊太公世家》：「呂尚蓋嘗窮困，以魚釣奸周西伯。西伯出獵，遇太公於渭之陽，與語，大悅，載與俱歸，立為師。」《水經・渭水注》：「磻溪水注之，溪中有泉，謂之茲泉，即太公垂釣之處。其投竿跪餌，兩膝遺跡猶存，是有磻溪之稱也。」

〔45〕穀城之授神符：《史記・留侯世家》：「良嘗從容步游於下邳圯上，遇一父老，……後老父出一編書曰：『讀此則為王者師矣。後十年興，十三年，孺子見我濟北穀城山下。』」

〔46〕文叔：後漢光武帝之字。

〔47〕孟德：曹操之字。

〔48〕齊以七步：《尚書・牧誓》：「今予發，惟恭行天之罰，今日之事，不愆于六步、七步，乃止齊焉。」

〔49〕肅之三鼓：《周禮·夏官·大司馬》：「中冬，教大閱，羣吏聽誓于陣前。中軍以鼙令鼓，鼓人皆三鼓，司馬振鐸，羣吏作旗，車徒皆作，鼓行，鳴鐲，車徒皆行。」

乙未，詔停督湘、江二州逋租，無錫〔50〕等十五縣流民，竝蠲其繇賦。

【注釋】

〔50〕無錫：《太平寰宇記》卷九十二〈常州·無錫縣〉云：「本漢舊縣，王莽改曰有錫。昔有讖云：『無錫寧，天下平；有錫兵，天下爭』，故名之。」故治即今江蘇無錫縣治。

秋九月〔一一〕庚子朔，日有蝕之。

【校證】

〔一一〕秋八月辛未，周遣使來聘……秋九月庚子朔

　　　　秋九月，宋浙本、三朝本、南監本、北監本、汲古本同。《南史·陳宣帝紀》「九月」上無「秋」字。

　　　　按上已書「秋八月」，則此「九月」上，不當更著「秋」字。各本「九月」上衍一「秋」字，當據《南史》刪。

辛亥，大赦天下。又詔曰：「舉善從諫，在上之明規；進賢謁言，為臣之令範。朕以寡德，嗣守寶圖，雖世襲隆平，治非寧一。辨方分職〔51〕，旰食早衣，傍闕爭臣，下無貢士，何其闃爾，鮮能抗直。豈余獨運，匪薦讜言。置鼓公車〔52〕，罕論得失；施石象魏〔53〕，莫陳可否，朱雲摧檻〔54〕，良所不逢；禽息觸楹〔55〕，又為難值。至如衣褐以見，擔簦以遊〔56〕，或耆艾絕倫〔57〕，或妙年異等，干時而不偶，左右莫之譽，黑貂改弊〔58〕，黃金且殫，終身滯淹，可為太息！又貴為百辟〔59〕，賤有十品〔60〕，工拙竝騖，勸沮莫分，街謠徒擁，廷議斯闕。寔朕之弗明，而時無獻替〔61〕，永言至治，何迺爽歟？外可通示文武，凡厥在位，風化乖殊，朝政紕蠹，正色直辭，有犯無隱，兼各舉所知，隨才明試。其苞政廉穢，在職能否，分別矢言〔62〕，俟茲黜陟〔63〕。」

【注釋】

〔51〕辨方分職：《周禮·天官》：「惟王建國，辨方正位，體國經野，設官分職，以

為民極。」

〔52〕置鼓公車：《漢官儀》：「公車掌殿司馬門，天下上事及徵召，皆總領之。」《後漢書・楊震傳》：「臣聞：堯之世，諫鼓，謗木立之於朝。」

〔53〕象魏：宮門外縣法之所。《後漢書・皇后紀》：「直生懷攅，懸書於象魏。」

〔54〕朱雲摧檻：《漢書・朱雲傳》：「成帝時，雲上書求見，曰：『今朝廷大臣，上不能匡主，下亡以益民，皆尸位素餐，願賜尚方斬馬劍，斷佞臣一人（張禹，成帝師），以厲其餘。』上以其廷辱師傅，大怒。御史遂將雲去，雲攀殿檻，檻折。以左將軍辛慶忌叩頭死爭，然後得已。後當治檻，上曰勿易，因而輯之。以旌直臣。」

〔55〕禽息觸楹：《後漢書・循吏・孟嘗傳》：「楊喬上書薦嘗曰：『竊感禽息，亡身進賢。』」李賢注：「禽息，秦大夫，薦百里奚而不見納。繆公出，當車以頭擊闑，腦乃播出，曰：『臣生無補於國，不如死也。』繆公感悟而用百里奚，秦以大化。」

〔56〕檐簦以遊：《史記・虞卿傳》：「虞卿者，遊說之士也，躡蹻檐簦，說趙孝成王，一見，賜黃金百鎰，白璧一雙；再見，為趙上卿，故號為虞卿。」

〔57〕耆艾絕倫：《禮記・曲禮上》：「五十曰艾，六十曰耆。」

〔58〕黑貂改弊：《戰國策・秦策》：「蘇秦說秦王，書十上而說不行，黑貂之裘敝，黃金百斤盡，資用乏絕，去秦而歸。」

〔59〕貴為百辟：《文選》張衡〈東京賦〉：「然後百辟乃入」。李善注：「百辟，諸侯也。」陸機〈吳大司馬陸公誄〉：「位表百辟，名茂羣后。」

〔60〕賤有十品：《左傳・昭公七年》：「人有十等，王、公、大夫、士、皁、輿、隸、僚、僕、臺。」

〔61〕時無獻替：《國語・晉語九》：「史黯曰：『夫事君者，諫過而賞善，薦可而替否，獻能而進賢。』」

〔62〕矢言：《孟子・萬章下》：「其言如矢。」趙岐注：「矢，直也。」

〔63〕黜陟：《尚書・舜典》：「三載考績，三考，黜陟幽明。」蔡沈《傳》：「三考，九載也。九載則人之賢否，事之得失可見，於是陟其明，而黜其幽。」

　　丙寅，以故太尉徐度、儀同杜稜、儀同程靈洗配食高祖廟庭，故車騎將軍〔一二〕章昭達配食世祖廟庭。

【校證】

〔一二〕故車騎將軍章昭達配食世祖廟庭

車騎將軍，宋浙本、三朝本、南監本、北監本、汲古本同。

按章昭達於太建三年十二月壬辰，以車騎大將軍卒於位，則此「將軍」上，應有一「大」字爲是。今各本「車騎」下脫一「大」字，要非姚思廉修撰此書時漏書，即後世傳刻所譌奪。

　　冬十月乙酉，輿駕親祀太廟。戊戌，以鎮南將軍、廣州刺史沈恪爲領軍將軍。

　　十一月己亥夜地震〔一三〕。

【校證】

〔一三〕冬十月乙酉，輿駕親祀太廟……十月己亥夜地震

　　　　十月己亥夜地震，宋浙本、三朝本、南監本、北監本、汲古本同。《南史·陳宣帝紀》「十月」作「十一月」，「己亥」下無「夜」字。

　　　　按上文已書「十月乙酉」，若此一「己亥」係十月己亥，則「己亥」上，不應復書「十月」二字，茲以大明曆步算，是年「十一月己亥朔」，則此「己亥」乃「十一月己亥」，而非「十月己亥」。《南史·陳宣帝紀》作「十一月己亥」，不誤。各本「十月」上脫一「一」字，當據《南史》補。

　　　　又按凡某日朔，史官例皆書「某月某日朔」，如上文書「九月庚子朔」即是。此處《南史》作「十一月己亥，地震。」「己亥」明是十一月初一，則「十一月己亥」下，依例應有一「朔」字，《南史》無，當係譌奪。各本《陳書》作「十（一）月己亥夜地震」，「夜」字則疑是「朔」字之誤。

　　閏月辛未，詔曰：「姑孰饒曠，荊河斯擬，博望〔64〕關畿，天限嚴峻。龍山〔65〕南指，牛渚〔66〕北臨，對熊繹〔67〕之餘城，邇全琮之故壘〔68〕。良疇美柘，畦畎相望，連宇高甍，阡陌如繡。自梁末兵災，凋殘略盡，比雖務優寬，猶未克復，咫尺封畿，宜須殷阜。且衆將部下，多寄上下，軍民雜俗，極爲蠹耗。自今有罷任之徒，許分留部下，其已在江外，亦令迎還，悉住南州〔69〕津裏安置。有無交貨，不責市估；萊荒墾闢，亦停租稅。臺遣鎮監一人，共刺史、津主分明檢押，給地賦田，各立頓舍。」

【注釋】

〔64〕博望關畿：《讀史方輿紀要》卷二十七〈太平府·當塗縣〉：「博望山，在太平府（今安徽當塗縣）西南三十里，亦曰東梁山，與和州西梁山夾江相對。」

關畿，謂京畿也。《魏書・任城王澄傳》：「脫暴勃忽起，振動關畿，四府羸卒，何以防擬。」

〔65〕龍山：《太平寰宇記》卷一〇五〈太平州・當塗縣〉云：「龍山，在縣南二十二里。」

〔66〕牛渚：《太平寰宇記》卷一〇五〈太平州・當塗縣〉云：「牛渚山，在縣北三十里。」

〔67〕對熊繹之餘城：熊繹，周成王時人，芉姓，鬻熊之後，事成王，封以子男之田，居丹陽，是爲楚始封之祖（見《史記・楚世家》）。

〔68〕邇全琮之故壘：全琮，三國吳人，孫權時爲奮威將軍，出屯牛渚，屢建軍功（見《三國志・吳書・全琮傳》）。

〔69〕南州：《讀史方輿紀要》二十七〈太平府〉：「南豫州（陳時鎮姑熟），州在在建康之南，亦曰南州。」

十二月壬寅，甘露降樂遊苑。甲辰，輿駕幸樂遊苑采甘露，宴羣臣。

丁卯，詔曰：「梁氏之季，兵火荐臻，承華〔70〕焚蕩，頓無遺構。寶命惟新，迄將二紀，頻事戎旅，未遑脩繕。今工役差閑，椽楹有擬，來歲開肇，創築東宮，可權置起部尚書、將作大匠，用主監作。」

【注釋】

〔70〕承華：太子之宮門也，轉以爲太子之居所。本書卷二十三〈王瑒傳〉：「父沖嘗爲瑒辭領中庶子，世祖顧謂沖曰：『所以久留瑒於承華，政欲使太子微有瑒風法耳。』」

五年（癸巳、五七三）

春正月癸酉，以征北大將軍、開府儀同三司、南徐州刺史淳于量爲中權大將軍，宣惠將軍、豫章王叔英爲南徐州刺史，進號平北將軍，吏部尚書、駙馬都尉沈君理爲尚書右僕射，領吏部。辛巳，輿駕親祀南郊。甲午，輿駕親祀太廟。

二月辛丑，輿駕親祀明堂。乙卯夜，有白氣如虹，自北方貫北斗紫宮。

三月壬午，分命眾軍北伐，以鎮前將軍、開府儀同三司吳明徹都督征討諸軍事。丙戌，西衡州〔71〕獻馬生角。己丑，皇孫胤生，內外文武賜帛各有差；爲父後者爵一級。北討大都督吳明徹統眾十萬，發自白下〔72〕。

【注釋】

〔71〕西衡州：《梁書‧武帝紀》：「天監六年，分湘、廣二州置衡州。」本書〈宣帝紀〉：「太建十三年，分衡州始興郡爲東衡州，衡州爲西衡州。」臧勵龢《補陳書疆域志》曰：「按〈宣帝紀〉：『太建五年，西衡州獻馬生角。』是太建十三年之前，已名西衡。蓋天嘉時置東衡州，即改衡州爲西衡州也。」

〔72〕白下：在今江蘇江寧縣西北。《讀史方輿紀要》卷二十〈江寧府‧江寧縣〉：「白下城，在府治北十四里。《輿地志》：『即江乘廢縣之白石壘也。』」

　　夏四月癸卯，前巴州刺史魯廣達克齊大峴城〔73〕。辛亥，吳明徹克秦州〔74〕水柵。

【注釋】

〔73〕大峴城：在安徽含山縣東北。《讀史方輿紀要》卷二十九〈和州‧含山縣〉：「大峴山，縣東北十三里，又小峴山在縣北二十里，一名昭關，稍西曰城山，兩山屹峙，爲廬、濠往來衝要。」

〔74〕秦州：《隋書‧地理志》：「六合，舊置秦郡，後齊置秦州。」故治在今安徽六合縣北。

　　庚申，齊遣兵十萬援歷陽，儀同黃法㲠破之。辛酉，齊軍救秦州，吳明徹又破之。癸亥，詔北伐眾軍所殺齊兵，竝令埋掩。甲子，南譙〔75〕太守徐榎克石梁城〔76〕。

【注釋】

〔75〕南譙：郡名，《讀史方輿紀要》卷二十九〈滁州‧南譙城〉：「在州西南八十里。晉太元中僑置南譙郡，治山桑，齊因之。梁又置譙州及南譙郡，皆治蘄，在今（安徽）巢縣界。」

〔76〕石梁城：《讀史方輿紀要》卷二十一〈泗州‧天長縣〉：「石梁城，縣北二十五里，江左所置戍守處。」

　　五月己巳，石梁城降〔一四〕。癸酉，陽平郡〔77〕城降。甲戌，徐榎克廬江郡〔78〕城。丙子，黃法㲠克歷陽城。己卯，北高唐郡〔79〕城降。辛巳，詔征南大將軍、開府儀同三司、南豫州刺史黃法㲠徙鎮歷陽〔80〕。齊改縣爲郡者竝復之。乙酉，南齊昌太守黃詠克齊昌外城〔81〕。丙戌，廬陵內史任忠軍次東關

〔82〕，克其東、西二城〔83〕，進克蘄城〔84〕。戊子，又克譙郡城〔85〕。秦州城降〔86〕。癸巳，瓜步、胡墅〔87〕二城降。

【校證】

〔十四〕五月己巳，石梁城降

　　　　石梁城，南監本、北監本、汲古本同。宋浙本、《通鑑》卷一七一〈陳紀五〉並作「瓦梁」。

　　　　按《通鑑》卷一七一〈陳紀五〉胡三省注曰：「以《五代志》考之，瓦梁城當在江都郡六合縣界。」錢大昕《廿二史考異》云：「按上書徐榎克石梁城，此又云『石梁城降』，複杳甚矣。通鑑作『瓦梁城』，蓋溫公所見本不誤，當據以改正。」

【注釋】

〔77〕陽平郡：《隋書·地理志》：「江都郡安宜縣，梁置陽平郡。」故治即今江蘇寶應縣治。

〔78〕廬江郡：《宋書·州郡志》：「漢文帝六年，分淮南國立。」故治在今安徽霍山縣東北三十里。

〔79〕北高唐郡：錢大昕《廿二史考異》卷二十七：「《隋志》：『同安郡宿松縣，梁置高唐郡。』又『江都郡清流縣有廢樂鉅、高塘二縣。』初不見北高唐郡之文。」

〔80〕詔南豫州刺史黃法氍徙鎮歷陽：《通鑑》卷一七一〈陳紀五〉胡三省注云：「宋永初中，分淮東爲南豫州，治歷陽。侯景之亂，江、淮之地皆歸高齊。陳（南豫州）治宣城，今復歷陽，命徙鎮焉。」

〔81〕齊昌：《隋書·地理志》：「蘄春郡蘄春縣，舊曰蘄陽，梁改蘄水，後齊改曰齊昌，置齊昌郡。」故治在今湖北蘄春縣西北。

〔82〕東關：《讀史方輿紀要》卷二十九〈和州·含山縣〉：「東關，在縣西南七十里，濡須塢之北，與無爲州巢縣接界。其地峻險，周圍皆石，爲戍守重地。」

〔83〕東、西二城：《通鑑》卷一七一〈陳紀五〉胡三省注曰：「東關東、西二城，吳諸葛恪所築也。」

〔84〕蘄城：《隋書·地理志》：「廬江郡襄安縣，梁曰蘄。」故治即今安徽巢縣治。

〔85〕譙郡城：《讀史方輿紀要》卷二十六〈廬州府·巢縣〉：「譙郡城，縣東南二十里。陳太建五年，任忠克齊蘄城，又克譙郡，即此城也。」

〔86〕秦州城降：《通鑑》卷一七一〈陳紀五〉胡注：「自四月辛亥，拔秦州水柵，

至是三十八日，州城始降。」

〔87〕瓜步、胡墅：《讀史方輿紀要》卷二十〈江寧府・六合縣〉：「瓜步城，在縣東二十五里瓜步山側。胡墅城，在縣東六十里，南岸對石頭城。」

六月庚子，郢州刺史李綜克灄口城〔88〕。乙巳，任忠克合州〔89〕外城。庚戌，淮陽〔90〕、沭陽郡並棄城走〔一五〕。癸丑，景雲見。豫章內史程文季克涇州城〔91〕。乙卯，宣毅司馬湛陁〔92〕克新蔡城〔93〕。癸卯〔一六〕，周遣使來聘。黃法𣰆克合州城。吳明徹師次仁州〔94〕。甲子，克其州城。

是月，治明堂。

【校證】

〔一五〕庚戌，淮陽、沭陽郡並棄城走

沭陽，南監本、北監本、汲古本同。宋浙本、三朝本、《冊府》卷二一九並作「沭陽」。

按宋浙本及《冊府》卷二一九作「沭陽」是。《通鑑》卷一七一〈陳紀五〉亦作「沭陽」，胡三省並有注云：「《五代志》：『梁置潼陽郡於東海郡之沭陽縣，東魏改曰沭陽郡。』『沭』，食聿翻。」是沭陽之「沭」，當作「沭」。汲古本及殿本謁作沐浴之「沐」，當據宋浙本及《通鑑・陳紀》改。

〔一六〕癸卯，周遣使來聘。黃法𣰆克合州城

癸卯，宋浙本、三朝本、南監本、北監本、汲古本、《南史・陳宣帝紀》同。按本書是年六月下所見之干支，計有庚子、乙巳、庚戌、癸丑、乙卯、癸卯、甲子等七日。茲以大明曆步算，是年六月乙未朔，「庚子」爲初六日，「乙巳」爲十一日，「庚戌」爲十六日，「癸丑」爲十九日，「乙卯」爲二十一日，「癸卯」爲初九日，「甲子」爲三十日。此中唯「癸卯」與排列順序不合。疑此作「癸卯」者，有誤。各本於「癸卯」下書「周遣使來聘」與「黃法𣰆克合州城」同在一日，然《通鑑》卷一七一〈陳紀五〉却書「黃法𣰆克合州」在「癸亥」日，「癸亥」爲六月二十九日。明此「癸卯，周遣使來聘」之「癸卯」，實乃「癸亥」之誤，各本並謁作「癸卯」，當據《通鑑・陳紀》改。

【注釋】

〔88〕灄口城：《讀史方輿紀要》卷七十六〈黃州府・黃陂縣〉：「灄口城，在（湖北黃陂）縣南四十里。」故城至今猶存，平漢鐵路經之。

〔89〕合州：《魏書‧地形志》：「合州，蕭衍置。魏因之，治合肥城。」

〔90〕淮陽：《隋書‧地理志》：「下邳郡淮陽縣，梁置淮陽郡。」故治在今江蘇淮陰
縣西南。

〔91〕涇州城：吳熙載《通鑑地理今釋》卷九：「涇州，在安徽天長縣。」

〔92〕宣毅司馬湛陀：按本書卷二十八〈長沙王叔堅傳〉：「太建四年，爲宣毅將軍、
江州刺史，置佐史。」太建五年六月，叔堅仍爲宣毅將軍，江州刺史。據是
知：湛陀爲江州刺史、宣毅長沙王府司馬也。司馬，主州府武事。陳制：皇
子府司馬品第五，秩千石。

〔93〕新蔡城：《通鑑》卷一七一〈陳紀五〉胡注：「《五代志》：廬江郡淠水縣，弋
陽郡定城縣、殷城縣，皆有梁所置新蔡郡。又（河南）固始縣有後齊所置新
蔡郡，未知孰是？」按《讀史方輿紀要》卷二十六〈廬州府‧霍山縣〉：「淠
水廢縣，在縣東。梁置北沛郡，治新蔡縣，東魏因之。陳太建五年，吳明徹
等伐齊，別將湛陀克新蔡城是也。」

〔94〕仁州：《太平寰宇記》卷十七〈宿州‧虹縣〉：「赤坎故城，在縣西南一百九十
五里。梁天監八年，置赤坎戍。太同二年，廢戍置仁州。」故治在今安徽靈
璧縣東南。

　　秋七月乙丑，鎮前將軍、開府儀同三司吳明徹進號征北大將軍。戊辰，
齊遣眾二萬援齊昌，西陽〔95〕太守周炅破之。己巳，吳明徹軍次峽口〔96〕，克
其北岸城，南岸守者棄城走。周炅克巴州〔97〕城。淮北絳城及穀陽〔98〕士民，
竝誅其渠帥以城降〔99〕。丙戌，吳明徹克壽陽〔100〕外城。

【注釋】

〔95〕西陽：《通鑑》卷一七一〈陳紀五〉胡三省注：「西陽郡在（湖北）黃岡縣界。」

〔96〕峽口：亦作「硤石」。《讀史方輿紀要》卷二十一〈鳳陽府‧壽州〉：「硤石城，
在州西北二十五里硤石山上。山兩岸相對，淮水經其中。因於山上對岸結二
城，以防津要。《通釋》：『硤石以淮水中流分界，在西岸者，爲西硤石，屬
下蔡；在東岸者，則屬壽春。』硤口即硤石口也。」

〔97〕巴州城：《隋書‧地理志》：「永安郡黃岡縣，後齊置巴州。」故治在今湖北黃
岡縣西北一百二十里。

〔98〕絳城及穀陽：《通鑑》卷一七一〈陳紀五〉胡注：「絳城，蓋虹縣城，音同而
字異耳。《五代志》：『彭城郡穀陽縣，後齊置穀陽郡。』」

〔99〕淮北絳城及穀陽士民竝誅其渠帥以城降：錢大昕《廿二史考異》卷二十七云：

「胡三省謂絳城蓋虹縣城。又引彭城郡之穀陽縣證此穀陽，其實皆非也。此
文承周炅克巴州城之下。〈炅傳〉本云：『江北諸城。』淮、絳二字，蓋（江、
諸）轉寫之誤耳。穀陽亦當在江北，與蘄黃相近。」

〔100〕壽陽：《讀史方輿紀要》卷二十一〈壽州‧壽春廢縣〉：「秦置縣。晉自渡江
後，壽春尤爲重鎮。孝武改曰壽陽。」故治即今安徽壽縣治。

　　八月乙未，山陽城〔101〕降。壬寅，盱眙城〔102〕降。戊申，罷南齊昌郡〔103〕。
壬子，戎昭將軍徐敬辯克海安城〔104〕，青州〔105〕東海城降〔106〕。戊午，平固
侯陳敬泰等克晉州城〔107〕。

【注釋】

〔101〕山陽城：《隋書‧地理志》：「江都郡山陽縣，舊置山陽郡。」故治即今江蘇
淮安縣治。

〔102〕盱眙城：《隋書‧地理志》：「江都郡盱眙縣，舊魏置盱眙郡，陳置北譙州，
尋省。」故治在今安徽盱眙縣東北。

〔103〕南齊昌郡：錢大昕《廿二史考異》卷二十七云：「按《隋志》：『蘄春縣，後
齊置齊昌郡。』而無『南齊昌』之名。此紀有『南齊昌』，又有『齊昌』，則
當時實有二郡，《隋志》遺其一耳。」

〔104〕戎昭將軍徐敬辯克海安城：陳制：戎昭將軍，擬官品第八，秩六百石。《魏書‧
地形志》：「海安，蕭衍置，魏因之，屬琅邪郡。」舊治在今江蘇東海縣境。

〔105〕青州：《讀史方輿紀要》卷二十二〈淮安府‧海州〉：「東海廢縣，州東十九
里。漢贛榆縣地，即鬱洲山也。劉宋泰始二年，僑置青、冀二州於此。」又
〈鬱洲山〉：「齊初亦爲青州治。梁復爲青、冀二洲治。」故治在今江蘇灌雲
縣鬱州。

〔106〕東海城：《隋書‧地理志》：「東海郡東海縣，舊置廣饒縣及東海郡。後齊分
廣饒置東海縣。」故城在今江蘇灌雲縣鬱洲。舊在海中，今已連於大陸。

〔107〕晉州城：《隋書‧地理志》：「同安郡，梁置豫州，後改曰晉州。」故治即今
安徽潛山縣治。

　　九月甲子，陽平城〔108〕降。壬申，高唐太守沈善度〔109〕克馬頭城〔110〕。
甲戌，齊安城〔111〕降。丙子，左衛將軍樊毅克廣陵、楚子城〔112〕。癸未，尚
書右僕射、領吏部、駙馬都尉沈君理卒。丁亥，前鄱陽內史魯天念克黃城〔113〕
小城，齊軍退保大城。戊子，割南兗州之盱眙郡屬譙州。壬辰晦，夜明。黃

城大城降。

【注釋】

〔108〕陽平城：錢大昕《廿二史考異》卷二十七云：「按是年四月，已書陽平郡城降，此又云陽平城降，是有兩陽平矣。考《隋志》：『江都郡安宜縣，梁置陽平郡。』又《魏志》楚州所領有陽平郡；領陽平、濮陽二縣。或前所書者，安宜之陽平（即今江蘇寶應縣治）；後所書者，鍾離（東魏楚州治鍾離城）之陽平（在安徽舊鳳陽府境）乎？」

〔109〕高唐太守沈善度：《通鑑》卷一七一〈陳紀五〉作「沈善慶」。

〔110〕馬頭城：《讀史方輿紀要》卷二十一〈鳳陽府・懷遠縣〉：「馬頭郡城，在縣西南二十里，下臨淮河，為往來渡淮者必經之地。」

〔111〕齊安城：《隋書・地理志》：「永安郡黃岡縣，齊曰南安，又置齊安郡。」故城在今湖北黃岡縣西北。

〔112〕廣陵、楚子城：《通鑑》卷一七一〈陳紀五〉胡注：「此廣陵非江都之廣陵。按魏太和中，蠻帥田益宗納土於魏，魏為立東豫州，治廣陵城。《五代志》：『汝南郡新息縣（今河南新息縣），魏置東豫州。』則此廣陵乃新息之廣陵也。又梁武帝置楚州於汝南郡之城陽縣（故城在今河南信陽縣東北），治楚城，即楚子城也。《水經》：淮水先過城陽縣而後過新息縣。則知廣陵城與楚子城相近。」

〔113〕黃城：《元和志》卷二十七〈鄂州・黃陂縣〉：「本漢西陵縣地，三國時，劉表為荊州刺史，以此地當江、漢之口，懼吳侵軼，建安中，使黃祖於此築城鎮遏，因名黃城鎮。」《讀史方輿紀要》卷七十六〈湖廣二・黃州府〉云：「黃城，今（湖北黃陂）縣治。陳太建五年伐齊，克黃城，以為司州，治安昌郡，即此。」《通鑑》卷一七一卷〈陳紀五〉胡三省注：「《地形志》，譙州下蔡郡有黃城縣。按東魏置譙州於渦陽（故城即今安徽蒙城縣治），則黃城亦其屬縣也。蓋下蔡在淮北，而黃城在壽陽西。」胡氏以為「黃城在（安徽）壽陽西」，此說非是，詳見本卷注釋〔118〕「以黃城為司州」條。

　　冬十月甲午，郭默城〔114〕降。戊戌，以中書令王瑒為吏部尚書。己亥，以特進、領國子祭酒周弘正為尚書右僕射。乙巳，吳明徹克壽陽城，斬王琳，傳首京師，梟於朱雀航。丁未，齊兵萬人至潁口〔115〕，樊毅擊走之。辛亥，齊遣兵援蒼陵〔116〕，又破之。

【注釋】

〔114〕郭默城：《讀史方輿紀要》卷七十六〈黃州府‧蘄水縣〉：「郭默城，在（湖北蘄水）縣東，東晉初郭默嘗據此。胡氏曰：『城在蘄、黃二州之間。』」

〔115〕潁口：《讀史方輿紀要》卷二十一〈鳳陽府‧潁州〉：「潁河，自河南沈丘縣流入境。自州而東，經潁上縣至正陽鎮入於淮，謂之潁口。」

〔116〕蒼陵：在潁口及壽陽間。《水經‧淮水注》：「淮水又東流，與潁口會，東南逕蒼陵城北。又東北流，逕壽春縣故城西。」《魏書‧地形志》：「淮南郡壽春縣，故楚，有蒼陵城。」

　　丙辰，詔曰：「梁末得懸瓠〔117〕，以壽陽為南豫州，今者克復，可還為豫州。以黃城為司州，治下為安昌郡，澴潬為漢陽郡，三城依梁為義陽郡，竝屬司州〔118〕。」以征北大將軍、開府儀同三司吳明徹為豫州刺史，進號車騎大將軍；征南大將軍、開府儀同三司、南豫州刺史黃法𣾷為征西大將軍、合州刺史。戊午，湛陁克齊昌城。

【注釋】

〔117〕懸瓠：《太平寰宇記》卷十一〈河南道‧蔡州〉：「汝陽縣懸瓠城，亦名懸壺城。故城即今河南汝南縣治，為南北朝兵爭要地。」

〔118〕以黃城為司州，治下為安昌郡，澴潬為漢陽郡，三城依梁為義陽郡，竝屬司州：錢大昕《廿二史考異》卷二十七云：「按胡三省《通鑑注》引《魏收志》『譙州下蔡郡有黃城縣』，以為黃城在壽陽西。又引《水經注》：『柴水東逕黃城西，東北入於淮，謂之淮口』以證成其說。以予考之，乃大謬也。考《隋志》：『黃陂縣，後齊置南司州，後周改曰黃州，又有安昌郡。』則黃城即黃陂城，因後齊嘗置南司州，故陳亦仍司州之名也。《隋志》於『黃陂縣』下又云：『後齊置產州，陳廢之。』此紀所云澴潬者，即後齊之產州。彼志但言廢州，不言改置。漢陽郡者，史之闕漏也。《隋志》『木蘭縣』下云：『梁置梁安郡。又有永安、義陽二郡。』即此紀之義陽郡也。《周書‧杞國公亮傳》：『大象初，與韋孝寬等伐陳，亮自安陸道攻拔黃城。』黃城與安陸相近，則必為黃陂城，非淮口之黃城矣。當時北征元有兩路，吳明徹大軍由壽陽趨彭、沛，而周炅、魯天念輩別取江北蘄、黃之地。紀、傳所載，本不相混，胡氏乃以下蔡之黃城當之，則安昌、漢陽、義陽，皆風馬牛不相及矣。」

　　十一月甲戌，淮陰城降〔119〕。庚辰，威虜將軍劉桃根克朐山〔一七〕城。辛
巳，樊毅克濟陰城〔120〕。己丑，魯廣達等克北徐州〔121〕。

【校證】

〔一七〕庚辰，威虜將軍劉桃根克朐山城

　　　　朐山，宋浙本、三朝本、南監本、北監本、汲古本同。

　　　　按朐山之「朐」，當从肉作「朐」。下文太建六年四月辛丑詔文內所見「朐
　　　　山」之「朐」，字正从肉作「朐」，不誤。《通鑑》卷一七一〈陳紀五〉亦作
　　　　「朐」，胡三省並有音注云：「《五代志》，東海郡有朐山縣（在今江蘇東海
　　　　縣南四里）。朐，音劬。」「朐山」之「朐」，各本譌作从日句聲之「朐」，
　　　　非是，當據《通鑑・陳紀》改。

【注釋】

〔119〕淮陰城：《隋書・地理志》：「江都郡山陽縣，有後魏淮陰郡。」今江蘇淮陰
　　　　縣東南有淮陰故城，即郡治也。

〔120〕濟陰城：《隋書・地理志》：「鍾離郡化明縣，故曰睢陵，置濟陰郡。」即今
　　　　江蘇睢寧縣治。

〔121〕北徐州：《魏書・地形志》：「太和中，立北徐州於宿豫。」故治在今江蘇宿
　　　　遷縣東南。

　　十二月壬辰朔，詔曰：「古者反噬叛逆，盡族誅夷，所以藏其首級，誡之
後世。比者所戮，止在一身，子胤或存，梟懸自足，不容久歸武庫〔122〕，長
比月支〔123〕，惻隱之懷，有仁不忍。維熊曇朗、留異、陳寶應、周迪、鄧緒
等及今者王琳首，竝還親屬〔124〕，以弘廣宥。」乙未，譙城〔125〕降。乙巳，
立皇子叔明為宜都王，叔獻為河東王。壬午，任忠克霍州〔126〕城。

【注釋】

〔122〕武庫：《文選》張衡《西京賦》：「武庫禁兵，設在蘭錡。」薛綜注：「武庫，
　　　　天子主兵器之宮也。」

〔123〕月支：《文選》顏延之〈赭白馬賦〉：「經玄蹄而霆散，歷素支而冰裂。」李
　　　　善注：「玄蹄，馬蹄也。素支，月支也。皆射帖名也。言馬既良，射者亦中，
　　　　故馬蹄霆散，月支冰裂也。」

〔124〕王琳首竝還親屬：《北齊書・王琳傳》云：「琳果勁絕人，強記內敏，軍府
　　　　佐吏千數，皆識其姓名。刑罰不濫，輕財愛士，得將卒之心。少任將帥，

屢經喪亂，雅有忠義之節。雖本圖不遂，鄴人亦以此重之，待遇甚厚。及敗，爲陳軍所執，吳明徹欲全之，而其下將領多琳故吏，爭來致請，并相資給。明徹由此忌之，恐其爲變，殺之（壽陽）城北二十里，時年四十八。傳首建康，懸之於市。琳故吏梁驃騎府倉曹參軍朱瑒致書陳尙書僕射徐陵求琳首，陵嘉其志節。又明徹亦數夢琳求首，並爲啓陳主而許之。瑒乃與開府儀同主簿劉韶慧等持其首還於淮南，櫪瘞八公山側，義故會葬者數千人。」

〔125〕譙城：《隋書·地理志》：「譙郡山桑縣，後魏置渦州渦陽縣，又置譙郡。東魏改曰譙州。」故治即今安徽蒙城縣治。

〔126〕霍州：《隋書·地理志》：「廬江郡霍山縣，梁置霍州。」故治在今安徽霍山縣東。

六年（甲午、五七四）

春正月壬戌朔，詔曰：「王者以四海爲家，萬姓爲子，一物乖方，夕惕猶厲；六合未混，旰食彌憂。朕嗣纂鴻基，思弘經略，上符景宿〔127〕，下叶人謀，命將興師，大拯淪溺。灰琯〔128〕未周，凱捷相繼，拓地數千，連城將百。蠢彼餘黎，毒茲異境，江淮年少，猶有剽掠；鄉閭無賴，摘出陰私；將帥軍人，罔顧刑典。今使苛法蠲除，仁聲載路。且肇元告慶，邊服來荒，始覿皇風，宜覃曲澤。可赦江右淮北南司、定、霍、光〔129〕、建〔130〕、朔〔131〕、合、豫、北徐、仁、北兗〔132〕、青、冀、南譙、南兗十五州，郢州之齊安〔133〕、西陽，江州之齊昌、新蔡、高唐，南豫州之歷陽、臨江郡〔134〕土民〔一八〕，罪無輕重，悉皆原宥。將帥職司，軍人犯法，自依常科。」以翊前將軍、新安王伯固爲中領軍，進號安前將軍〔135〕，安前將軍、中領軍、晉安王伯恭爲安南將軍、南豫州刺史。壬午，輿駕親祀太廟。甲申，廣陵金城降〔136〕。周遣使來聘。高麗國遣使獻方物。

【校證】

〔一八〕南豫州之歷陽、臨江郡土民，罪無輕重，悉皆原宥

　　　　土民，宋浙本、三朝本、北監本同。南監本作「士民」。汲古本「土」字下有小注，云一作「士」。

　　　　按作「士」字，於義較勝。《冊府》卷二〇八、《御覽》卷一三四引亦竝作「士民」。

【注釋】

〔127〕景宿：謂列星也。《文選》左思〈吳都賦〉：「夫上圖景宿，辨於天文者也。」

〔128〕灰琯：古占氣候之器。《續漢書》云：「候氣之法，於密室中，以木爲案，置十二律琯，各如其方，實以葭灰，覆以緹縠，氣至則一律飛灰。」灰琯未周，謂一年未滿也。

〔129〕光州：《隋書·地理志》：「弋陽郡，梁置光州。」故治即今河南潢川縣治。

〔130〕建州：《隋書·地理志》：「弋陽郡殷城縣，梁置建州。」故城在今河南商城縣西。

〔131〕朔州：《魏書·地形志》：「南朔州，蕭衍置，州治齊坂城。」

〔132〕北兗州：《南齊書·州郡志》：「北兗州，宋泰始二年立，鎮淮陰。」故治即今江蘇淮陰縣東南。

〔133〕齊安郡：《隋書·地理志》：「永安郡黃岡縣，齊置齊安郡。」故治在今湖北黃岡縣西北。

〔134〕臨江郡：《隋書·地理志》：「歷陽郡烏江縣，梁置江都郡，後齊改爲齊江郡，陳改爲臨江郡。」故治在今安徽和縣東北。

〔135〕翊前將軍進號安前將軍：陳制：翊前將軍與安前將軍同爲第三品，竝秩中二千石，唯安前班位在翊前上，故此云以「翊前將軍進號安前將軍」。

〔136〕廣陵金城降：《通鑑》卷一七一〈陳紀五〉胡注：「去年九月，樊毅克廣陵楚子城，其金城至是始降。」

二月壬辰朔，日有蝕之。

辛亥，輿駕親耕籍田。丙辰，以中權大將軍、開府儀同三司淳于量爲征西大將軍、郢州刺史。

三月癸亥，詔曰：「去歲南川頗言失稔，所督田租于今未即。豫章等六郡太建五年田租，可申半至秋。豫章又逋太建四年檢首田稅，亦申至秋。南康一郡，嶺下應接，民間尤弊，太建四年田租未入者，可特原除。庶脩墾無廢，歲取方實。」

夏四月庚子，彗星見。

辛丑，詔曰：「戢情懷善，有國之令圖；拯弊救危，聖範之通訓。近命師薄伐〔137〕，義在濟民，青、齊〔138〕舊隸，膠〔139〕、光部落，久患凶戎，爭歸有道，棄彼農桑，忘其衣食。而大軍未接，中途止憩，胊山、黃郭〔140〕，車營布滿，扶老攜幼，蓬流草跋，既喪其本業，咸事遊手，饑饉疾疫，不免流

離。可遣大使精加慰撫，仍出陽平倉穀，拯其懸罄，并充糧種。勸課士女，隨近耕種。石鼈〔141〕等屯，適意脩墾。」

【注釋】

〔137〕薄伐：《詩經・小雅・出車》：「赫赫南仲，薄伐西戎。」朱熹《詩集傳》曰：『薄之爲言聊也。』」說非是。按「薄」之本字，應作「搏」。〈虢季子白盤〉作：「搏伐厰狁。」搏爲搏之異體。《廣雅・釋詁》：「搏，擊也。」「薄伐」之「薄」，作「薄」，爲「搏」、「搏」之假借字。

〔138〕齊：《魏書・地形志》：「齊州治歷城。（宋）劉義隆置冀州、（後魏）皇興三年更名。」故治即今山東歷城縣治。

〔139〕膠：《魏書・地形志》：「膠州，永安二年置，治東武城。」故治即今山東諸城縣治。

〔140〕黃郭：在江蘇贛榆縣西北，近山東莒城縣界。《太平寰宇記》卷二十二〈海州・懷仁縣〉：「本漢贛榆縣地，梁於此置黃郭戍。」

〔141〕石鼈：《讀方史輿紀要》卷二十三〈揚州府・高郵州・寶應縣〉：「石鼈城，縣西八十里。三國魏鄧艾築此以營田。《北齊書》：乾明初，蘇珍芝義修石鼈等屯，歲收數十萬石，自是淮南軍防足食。」

六月壬辰，尚書右僕射、領國子祭酒〔142〕周弘正卒。乙巳，以中衛將軍、揚州刺史、鄱陽王伯山爲征北將軍、南徐州刺史，中護軍、衡陽王伯信爲宣毅將軍、揚州刺史。

【注釋】

〔142〕國子祭酒：《晉書・職官志》：「咸寧四年，晉武帝立國子學，始置國子祭酒一人，主國子學。」《隋書・百官志上》：「陳國子祭酒品第三，秩中二千石。」

冬十一月乙亥，詔北討行軍之所，竝給復〔143〕十年。

十二月癸巳，平南將軍、湘州刺史、始興王叔陵進號鎮南將軍。戊戌，以吏部尚書王瑒爲尚書右僕射，度支尚書孔奐爲吏部尚書。丙午，安右將軍、左光祿大夫王通加特進。

【注釋】

〔143〕給復：謂免除其賦役也。《北史・魏文帝紀》：「齊人降者，給復十五年。」

七年（乙未、五七五）

春正月辛未，輿駕親祀南郊。乙亥，左衛將軍樊毅克潼州〔144〕城。辛巳，輿駕親祀北郊。

【注釋】

〔144〕潼州城：《隋書・地理志》：「下邳郡夏丘縣，後齊置，並置夏丘郡，尋立潼州。」故城在今江蘇睢寧縣西南。

二月戊申，樊毅克下邳、高柵〔145〕等六城。

【注釋】

〔145〕高柵：「《讀史方輿紀要》卷二十二〈淮安府・邳州・宿遷縣〉：「柵淵城，在（江蘇宿遷）縣西南。《魏收志》：『下邳郡有柵淵縣，（東魏）武定八年，分宿豫縣置。』陳太建六年，樊毅克齊下邳、高柵等六城，高柵即柵淵也。」

三月辛未，詔豫、二兗、譙、徐、合、霍、南司、定九州及南豫、江、郢所部在江北諸郡〔146〕置雲旗義士，往大軍及諸鎮備防。

戊寅，以新除征西大將軍、合州刺史、開府儀同三司黃法㧖為豫州刺史。改梁東徐州為安州〔147〕，武州為沅州〔148〕。移譙州鎮於新昌郡〔149〕，以秦郡屬之。盱眙、神農〔150〕二郡還隸南兗州。

【注釋】

〔146〕江北諸郡：錢大昕《廿二史考異》卷二十七云：「按南豫州之歷陽、臨江，江州之齊昌、新蔡、高唐，郢州之齊安、西陽，所謂江北諸郡也。」

〔147〕改梁東徐州為安州：《隋書・地理志》：「下邳郡，後魏置南徐州，梁改為東徐州，陳改為安州。」本書卷十二〈徐敬成傳〉云：「為安州刺史，鎮宿預。」宿預故治在今安徽宿遷縣東南。

〔148〕武州為沅州：錢大昕《廿二史考異》卷二十七云：「此武州當治下邳郡，非武陵之武州也。《隋志》：『下邳縣，梁置武州、下邳郡。魏改州曰東徐，後周改曰邳州。』而不見沅州之名。」

〔149〕移譙州鎮於新昌郡：《讀史方輿紀要》卷二十九〈徽州府・滁州〉：「南譙城，在州西南八十里。晉太元中僑置南譙郡，治山桑，齊因之。梁又置譙州及南譙郡，皆治蘄，在今巢縣界。」又「清流廢縣，今州治。本漢全椒縣地，宋元徽初置新昌郡，治頓丘縣，齊因之。梁兼置南譙州，治新昌城，領新昌、

高塘、臨滁、南梁等郡。東魏曰譙州，仍治新昌郡。」故治即今安徽滁縣治。

〔150〕神農：郡名。《隋書・地理志》：「江都郡高郵縣，梁置廣業郡，尋以有嘉禾，爲神農郡。」故治即今江蘇高郵縣治。

夏四月丙戌，有星孛于大角〔151〕。庚寅，監豫州陳桃根於所部得青牛，獻之，詔遣還民。甲午，輿駕親祀太廟。乙未，陳桃根又表上織成羅文錦被裘各二〔一九〕，詔於雲龍門〔152〕外焚之。壬子，郢州獻瑞鍾〔二〇〕六。

【校證】

〔一九〕陳桃根又表上織成羅文錦被裘各二

表上羅文錦被裘各二，《南史・陳宣帝紀》、《冊府》卷一九八引竝作「上織成羅紋錦被表各二」，「文」作「紋」、「裘」作「表」。宋浙本、南監本、《通鑑》一七一「錦被」下，俱無「裘」字（北監本、汲古本有），「各二」下，悉有「百首」二字。「織成羅文錦被」，宋浙本「文」作「又」。

按張元濟百衲本《陳書校勘記》云：「此文（指宋本作「又」）不誤。意謂織成羅與錦被兩物各二百端。『端』或作『耑』，『首』爲『耑』字之誤。」

〔二〇〕郢州獻瑞鍾六

鍾，宋浙本、三朝本、南監本、北監本、汲古本同。《冊府》卷二〇二作「鐘」。

按《冊府》卷二〇二作「鐘」字是。作「鍾」，爲「鐘」之假借，說詳卷二校證〔二〇〕「哥鍾女樂，不列於前」條

【注釋】

〔151〕有星孛于大角：《公羊傳》：「孛者何？彗星也。彗爲篲也，言其狀似掃篲，光芒孛孛然。」《左傳・昭公十七年》：「冬，有星孛於大辰，西及漢。」孔穎達《疏》：「孛星出於大辰（星名，即心宿二，又名大火）之西，而尾東指，光芒歷辰星而東及天漢（銀河）也。」《晉書・天文志》：「大角者，天王座也。」

〔152〕雲龍門：《讀史方輿紀要》卷二十《江寧府・今府城》：「《建安宮闕簿》：『吳大帝所築苑城也。東晉以後曰宮城，亦曰臺城。』有門六，南曰大司馬門，其門內曰雲龍門，殿前正門也。」

五月乙卯，割譙州之秦郡還隸南兗州〔153〕，分北譙縣置北譙郡〔154〕，領

陽平所屬北譙、西譙〔155〕二縣。合州之南梁郡〔156〕隸入譙州。

【注釋】

〔153〕割譙州之秦郡還隸南兖州：按本書卷九〈吳明徹傳〉：「明徹，秦郡人也。初秦郡屬南兖州，後隸譙州，至是，詔以譙之秦、盱眙、神農三郡還屬南兖州，以明徹故也。」

〔154〕北譙郡：《隋書·地理志》：「江都郡全椒縣，梁曰北譙，置北譙郡。」故治在今安徽全椒縣西北。

〔155〕西譙縣：《隋志》不載，其地當與北譙縣鄰近。

〔156〕南梁郡：《讀史方輿紀要》卷二十一〈鳳陽府·鳳陽縣〉：「梁城，府西南九十里，亦曰南梁城。晉太元中僑立南梁郡於淮南。」故治在今安徽鳳陽縣西南九十里。

　　六月丙戌，爲北討將士死王事者克日舉哀。壬辰，以尚書右僕射王瑒爲尚書右〔二一〕僕射。己酉，改作雲龍、神虎門〔157〕。

【校證】

〔二一〕尚書右僕射王瑒爲尚書右僕射

　　王瑒爲尚書右僕射，汲古本同。宋浙本、三朝本、南監本、《南史·陳宣帝紀》並作「王瑒爲尚書僕射」。《通鑑》一七二作「王瑒爲左僕射」。

　　按太建六年六月壬辰，尚書右僕射周弘正卒。十二月戊戌，以吏部尚書王瑒爲尚書右僕射。七年十二月壬戌，以尚書僕射王瑒爲尚書左僕射，太子詹事陸繕爲尚書右僕射。」前此「六月壬辰」時，尚書省不置左、右僕射，即以「王瑒爲尚書僕射」也。《通鑑》一七二〈陳紀六〉作「六月壬辰，以尚書右僕射王瑒爲左僕射」，非是。宋浙本、南監本、《南史·陳宣帝紀》作「爲尚書僕射」，不誤。汲古本與殿本下一「僕射」上衍一「右」字，當據宋浙本、南監本及《南史》刪。

【注釋】

〔157〕改作雲龍、神虎門：《建康實錄》卷二十云：「雲龍門，是二宮墻東面門。晉本名東華門，東出東掖門，梁改之西對第三重墻萬春門。神虎門，是第二重宮墻西面門，對第三重宮墻千秋門。」

　　秋八月壬寅，移西陽郡治保城〔158〕。癸卯，周遣使來聘。

閏九月壬辰，都督吳明徹大破齊軍於呂梁〔159〕。

【注釋】

〔158〕移西陽郡治保城：《讀史方輿紀要》卷七十六〈黃州府・黃岡縣〉：「西陽城，在府東南百三十里。晉初弋陽郡治此。惠帝分弋陽郡爲西陽國，江左改國爲郡。」故治在今湖北黃岡縣東。又卷五十〈汝寧府・眞陽縣〉：「保城廢縣，在縣西南。劉宋孝建三年置寶城縣，屬義陽郡，後魏改爲保城縣，屬汝南郡，高齊因之，隋省。」故治在今河南羅山縣西。

〔159〕呂梁：在今江蘇銅山縣東南五十里。《水經・泗水注》：「泗水過呂縣南，水之上有石梁焉，故曰呂梁也。」

是月，甘露頻降樂遊苑。丁未，輿駕幸樂遊苑，採甘露，宴羣臣。詔於苑龍舟山〔160〕立甘露亭。

【注釋】

〔160〕龍舟山：在今南京市太平門內。《讀史方輿紀要》卷二十〈江寧府・江寧縣〉：「覆舟山，在府北七里，形如覆舟，因名。山脈東連鍾山，北臨玄武湖。一名龍山，陳太建中又改爲龍舟山。」

冬十月戊午，以征北將軍、南徐州刺史、鄱陽王伯山爲征南將軍、江州刺史，安前將軍、中領軍、新安王伯固爲南徐州刺史，進號鎮北將軍；信威將軍、江州刺史、長沙王叔堅爲雲麾將軍、中領軍。己巳，立皇子叔齊爲新蔡王，叔文爲晉熙〔161〕王。

【注釋】

〔161〕晉熙：《隋書・地理志》：「同安郡懷寧縣，舊置晉熙郡。」故治即今安徽潛山縣治。

十一月庚戌，以征西大將軍、開府儀同三司、郢州刺史淳于量爲中軍大將軍。

十二月丙辰，以新除雲麾將軍、郢州刺史、長沙王叔堅爲平越中郎將、廣州刺史，東中郎將、東揚州刺史、建安王叔卿爲雲麾將軍、郢州刺史，宣惠將軍、宜都王叔明爲東揚州刺史。壬戌，以尚書僕射王瑒爲尚書左僕射，太子詹事、揚州大中正陸繕爲尚書右僕射，國子祭酒徐陵爲領軍將軍。甲子，

南康郡獻瑞鍾〔二二〕。

【校證】

〔二二〕南康郡獻瑞鍾

宋浙本、三朝本、南監本、北監本、汲古本同。《南史・陳宣帝紀》作「獻瑞鍾一」。《冊府》卷二〇二作「獻瑞鐘一」。

按《南史・陳宣帝紀》及《冊府》卷二〇二「瑞鍾」下有「一」字極是。「一」者，載明其所獻之數也，此與上文「四月壬子，郢州獻瑞鍾六」，「瑞鍾」下載有「六」字之例合。瑞鍾之「鍾」，《冊府》卷二〇二作「鐘」，用本字也。《南史・陳宣帝紀》作訓爲酒器也之「鍾」，則爲「鐘」之假借字。其餘各本瑞鐘之「鐘」，竝作假借字之「鍾」，「鍾」下又漏書所獻之數，皆當據《冊府》二〇二補正。

八年（丙申、五七六）

春正月庚辰，西南有紫雲見。

二月壬申，車騎大將軍、開府儀同三司吳明徹進位司空。丁丑，詔江東道太建五年以前租稅夏調逋在民間者，皆原之〔162〕。

夏四月甲寅，詔曰：「元戎凱旋，羣師振旅，旌功策賞，宜有饗宴。今月十七日，可幸樂遊苑，設絲竹之樂，大會文武。」己未，輿駕親祀太廟。庚寅〔二三〕，尚書左僕射王瑒卒。

【校證】

〔二三〕夏四月甲寅，詔曰……庚寅，尚書左僕射王瑒卒

庚寅，宋浙本、三朝本、南監本、北監本、汲古本同。《南史・陳宣帝紀》「庚寅」上有「五月」二字。

按是年四月己酉朔，無「庚寅」。五月戊寅朔、五月十三爲庚寅，則此「庚寅」上，《南史》有「五月」二字，甚是。各本「庚寅」上脫「五月」二字，當據《南史》補。

【注釋】

〔162〕太建五年以前租稅夏調逋在民間者，皆原之：逋，拖欠稅賦也。《漢書・昭帝紀》：「三年以前逋更賦未入者，皆勿收。」令狐楚〈爲王珙賀郊表〉：「減來歲之新稅，昭其儉也；棄比年之逋責（債），弘諸仁也。」

六月癸丑，以雲麾將軍、廣州刺史、長沙王叔堅爲合州刺史，進號平北將軍。甲寅，以尚書右僕射陸繕爲尚書左僕射，新除晉陵太守王克爲尚書右僕射。

秋八月丁卯，以車騎大將軍、司空吳明徹爲南兗州刺史。

九月戊戌，以皇子叔彪爲淮南〔163〕王。

【注釋】

〔163〕淮南：《隋書·地理志》：「壽春縣，舊有淮南郡。」故治即今安徽壽縣治。

冬十一月乙酉，以平南將軍、湘州刺史〔二四〕、長沙王叔堅爲平西將軍、郢州刺史。丁酉，分江州晉熙、高唐、新蔡三郡爲晉州〔164〕。辛丑，以冠軍將軍〔165〕、廬陵王伯仁爲中領軍。

【校證】

〔二四〕以平南將軍、湘州刺史長沙王叔堅爲平西將軍、郢州刺史

平南將軍、湘州刺史，宋浙本、三朝本、南監本、北監本、汲古本同。按太建四年至太建八年，始興王叔陵爲平南將軍、湘州刺史（見此及卷三十六〈始興王叔陵傳〉）。則其間長沙王叔堅不得與始興王叔陵同時爲平南將軍、湘州刺史可知。且太建九年正月，湘州刺史始興王叔陵遷揚州刺史後，繼之爲湘州刺史、平南將軍者，乃雲麾將軍、建安王叔卿，而非長沙王叔堅，則此云長沙王叔堅爲「平南將軍、湘州刺史」者顯然有誤。考叔堅爲「平西將軍、郢州刺史」前，曾爲「平北將軍、合州刺史。」羅振玉《陳書斠議》曰：「〈叔堅傳〉無『平南將軍、湘州刺史』之職，殆『平北將軍、合州刺史』之誤。其時湘州刺史爲始興王叔陵，非叔堅也。」

【注釋】

〔164〕分江州晉熙、高唐、新蔡三郡爲晉州：錢大昕《廿二史考異》卷二十七云：「按晉熙郡，梁末已置晉州，後爲北齊所有，改爲江州，今仍復其舊也。」

〔165〕冠軍將軍：陳冠軍將軍第四品，秩中二千石。

十二月丁卯，以新除太子詹事徐陵爲石〔二五〕光祿大夫。

【校證】

〔二五〕以新除太子詹事徐陵爲石光祿大夫

石光祿大夫，汲古本同。宋浙本、南監本、北監本竝作「右光祿大夫」。
按作「右光祿大夫」是。汲古本與殿本「右」字誤作「石」，當據宋浙本及
南、北監本改。

九年（丁酉、五七七）

春正月辛卯，輿駕親祀北郊。壬寅，以湘州刺史、新除中衛將軍、始興
王叔陵爲揚州刺史，雲麾將軍、建安王叔卿爲湘州刺史，進號平南將軍。

二月壬午〔二六〕，輿駕親耕籍田。

【校證】

〔二六〕二月壬午，輿駕親耕籍田

　　　壬午，宋浙本、三朝本、南監本、北監本、汲古本同。《南史・陳宣帝紀》
　　　作「壬子」。

　　　按是年二月甲辰朔，二月九日爲「壬子」，「壬子」後三十日爲「壬午」，「壬
　　　午」已過二月，則此各本作「二月壬午」者，有誤。惟《南史》作「二月
　　　壬子」，不誤，當據改。

夏五月丙子，詔曰：「朕昧旦求衣，日旰方食，思弘億兆，用臻俾乂，而
牧守莅民，廉平未洽，年常租賦，多致逋餘，即此務農，宜弘寬省。可起太
建以來訖八年流移叛戶所帶租調，七年八年叛義丁、五年訖八年叛軍丁、六
年七年逋租田米粟夏調綿絹絲石麥〔二七〕等，五年訖七年逋貲絹，皆悉原之。」

【校證】

〔二七〕夏調綿絹絲石麥等

　　　絲石麥、三朝本、南監本、北監本、汲古本同。宋浙本作「絲布麥」，《冊
　　　府》卷四八九作「絲布帛」。

　　　按汲古本、殿本作「石麥」，「石」字顯係「布」字之誤。又「夏調」下所
　　　列之物，皆屬製作衣物之原料，「絲布」下之「麥」獨爲穀物。疑此「麥」
　　　字當從《冊府》卷四八九作「帛」字爲是。

秋七月乙亥，以輕車將軍〔166〕、丹陽尹江夏王伯義爲合州刺史。己卯，
百濟國遣使獻方物。庚辰，大雨，震萬安陵華表。己丑，震慧日寺刹及瓦官
寺〔167〕重門，一女子於門下震死。

【注釋】

〔166〕輕車將軍：陳制：輕車將軍爲第五品。

〔167〕瓦官寺：在今江蘇南京市西南秦淮河畔鳳凰臺西花露崗上。《建康實錄》卷
　　　二十：「（東）晉哀帝興寧二年（364），詔移陶官（官營陶器作坊）於淮水北，
　　　遂以南岸陶地施僧慧力造瓦官寺。梁時建瓦官閣，高二百四十尺，大江前環，
　　　平疇遠映、岡隆谷窪，匿蠡獻秀，登眺最勝。」

　　冬十月戊午，司空吳明徹破周將梁士彥衆數萬于呂梁〔168〕。

【注釋】

〔168〕吳明徹破周將梁士彥衆數萬于呂梁：《通鑑》卷一七三〈陳紀七〉云：「上聞
　　　周人滅齊，欲爭徐、兗，詔南兗州刺史、司空吳明徹督諸軍伐之。明徹軍至
　　　呂梁，周徐州總管梁士彥帥衆拒戰，戊午，明徹擊破之。」

　　十二月戊申，東宮成〔169〕，皇太子移于新宮。

【注釋】

〔169〕東宮成：《輿地志》：「吳東宮在臺城南，晉初移於西南，後復移於宮城東南。
　　　自宋以後，東宮皆在宮城東。」本書〈廢帝紀〉云：「自梁室亂離，東宮焚
　　　燼，太子居于永福省。」〈宣帝紀〉：「太建四年十二月丁卯詔曰：『梁氏之季，
　　　兵火荐臻，承華焚蕩，頓無遺構。今工役差閑，可權置起部尚書、將作大匠，
　　　用主監作。』至是東宮建成，皇太子移居新宮。

十年（戊戌、五七八）

　　春正月己巳朔，以中領軍、廬陵王伯仁爲平北將軍、南徐州刺史，翊左
將軍〔二八〕、右光祿大夫、領太子詹事徐陵爲領軍將軍。

【校證】

〔二八〕翊左將軍、右光祿大夫、領太子詹事徐陵爲領軍將軍
　　　　翊左將軍，宋浙本、三朝本、南監本、北監本、汲古本同。
　　　　按卷二十六〈徐陵傳〉：「太建八年，加翊右將軍、太子詹事。俄遷右光祿
　　　　大夫。十年，重爲領軍將軍。」傳言「加翊右將軍」，與此云「翊左將軍」
　　　　者異。

二月甲子，北討眾軍敗績於呂梁〔170〕，司空吳明徹及將卒已下，竝為周軍所獲。

【注釋】

〔170〕北討眾軍敗績於呂梁：按卷十六〈蔡景歷傳〉云：「是時高宗銳意河南，以為指麾可定。景歷諫稱：『師老將驕，不宜過窮遠路。』」卷二十九〈毛喜傳〉亦云：「眾軍北伐，得淮南地。高宗問喜曰：『我欲進兵彭、汴，於卿意如何？』喜對曰：『竊以淮左新平，邊氓未乂，周氏始吞齊國，難與爭鋒，豈以弊卒疲兵，復加深入？且棄舟檝之工，踐車騎之地，去長就短，非吳人所便。臣愚以為不若安民保境，寢兵復約，然後廣募英奇，順時而動，斯長久之策也。』高宗不從。」至是，北討眾軍果敗績於呂梁。其敗亡經過，詳見卷九〈吳明徹傳〉，及卷三十一〈蕭摩訶傳〉。

三月辛未，震武庫。丙子，分命眾軍以備周：中軍大將軍、開府儀同三司淳于量為大都督，總水陸諸軍事；明威將軍孫瑒都督荊、郢水陸諸軍事，進號鎮西將軍；左衛將軍樊毅為大都督，督朱沛、〔171〕清口〔172〕上至荊山〔173〕緣淮眾軍，進號平北將軍；武毅將軍任忠都督壽陽、新蔡、霍州等眾軍，進號寧遠將軍。乙酉，大赦天下。丁酉，以中軍大將軍、開府儀同三司、護軍將軍淳于量為南兗州刺史，進號車騎將軍。

【注釋】

〔171〕朱沛：《魏書・地形志》：「武定七年，改梁朱沛、循義、安豐三郡置朱沛郡。」朱沛故治在今安徽盱眙縣西北。

〔172〕清口：清河（古泗水、清水）入淮之口。在今江蘇淮安市西北，為淮上軍事要地。《讀史方輿紀要》卷十九〈江南一・大川〉：「清河，即泗水也。南流至淮安清河縣西北三十里三汊河口分為大小二清河，又南達於淮（大清河由縣治東北入淮，小清河自縣治西南入淮，相去五里），謂之清口。」

〔173〕荊山：在安徽懷遠縣西南一里，與塗山夾淮相對。《讀史方輿紀要》卷二十一〈鳳陽府・懷遠縣〉：「荊山城，北魏所治城也。梁天監十四年，魏人以梁堰淮水，命楊大眼鎮荊山，因築城置戍於此。」

夏四月庚戌，詔曰：「懋賞之言〔174〕，明於訓誥，挾纊之美〔175〕，著在撫巡。近歲薄伐，廓清淮、泗，摧鋒致果，文武畢力。櫛風沐雨〔176〕，寒暑亟

離，念功在茲，無忘終食。宜班榮賞，用酬厥勞。應在軍者，可竝賜爵二級，并加賫卹，付選即便量處。」又詔曰：「惟堯葛衣鹿裘〔177〕，則天為大〔178〕！伯禹弊衣菲食〔179〕，夫子曰『無間然』！故儉德之恭，約失者鮮〔180〕。朕君臨宇宙，十變年籥，旰日勿休，乙夜忘寢〔181〕，跂予思治，若濟巨川，念茲在茲，懷同馭朽！非貪四海之富，非念黃屋之尊〔182〕，導仁壽以寘羣生，寧勞役以奉諸己。但承梁季，亂離斯瘼〔183〕，宮室禾黍〔184〕，有名亡處，雖輪奐未覿〔185〕，頗事經營，去泰去甚，猶爲勞費。加以戎車屢出，千金日損，府帑未充，民疲征賦，百姓不足，君孰與足？興言靜念，夕惕懷抱，垂訓立法，良所多愧。斲雕為朴，庶幾可慕，雉頭之服既焚〔186〕，弋綈之衣方襲〔187〕，損撤之制，前自朕躬，草偃風行，冀以變俗。應御府堂署所營造禮樂儀服軍器之外，其餘悉皆停息；掖庭常供、王侯妃主諸有俸卹，竝各量減。」

【注釋】

〔174〕懋賞之言，明於訓誥：《尚書・仲虺之誥》：「德懋懋官，功懋懋賞。」孔安國《傳》：「勉於德者，則勉之以官；勉於功者，則勉之以賞。」

〔175〕挾纊之美，著在撫巡：《左傳・宣公十二年》：「楚子伐蕭，申公巫臣曰：『師人多寒。』王巡三軍，拊（通撫）而勉之，三軍之士皆如挾纊。」杜注：「纊，緜也，言悅以忘寒也。」

〔176〕櫛風沐雨：《莊子・天下》：「墨子曰：『昔者禹之湮洪水，決江河而通四夷九州也……腓無胈，脛無毛，沐甚雨，櫛疾風，置萬國。禹，大聖也，而形勞天下也如此。』成玄英《疏》：「賴驟雨而洒髮，假疾風而梳頭。」

〔177〕葛衣鹿裘：《史記・太史公自序》：「夏日葛衣，冬日鹿裘。」《六韜・盈虛》：「鹿裘禦寒，布衣掩形。」

〔178〕則天爲大：《論語・泰伯》：「巍巍乎！唯天爲大，惟堯則之。」則天，效法天也。

〔179〕弊衣菲食：《論語・泰伯》：「子曰：『禹，吾無間然矣！菲飲食，而致孝乎鬼神；惡衣服，而致美乎黻冕，禹，吾無間然矣！』」無間，無可非議也。

〔180〕約失者鮮：《論語・里仁》：「子曰：『以約失之者，鮮矣！』」鮮，少也。

〔181〕乙夜忘寢：《漢舊儀》：「晝漏盡，夜漏起，宮中宮城門擊柝繫刁斗傳五夜。五夜：甲夜、丙夜、丁夜、戊夜。」乙夜，謂夜十時也。

〔182〕黃屋之尊：《史記・項羽本紀》：「項王急圍滎陽，漢將紀信說漢王曰：『事急矣，請爲王誑楚爲王，王可以間出。』紀信乘黃屋車，傅左纛，曰：『城中食盡，漢王降。』」張守節《正義》引李斐曰：「天子車以黃繒蓋裏。」古時

天子所乘之車，以黃繒爲車蓋之裏，曰黃屋車，亦轉爲天子之敬稱。

〔183〕亂離斯瘼：《詩‧小雅‧四月》：「亂離瘼矣！」毛《傳》：「瘼，病也。」

〔184〕宮室禾黍：《詩‧王風‧黍離序》：「黍離，閔宗周也。周大夫行役至于宗周，過故宗廟宮室，盡爲禾黍。」

〔185〕輪奐未覩：《禮記‧檀弓下》：「晉獻文子成室，晉大夫發焉。張老曰：『美哉輪焉！美哉奐焉！』」鄭玄注：「輪，輪囷，言高大。奐言衆多。」

〔186〕雉頭之服既焚：《晉書‧武帝紀》：「司馬程據獻雉頭裘。帝以奇技異服，曲禮所禁，焚之於前殿。」本卷上文：「太建七年四月乙未，陳桃根表上織成羅文錦被裘各二，詔於雲龍門外焚之。」

〔187〕弋綈之衣方襲：《漢書‧東方朔傳》：「漢文帝之時，身衣弋綈。」師古：「弋，黑色也。綈，厚繒。」

丁巳，以新除鎮右將軍、新安王伯固爲護軍將軍。戊午，樊毅遣軍度淮北，對清口築城。庚申，大雨雹。壬戌，清口城不守。

五月甲申，太白晝見。

六月丁卯，大雨，震大皇寺刹、莊嚴寺露盤、重陽閣東樓、千秋門內槐樹、鴻臚府門。

秋七月戊戌，新羅國遣使獻方物。乙巳，以散騎常侍、兼吏部尚書袁憲爲吏部尚書。

八月乙丑朔，改秦郡爲義州。戊寅，隕霜，殺稻菽。

九月壬寅，以平北將軍樊毅爲中領軍。乙巳，立方明壇于婁湖〔188〕。戊申，以中衛將軍、揚州刺史、始興王叔陵兼王官伯臨盟〔189〕。甲寅，輿駕幸婁湖臨誓。乙卯，分遣大使以盟誓班下四方，上下相警戒也。壬戌，以宣惠將軍、江夏王伯義爲東揚州刺史。

【注釋】

〔188〕婁湖：在江寧縣東南。《讀史方輿紀要》卷二十〈江南二‧江寧府〉：「婁湖，在府東南十五里。吳張昭所濬以漑田，周十里。昭封婁侯，故名。」

〔189〕王官伯臨盟：《通鑑》卷一七三〈陳紀三〉胡三省注：「王官伯者，古者天子盟諸侯，使天子之老蒞之。如春秋踐土之盟，王子虎盟諸侯於王庭，是之謂王官伯。時彭城喪師，陳人通國上下搖心，故爲是盟。」

冬十月戊寅，罷義州〔190〕及琅邪〔191〕、彭城〔192〕二郡。立建興〔193〕，領

建安、同夏〔194〕、烏山〔195〕、江乘、臨沂、湖熟〔196〕等六縣，屬揚州。戊子，以尚書左僕射陸繕爲尚書僕射。

【注釋】

〔190〕義州：《隋書・地理志》：「江都郡六合縣，舊曰尉氏，置秦郡。」本卷上文云：「八月乙丑朔，改秦郡爲義州。」至是，「罷義州。」

〔191〕琅邪郡：《隋書・地理志》：「東海郡朐山縣，舊置琅邪郡。」故治即今江蘇東海縣治。

〔192〕彭城郡：《隋書・地理志》：「彭城郡彭城縣，舊置（彭城）郡。」故治即今江蘇銅山縣治。

〔193〕建興：郡名，陳置，隋省。廢郡在今江寧縣東南。

〔194〕同夏：《太平寰宇記》卷九十〈昇州・上元縣〉：「同夏故城，在（上元）縣東十五里。《輿地志》云：『梁大通三年，分建康之同夏里置同夏縣』，陳平（隋平陳），毀之。」

〔195〕烏山：縣名，故治在今江蘇溧水縣西北。

〔196〕湖熟：《大清一統志》卷七十四〈江寧府・古蹟〉：「湖熟故城，在上元縣（江蘇江寧縣）東南七十里。」

十一月辛丑，以鎮西將軍孫瑒為郢州刺史。

十二月乙亥，合州廬江蠻田伯興出寇樅陽〔197〕，刺史魯廣達討平之。

【注釋】

〔197〕樅陽：《隋書・地理志》：「同安郡同安縣，舊曰樅陽，并置樅陽郡。」故治在今安徽桐城縣東南。

十一年（己亥、五七九）

春正月丁酉，龍見于南兗州永寧樓側池中。

二月癸亥，輿駕親耕籍田。

三月丁未，詔淮北義人率戶口歸國者，建其本屬舊名，置立郡縣，即隸近州，賦給田宅，喚訂一無所預。

五月乙巳〔二九〕，詔曰：「昔軒轅命於風后、力牧〔198〕，放勛咨爾稷、契、朱、虎〔199〕，冕旒垂拱，化致隆平〔200〕。爰逮漢列五曹〔201〕，周分六職〔202〕，設官理務，各有攸司，亦幾期刑措，卜世彌永，竝賴羣才，用康庶績。朕日

昃劬勞，思弘治要，而機事尚擁，政道未凝，夕惕于懷，罔知攸濟。方欲仗茲舟檝〔203〕，委成股肱〔204〕，徵名責實〔205〕，取寧多士〔206〕。自今應尚書曹、府、寺內省監、司文案，悉付局參議分判。其軍國興造、徵發、選序、三獄等事，前須詳斷，然後啟聞。凡諸辯決，務令清義，約法守制，較若畫一，不得前後舛互，自相矛楯，致有枉滯。紓意舞文，糾聽所知，靡有攸赦。」

【校證】

〔二九〕十一年……五月乙巳

　　五月乙巳，宋浙本、三朝本、南監本、北監本、汲古本同。

　　按《春秋》、《左傳》編年紀事之史，其記事之法，以事繫日，以日繫月，以月繫時，以時繫年。年下分四季，每季首次出現之月份，如屬春季者，則於其上冠一「春」字；如屬夏季者，則於其上冠「夏」字。後世正史本紀記事之法，亦多仿此，如本卷上文太建十一年之「正月丁酉」上冠一「春」字，「七月辛卯」上冠一「秋」字，「十月甲戌」上冠一「冬」字即是。唯此處「五月乙巳」，乃是年夏季首次出現之月份，依例於其上應有一「夏」字，今各本竝脫，當依例補。

【注釋】

〔198〕軒轅命于風后、力牧：《史記・五帝紀》：「黃帝者，姓公孫，名軒轅，舉風后、力牧以治民。」裴駰《集解》：「鄭玄曰：『風后，黃帝三公也。』班固曰：『力牧，黃帝相也。』」

〔199〕放勛咨爾稷、契、朱、虎：《史記・五帝紀》：「帝堯者，放勛。」《尚書・舜典》：「帝曰：『棄，黎民阻飢，汝后稷，播時百穀。』帝曰：『契，百姓不親，五品不遜。汝作司徒，敬敷五教，在寬。』帝曰：『疇若予上下草木鳥獸？』僉曰：『益哉！』帝曰：『俞咨！益，汝作朕虞。』益拜稽首，讓于朱、虎、熊、羆。帝曰：『俞，往哉；汝諧。』」

〔200〕冕旒垂拱，化致隆平：《尚書・武成》：「垂拱而天下治。」孔穎達《疏》：「謂所任得人，人皆稱職，手無所營，下垂其拱，故美其垂拱而天下治也。」

〔201〕漢列五曹：《通典》卷二十二〈歷代尚書〉云：「漢成帝初置尚書五人，其一人為僕射，四人分為四曹：常侍曹，主公卿。二千石曹，主郡國二千石。民曹，主凡吏民上書。客曹，主外國夷狄。後又置三公曹（主斷獄），是為五曹。」

〔202〕周分六職：《尚書・周官》：「成王既黜殷命，滅淮夷，還歸在豐，作周官：

冢宰掌邦治，統百官，均四海。司徒掌邦教，敷五典，擾兆民。宗伯掌邦禮，治神人，和上下。司馬掌邦政，統六師，平邦國。司寇掌邦禁，詰姦慝，刑暴亂。司空掌邦土，居四民，時地利。六卿分職，各率其屬，以倡九牧，阜成兆民。」

〔203〕仗茲舟檝：《尚書‧說命》：「爰立（傅說）作相，（殷高宗）命之曰：『若濟巨川，用汝作舟楫。』」

〔204〕委成股肱：《左傳‧昭公九年》：「君之卿佐，是謂股肱。」

〔205〕徵名責實：《韓非子‧定法》：「術者，因任而授官，循名而責實。」

〔206〕取寧多士：《詩‧大雅‧文王》：「濟濟多士，文王以寧。」

甲寅，詔曰：「舊律以枉法受財爲坐雖重，直法容賄其制甚輕，豈不長彼貪殘，生其舞弄？事涉貨財，寧不尤切？今可改不枉法受財者，科同正盜。」

六月庚辰，以鎮前將軍、豫章王叔英爲鎮南將軍、江州刺史。丙戌，以征南將軍、江州刺史、鄱陽王伯山爲中權將軍、護軍將軍。

秋七月辛卯，初用大貨六銖錢〔207〕。

【注釋】

〔207〕初用大貨六銖錢：《通典》卷九〈食貨九‧錢幣下〉：「陳初，承梁喪亂之後，鐵錢不行。始梁末有兩柱錢及鵝眼錢，於時人雜用，其價同。但兩柱錢重而鵝眼輕，私家多鎔鑄，又間以錫鐵，兼以粟帛爲貨。文帝天嘉五年，改鑄五銖，初出，一當鵝眼十。宣帝太建十一年，又鑄大貨六銖，以一當五銖之十，與五銖並行。後還當一，人皆不便，乃相與訛言曰：『六銖錢有不利縣官之家。』未幾而帝崩，遂廢六銖而行五銖，竟至陳亡。」

八月甲子，青州義主朱顯宗等率所領七百戶入附。丁卯，輿駕幸大壯觀〔208〕閱武。戊寅，輿駕還宮。

【注釋】

〔208〕大壯觀：《讀史方輿紀要》卷二十〈江寧府‧江寧縣〉：「大壯觀山，在府北十八里，東接鍾山，南臨玄武湖。陳宣帝起大壯觀於此，因名。」

冬十月甲戌，以安前將軍、祠部尚書〔209〕、晉安王伯恭爲軍師將軍〔三〇〕，尚書僕射陸繕爲尚書左僕射。

【校證】

〔三〇〕以安前將軍、祠部尚書、晉安王伯恭爲軍師將軍，尚書僕射陸繕爲尚書左僕射

晉安王伯恭爲軍師將軍，宋浙本、三朝本、南監本、北監本、汲古本同。按六朝之制，尚書僕射與祠部尚書省置無恆。若左、右兩僕射並闕，則置尚書僕射以掌左事，置祠部尚書以掌右事。若復置左、右兩僕射，則省尚書僕射與祠部尚書。此處云「以尚書僕射陸繕爲尚書左僕射」，是當時復置左、右兩僕射，而同時省尚書僕射與祠部尚書也。既以尚書僕射陸繕爲尚書左僕射，則其上之晉安王伯恭當是由祠部尚書遷爲尚書右僕射，今各本以「祠部尚書晉安王伯恭爲軍師將軍」下，俱無「尚書右僕射」五字，恐有譌奪。卷二十八〈晉安王伯恭傳〉云伯恭於「太建九年，入爲安前將軍、祠部尚書。十一年，進號軍師將軍、尚書右僕射。」此紀下文亦云伯恭於「太建十二年五月癸巳，以軍師將師、尚書右僕射爲尚書僕射。」兩處皆言晉安王伯恭爲「軍師將軍、尚書右僕射」。明此「軍師將軍」下，各本脫「尚書右僕射」五字，當據本卷下文及〈晉安王伯恭傳〉補。

【注釋】

〔209〕祠部尚書：《通典》卷二十二〈尚書下・禮部尚書〉：「魏尚書有祠部曹，及晉江左有祠部尚書，掌廟祧之禮，常與右僕射通職，不常置，以右僕射攝之。」《隋書・百官志上》：「陳制：祠部尚書品第三，秩中二千石。」

十一月辛卯，詔曰：「畫冠弗犯〔210〕，革此澆風，挈掔是蹈〔211〕，化於薄俗。朕肅膺寶命，迄將一紀，思經邦濟治，憂國愛民，日昃勤勞，夜分輟寢。而還淳反朴，其道靡階，雍熙盛美，莫云能致。遂乃鞫訊之牒〔212〕，盈於聽覽；春鈇之人〔213〕，煩於牢狴。周成刑措〔214〕，漢文斷獄〔215〕，杼軸空勞，邈焉既遠！加以蕞爾醜徒，軼我彭、汴、淮、汝氓庶，企踵王略，治兵誓旅，義存拯救。飛芻挽粟〔216〕，征賦頗煩，暑雨祁寒，寧忘咎怨？兼宿度乖舛，次舍違方，若曰之誠，責歸元首，愧心斯積，馭朽非懼。即建子令月，微陽初動，應此嘉辰，宜播寬澤，可大赦天下。」

【注釋】

〔210〕畫冠弗犯：《文選》王融〈永明九年策秀才文〉：「永念畫冠，緬追刑曆。」劉良注：「堯畫其衣冠，使異於常人之飾，有犯罪者使服之，人皆不犯，故

永念之。」

〔211〕孥戮是蹈：《尙書・甘誓》：「弗用命，戮于社，予則孥戮汝。」蔡《傳》：「言
若不用命，不但戮及汝身，將并汝妻子而戮之。」

〔212〕鞫訊之牒：謂窮究罪情之文書。

〔213〕舂鈦之人：謂犯罪之人也。《漢書・惠帝紀》：「有罪當刑，及當爲城旦舂者。」
師古注引應劭曰：「城旦者，旦起行治城；舂者，婦人不豫外徭，但舂作米；
皆四歲刑也。」《說文》：「鈦，鐵鉗也，从金大聲。」段玉裁注：「鐵，《御
覽》作脛。鈦，踏腳鉗也，狀如跟，衣著足下，重六斤，以代刖。」《史記・
平準書》：「敢私鑄鐵器煮鹽者，鈦左趾，沒入其器物。」

〔214〕周成刑措：《史記・周本紀》：「成康之際，天下安寧，刑措四十餘年不用。」

〔215〕漢文斷獄：《漢書・文帝紀》：「專務以德化民，是以海內殷富，興於禮義，
斷獄數百，幾致刑措。」應劭曰：「措，置也。民不犯法，無所刑也。」師
古曰：「斷獄數百者，言普天下之死罪人不過數百。幾，近也。」

〔216〕飛芻挽粟：《漢書，主父偃傳》：「使天下飛芻挽粟。」師古注：「運載芻槀，
令其疾至，故云飛芻也。輓，謂引車船也。」

甲午，周遣柱國梁士彥率眾至肥口〔217〕。戊戌，周軍進圍壽陽。辛丑，
以車騎將軍、開府儀同三司、南兗州刺史淳于量爲上流水軍都督；中領軍樊
毅都督北討諸軍事，加安北將軍；散騎常侍、左衛將軍任忠都督北討諸軍事
〔三一〕，加平北將軍；前豐州刺史皋文奏率步騎三千趣陽平郡。癸卯，任忠
率步騎七千趣秦郡。丙午，新除仁威將軍、右衛將軍魯廣達率眾入淮。是日，
樊毅領水軍二萬自東關入焦湖〔218〕，武毅將軍蕭摩訶率步騎趣歷陽。戊申，
豫州陷。辛亥，霍州又陷。癸丑，以新除中衛大將軍、揚州刺史始興王叔陵
為大都督，總督水步眾軍。

【校證】

〔三一〕左衛將軍任忠都督北討諸軍事

北討諸軍事，三朝本、南監本、北監本、汲古本同。

按上文云「中領軍樊毅都督北討諸軍事」，此云任忠亦「都督北討諸軍事」，
同一卷內，同時出現兩「北討諸軍事」，此中必有一誤。考卷三十一〈任忠
傳〉，忠於太建十一年，加「北討前軍事」，明此「北討諸軍事」，乃「北討
前軍事」之誤。宋浙本與《通鑑》卷一七三〈陳紀七〉正作「北討前軍事」，
不誤，當據改。

【注釋】

〔217〕肥口：《讀史方輿紀要》卷十九〈江南一‧大川〉：「肥水出廬州府西北四十里雞鳴山，北流二十里分爲二：其一東南流過府城東，又東南七十餘里而入巢湖；其一西北流二百里至鳳陽府壽州城東北，又西流十餘里至州北入於淮。」其入淮處即肥口。

〔218〕焦湖：又名巢湖，在安徽巢縣西南。《讀史方輿紀要》卷二十六〈廬州府‧合肥縣〉：「巢湖，亦曰焦湖。周四百餘里，占合肥、舒城、廬江、巢四縣之境，汉港大小三百六十，納諸水而注之江，爲淮西巨浸。」

　　十二月乙丑，南北兗、晉三州，及盱眙、山陽、陽平、馬頭、秦、歷陽、沛、北譙、南梁等九州〔三二〕，竝自拔還京師。譙、北徐州又陷。自是淮南之地盡沒于周矣。

【校證】

〔三二〕盱眙，山陽、陽平、馬頭、秦、歷陽、沛、北譙、南梁等九州

　　九州，宋浙本、三朝本、南監本、北監本、汲古本、《冊府》卷二一七、《御覽》卷一三四引同。

　　按盱眙、山陽等竝是郡名，而非州名。九郡之「郡」，各本竝譌作「州」，惟《南史‧陳宣帝紀》與《通鑑》卷一七三〈陳紀七〉作「郡」，不誤，當據改。

　　己巳，詔曰：「昔堯、舜在上，茅屋土階；湯、禹為君，藜杖韋帶。至如甲帳珠絡〔219〕，華榱璧璫〔220〕，未能雍熙，徒聞侈欲。朕企仰前聖，思求訟平，正道多違，澆風又靡。至今貴里豪家，金鋪玉舄；貧居陋巷，蔬食牛衣〔221〕。稱物平施，何其遼遠？燧烽未息，役賦兼勞，文吏姦貪，妄動科格。重以旗亭關市，稅歛繁多，不廣都內之錢，非供水衡之費，逼遏商賈，營謀私蓄。靖懷眾弊，宜事改張，弗弘王道，安拯民蠹？今可宣勅主衣、尚方〔222〕諸堂署等，自非軍國資須，不得繕造眾物。後宮僚列，若有游長，掖庭啟奏，即皆量遣〔223〕。太子〔三三〕秘戲，非會禮經；樂府倡優，不合雅正，竝可刪改；市估津稅，軍令國章，更須詳定，唯務平允。別觀離宮，郊間野外，非恆饗宴，勿復脩治。并勅內外文武，車馬宅舍，皆循儉約，勿尚奢華。違我嚴規，抑有刑憲。所由具為條格，標榜宣示，令喻朕心焉。」

【校證】

〔三三〕太子祕戲，非會禮經

太子，三朝本、南監本、北監本、汲古本、《冊府》卷一九一同。宋浙本作「大予」。

按宋浙本作「大予」是。張元濟《校史隨筆・陳書・大予大子》：「按，《後漢書・明帝紀》：『永平三年秋八月戊辰，改大樂爲大予樂。』注：『《尚書璇璣鈐》曰：「有帝漢出，德洽作樂名予。」故據《璇璣鈐》改。《漢官儀》曰：『大予樂令一人，秩六百石。』」是古有樂名「大予」者，後人不解「大予」爲何義？遂竄改「大予」爲「太子」，實非是，此當據宋浙本回改作「大予」爲是。

【注釋】

〔219〕甲帳珠絡：《漢書・西域傳贊》：「孝武之世，興造甲乙之帳，絡以隨珠和璧，天子負黼依，襲翠被，憑玉几，而處其中。」《漢武帝故事》：「雜錯天下珍寶爲甲帳，其次爲乙帳，甲以居神，乙以自居。」

〔220〕華榱璧璫：《漢書・司馬相如傳》：「華榱璧璫。」師古注：「榱，椽也。華謂彫畫之也。璧璫，以玉爲椽頭，當即所謂璇題玉題者也。」

〔221〕巘食牛衣：謂食巘所食之食，衣牛所披之衣。《漢書・王章傳》：「章疾病，無被，臥牛衣中。」師古注：「牛衣，編亂麻爲之。」

〔222〕主衣、尚方：《隋書・百官志》：「主衣局，掌御衣服玩等事。」《漢書・百官公卿表》：「少府屬官有尚方。」師古注：「尚方，主作禁器物。」

〔223〕若有游長，掖庭啓奏，即皆量遣：《漢書・宣帝紀》：「詔掖庭養親。」師古注引應劭曰：「掖庭，宮人之官，有令丞，宦者爲之。」本書卷二十七〈江總傳〉：「轉太子詹事，以與太子爲長夜之飲，上怒，免之。」

　　癸酉，遣平北將軍沈恪、電威將軍〔224〕裴子烈鎮南徐州，開遠將軍〔225〕徐道奴鎮柵口〔226〕，前信州刺史楊寶安鎮白下。戊寅，以中領軍樊毅爲鎮西將軍、都督荊郢巴武四州水陸諸軍事。

【注釋】

〔224〕電威將軍：陳電威將軍第七品，秩六百石。

〔225〕開遠將軍：陳開遠將軍第七品，秩六百石。

〔226〕柵口：柵水入江之口，在今安徽無爲縣東入江之處。《讀史方輿紀要》卷二

十六〈廬州府・無爲州〉：「濡須水，州東北二十里。源出巢湖，自巢縣東南流入州界，經濡須山，又經州東五十里曰柵港河，又東經三溪河入和州界注于大江。《志》云：『三溪河在州東南百里。又柵港，亦曰柵江，經和州西南入大江，亦曰柵口也。』」

十二年（庚子、五八〇）

春正月戊戌，以散騎常侍、左衞將軍任忠爲平南將軍、南豫州刺史〔227〕，督緣江軍防事。

【注釋】

〔227〕左衞將軍任忠爲平南將軍、南豫州刺史：《通鑑》卷一七四〈陳紀八〉胡注：「此時南豫州治宣城。」

三月壬辰，以平北將軍、廬陵王伯仁爲翊左將軍、中領軍。

夏四月癸亥，尚書左僕射陸繕卒。乙丑，以宣毅將軍、河東王叔獻爲南徐州刺史。己卯，大雩〔228〕。壬午，雨。

【注釋】

〔228〕大雩：旱而求雨之大祭也。《禮記・月令》：「命有司爲民祈祀山川百源，大雩帝，用盛樂。」鄭玄注：「雩，吁嗟求雨之祭也。」

五月癸巳，以軍師將軍、尚書右僕射、晉安王伯恭爲尚書僕射。

六月壬戌，大風壞臯門中闥。

秋八月己未，周使持節、上柱國〔229〕、鄖州總管、滎陽郡公司馬消難〔230〕以鄖〔231〕、隨〔232〕、溫〔233〕、應〔234〕、土〔235〕、順〔236〕、沔〔237〕、儇〔三四〕、岳〔238〕等九州，魯山〔239〕、甑山〔240〕、沌陽〔241〕、應城〔242〕、平靖〔243〕、武陽〔244〕、上明〔245〕、涓水等八鎮內附〔三五〕。詔以消難爲使持節、侍中、大都督、總督安〔246〕隨等九州八鎮諸軍事、車騎將軍、司空，封隨郡公，給鼓吹、女樂各一部。庚申，詔鎮西將軍樊毅進督沔、漢諸軍事。遣平南將軍、南豫州刺史任忠率眾趣歷陽；通直散騎常侍、超武將軍〔三六〕陳慧紀爲前軍都督，趣南兗州。

【校證】

〔三四〕沔、儇、岳等九州

偄，宋浙本、三朝本、南監本、北監本、汲古本、《冊府》卷二一五同。
按《太平寰宇記》卷一三二〈安州・孝感縣〉云：「溳水，在孝感縣北一十
五里，源出應山縣西雞頭山。初流一百步，繞山環流，因名溳水。」《隋書・
地理志》：「安陵郡吉陽縣，後周置溳州。」溳州之「溳」，既因溳水為名，
則此「沔、偄、岳等九州」之「偄」，當从水作「溳」。

〔三五〕上明、涓水等八鎮內附

涓水，宋浙本、三朝本、南監本、北監本、汲古本同。《冊府》卷二一五作
「溳水」。
按「涓水」在山東諸城縣（見《水經・濰水注》）。「溳水」源自湖北隨縣西
南大洪山，經安陸、雲夢、漢川諸縣入漢水（見《水經・溳水注》）。「上明、
涓水等八鎮」，均在今湖北東北，漢水以東一帶，則此「上明、涓水」之「涓」，
自應從《冊府》二一五作湖北溳水之「溳」為是。各本譌作山東涓水之「涓」，
當據《冊府》二一五改。

〔三六〕通直散騎常侍、超武將軍陳慧紀為前軍都督，趨南兗州

超武將軍，宋浙本、三朝本、南監本、北監本、汲古本同。
按陳置「超武將軍」第八品，秩六百石（見《隋書・百官志上》）。以官品
第八、秩六百石之「超武將軍」，受命為「前軍都督」，實不可能，有陳一
代，亦僅此一見。考卷十五〈陳慧紀傳〉，「太建十年，吳明徹北討敗績，
以慧紀為持節、智武將軍、緣江都督、兗州刺史。」「智武將軍」第四品，
秩中二千石，官秩高於「超武將軍」甚多。明此作「超武將軍」者，當是
「智武將軍」之誤。

【注釋】

〔229〕上柱國：《通典》卷三十四〈職官十六・勳官〉：「上柱國，楚之寵官。楚國
之法，破軍殺將者為上柱國。歷代無聞，至（西魏）大統中，始以宇文泰為
之。其後功參佐命，聲實俱重者，亦居此職。任者各督二大將軍，當時榮盛，
莫以為比。」

〔230〕榮陽郡公司馬消難：榮陽郡，三國魏置，故治在今河南榮澤縣西南十七里。
司馬消難，河內溫人。仕齊為豫州刺史。文宣末年，昏虐滋甚，消難懼禍及，
舉州降於周，周授大將軍，榮陽公。靜帝時，為鄖州總管。隋文帝輔政，相
州刺史蜀公尉遲迥不服，舉兵反，消難亦舉兵應之。周以上柱國王誼帥軍討
消難，消難遂又舉州歸於陳（見《周書》本傳）。

〔231〕鄖：州名。《隋書・地理志》：「安陸郡，梁置南司州。」《大清一統志》卷三

四三：「劉宋孝建元年，分江夏置安陸郡；梁天監七年，又分置南司州，西魏大統十六年置安州，周改曰鄖州。」故治即今湖北安陸縣治。

〔232〕隨：《太平寰宇記》卷一四四〈山南東道〉：「隨州，在周爲隨國，漢初立爲隨縣，晉置隨郡，西魏置并州，大統十六年改隨州。」故治即今湖北隨縣治。

〔233〕溫：《太平寰宇記》卷一四四〈山南東道・郢州〉：「京山縣，歷晉、宋以來爲新陽縣，梁改爲新州，西魏改爲溫州。」故治即今湖北京山縣治。

〔234〕應：《太平寰宇記》卷一三二〈淮南道・安州〉：「應山縣，本漢隨縣地，梁大同二年，分隨縣置永陽縣，兼立應州於此。」故治即今湖北應山縣治。

〔235〕土：《隋書・地理志》：「漢東郡土山縣，梁置土州。」故治在今湖北隨縣東北。

〔236〕順：《隋書・地理志》：「漢東郡順義縣，西魏立冀州，尋改爲順州。」故治在今湖北應山縣北八十里。

〔237〕沔：《隋書・地理志》：「沔陽郡，後周置復州，大業初改曰沔州。」故治在今湖北漢川縣東南。

〔238〕岳：《隋書・地理志》：「安陸郡孝昌縣，西魏置岳州。」故治即今湖北孝感縣治。

〔239〕魯山：《讀史方輿紀要》卷七十六〈漢陽府・漢陽縣〉：「魯山城，在城東北大別山上，三國時爲戍守處，因築城於此，六朝以來皆爲要地，亦曰魯山鎮城。」

〔240〕甑山：《太平寰宇記》卷一三二〈安州・漢川縣〉：「廢甑山城，在縣東南四十五里。梁天監中，置甑山縣。」故治在今湖北漢川縣東南甑山下。

〔241〕沌陽：《讀史方輿紀要》卷七十六〈漢陽府・漢陽縣〉：「沌陽城，在府西六十里臨嶂山下。《志》云：『晉惠帝時所置也。』」故治在今湖北漢陽縣西。

〔242〕應城：《太平寰宇記》卷一三二〈淮南道・安州〉：「本漢安陸縣地，宋於此置應城縣。」故治即今湖北應城縣治。

〔243〕平靖：《隋書・地理志》：「安陸郡應山縣，西魏置平靖縣。」故治即今湖北應山縣治。

〔244〕武陽：一名澧山關。《元和志》卷二十七〈安州・應山縣〉：「澧山關，因古澧山縣爲名，即《齊志》所謂武陽關也。」在湖北應山縣東北一百三十里。

〔245〕上明：《讀史方輿紀要》卷七十七〈隨州・平林城〉：「漢隨縣地，梁置上明郡。」故治在今湖隨縣東北。

〔246〕安州：《隋書・地理志》：「安陸郡，西魏置安州。」故治即今湖北安陸縣治。

戊辰，以新除司空、司馬消難爲大都督水陸諸軍事。庚午，通直散騎常侍淳于陵克臨江郡〔247〕。癸酉，智武將軍魯廣達克郭默城。甲戌，大雨霖。丙子，淳于陵克祐州城〔248〕。

【注釋】

〔247〕臨江郡：《隋書·地理志》：「歷陽郡烏江縣，梁置江都郡，陳改曰臨江郡。」故治在今安徽和縣東北。

〔248〕祐州城：《通鑑》卷一七四〈陳紀八〉胡注：「祐州城，地闕。」按八月庚午，淳于陵克臨江郡，丙子，陵又克祐州城，則祐州當與臨江郡鄰近也。

九月癸未，周臨江太守劉顯光率眾內附。是夜，天東南有聲，如風水相擊，三夜乃止。丙戌，改安陸郡爲南司州〔249〕。丁亥，周將王廷貴率眾援歷陽，任忠擊破之，生擒延貴等。己酉，周廣陵義主〔三七〕曹藥率眾入附。

【校證】

〔三七〕周廣陵義主曹藥率眾入附

義主，宋浙本、三朝本、南監本、北監本、汲古本同。《南史·陳宣帝紀》作「義軍主」。

按卷六〈後主紀〉：「至德三年夏四月庚戌，豐州義軍主陳景祥斬大寶。」「義軍主」，謂義軍之主帥也。「豐州義軍主陳景祥斬大寶」，句法與「廣陵義主曹藥率眾入附」同。知此「廣陵義主」，當從「豐州義軍主」之句式及《南史·陳宣帝紀》作「廣陵義軍主」爲是。各本「義」字下無「軍」字，疑是後世傳刻所譌奪。

【注釋】

〔249〕改安陸郡爲南司州：安陸郡，梁原置南司州。後地沒于西魏，西魏置安州。至是司馬消難舉鄖隨九州八鎮來附，故復改安陸郡爲南司州。

冬十月癸丑，大雨雹震。

十一月己丑，詔曰：「朕君臨四海，日旰劬勞，思弘至治，未臻斯道。而兵車驟出，軍費尤煩，芻漕控引，不能徵賦。夏中亢旱傷農，畿內爲甚，民失所資，歲取無託。此則政刑未理，陰陽舛度，黎元阻饑，君孰與足？靖言興念，余責在躬。宜布惠澤，溥沾氓庶。其丹陽、吳興、晉陵、建興、義興、東海、信義、陳留、江陵等十郡〔三八〕，并謝署〔三九〕即年田稅、祿秩，竝各原

半，其丁租半申至來歲秋登〔250〕。」

【校證】

〔三八〕其丹陽、吳興、晉陵、建興、義興、東海、信義、陳留、江陵等十郡

　　　　十郡，宋浙本、三朝本、南監本、北監本、汲古本同。

　　　　按錢大昕《廿二史考異》卷二十七云：「今數之，止九郡。」

〔三九〕并謝署即年田稅、祿秩，竝各原半

　　　　謝署，宋浙本、三朝本、南監本、北監本、汲古本同。《冊府》卷四八九作

　　　　「諸署」。

　　　　按《冊府》卷四八九作「諸署」是。各本「諸」字譌作「謝」，當據《冊府》

　　　　四八九改。

【注釋】

〔250〕秋登：秋收也。《孟子‧滕文公》：「五穀不登。」朱熹《集注》：「登，成熟

　　　　也。」

　　　十二月庚辰，宣毅將軍、南徐州刺史、河東王叔獻薨。

十三年（辛丑、五八一）

　　　春正月壬午，以車騎將軍、開府儀同三司淳于量爲左光祿大夫，中權將

軍、護軍將軍、鄱陽王伯山即本號開府儀同三司，鎮右將軍、國子祭酒、新

安王伯固爲揚州刺史，軍師將軍、尚書僕射、晉安王伯恭爲尚書左僕射，右

將軍〔四〇〕、丹陽尹徐陵爲中書監、領太子詹事，吏部尚書袁憲爲尚書右僕射。

庚寅，以輕車將軍、衛尉卿、宜都王叔明爲南徐州刺史。

【校證】

〔四〇〕右將軍、丹陽尹徐陵爲中書監、領太子詹事

　　　　右將軍，宋浙本、三朝本、南監本、北監本、汲古本同。

　　　　按卷二十六〈徐陵本傳〉，陵於「太建十年，重爲領軍將軍、尋遷安右將

　　　　軍、丹陽尹。」卷六〈後主紀〉太建十四年正月壬申下亦云「徐陵爲中書

　　　　監、安右將軍」。明此「右將軍」上，各本脫一「安」字，當據本傳及〈後

　　　　主紀〉補。

　　　二月甲寅，詔賜司馬消難所部周大將軍田廣等封爵各有差。乙亥，輿駕

親耕籍田。

夏四月乙巳，分衡州始興郡為東衡州，衡州為西衡州〔251〕。

【注釋】

〔251〕分衡州始興郡爲東衡州，衡州爲西衡州：錢大昕《廿二史考異》卷二十七云：
「按天嘉元年，已分置東衡州，中間未見併省，非史有脫漏，則重出矣。」

五月丙辰，以前鎮西將軍樊毅為中護軍。

六月辛卯，以新除中護軍樊毅爲護軍將軍〔252〕。

秋九月癸亥，夜，大風至自西北，發屋拔樹，大雷震電。

冬十月癸未，以散騎常侍、丹陽尹毛喜爲吏部尚書，護軍將軍樊毅爲鎮
西將軍、荊州刺史。改鄱陽郡爲吳州〔253〕。壬寅，丹丹國遣使獻方物。

【注釋】

〔252〕以新除中護軍樊毅爲護軍將軍：《宋書・百官志下》：「領軍將軍，一人。掌
內軍。文帝即魏王位，魏始置領軍，主五校、中壘、武衛三營。晉武帝初省，
使中軍將軍羊祜統二衛前後左右驍騎七軍營兵，即領軍之任也。護軍將軍，
一人。掌外軍。陳平爲護軍都尉，盡護諸將。《漢書・李廣傳》：『廣爲驍騎
將軍，屬護軍將軍。』蓋護軍護諸將軍。江左以來，領、護資重者爲領軍、
護軍將軍，資輕者爲中領軍、中護軍。」《隋書・百官志上》：「陳領、護軍，
中領、護軍，品並第三，秩中二千石。」

〔253〕改鄱陽郡爲吳州：《隋書・地理志》：「鄱陽郡，梁置吳州。」本書〈廢帝紀〉：
「光大二年正月申子，罷吳州，以鄱陽郡還屬江州。」至是，復改鄱陽郡爲
吳州。

十二月辛巳，彗星見。己亥，以翊右將軍、衛尉卿沈恪爲護軍將軍。

十四年（壬寅、五八二）

春正月己酉，高宗弗豫。甲寅，崩於宣福殿，時年五十三。遺詔曰：「朕
爰自遘疾，曾未浹旬，醫藥不瘳，便屬大漸，終始定分，夫復奚言！但君臨
寰宇，十有四載，誠則雖休勿休，日愼一日，知宗廟之負重，識王業之艱難。
而邊鄙多虞，生民未乂，方欲蕩清四海，包吞八荒，有志莫從，遺恨幽壤。
皇太子叔寶，繼體正嫡，年業韶茂，纂統洪基，社稷有主。臺公卿士，文武
內外，俱罄心力，同竭股肱，送往事居〔254〕，盡忠誠之節；當官奉職，弘翼
亮〔255〕之功。務在叶和，無違朕意。凡厥終制，事從省約。金銀之飾，不須

入壙；明器〔256〕之具，皆令用瓦。唯使儉而合禮，勿得奢而乖度。以日易月，既有通規，公除之制，悉依舊制〔四一〕。在位百司，三日一臨，四方州鎮，五等諸侯，各守所職，竝停奔赴。」

【校證】

〔四一〕凡厥終制……既有通規，公除之制，悉依舊制

舊制，南監本、汲古本同。宋浙本作「舊准」、《南史·陳宣帝紀》作「舊準」。

按《南史·陳宣帝紀》作「舊準」是。「舊準」與上「通規」相對爲文。宋浙本作「舊准」，晉呂忱《字林》曰：「准與準同。」宋丁度《集韻》：「準，俗作准。」《說文·水部》：「準，平也。从水隼聲。」段玉裁注：「天下莫平於水，水平謂之準。準，（唐張參）《五經文字》云：『《字林》作准。』按古書多用准（去其十作准），蓋魏、晉時恐與淮亂（又改氵爲冫作准）而別之耳。」因準所以揆平取正有定式，故標準、法則曰「準則」、「准式」。此處「悉依舊準」之「準」，南監本、汲古本、殿本作「制」，蓋涉上「公除之制」而誤，當從《南史·陳宣帝紀》、宋浙本回改作「準」或「准」爲是。

【注釋】

〔254〕送往事居：《左傳·僖公九年》：「送往事居，耦俱無猜，貞也。」杜注：「往，死也。居，生也。」往指崩殂之舊君，居指新君。

〔255〕翼亮：輔佐也。《三國志·魏書·高堂隆傳》：「鎮撫皇畿，翼亮帝室。」

〔256〕明器：殉葬所用之器物也。《後漢書·范冉傳》：「明堂之奠」句，李賢注：「禮送死者衣曰明衣，器曰明器。」

　　二月辛卯，上諡孝宣皇帝，廟號高宗。癸巳，葬顯寧陵〔257〕。

【注釋】

〔257〕顯寧陵：《元和郡縣志》卷二十五〈潤州·上元縣〉：「宣帝頊顯寧陵，在（江寧）縣南四十里牛頭山西北。」

　　高宗在田之日，有大度幹略。及乎登庸，實允天人之望。梁室喪亂，淮南地竝入齊，高宗太建初，志復舊境，乃運神略，授律出師，至於戰勝攻取，獻捷相繼，遂獲反侵地，功實懋焉。及周滅齊，乘勝略地，還達江際矣。

　　史臣曰：「高宗器度弘厚，亦有人君之量焉。世祖知冢嗣仁弱，弗可傳於寶位，高宗地居姬旦〔258〕，世祖情存太伯〔259〕，及乎弗念，大事咸悉〔四二〕焉。至於纂業，萬機平理，命將出師，克淮南之地，開拓土宇，靜謐封疆，享國十餘年，志大意逸，呂梁覆軍，大喪師徒矣。江左削弱，抑此之由。嗚呼！蓋德不逮文，智不及武，雖得失自我，無御敵之略焉。」

【校證】

〔四二〕高宗地居姬旦，世祖情存太伯，及平弗念，大事咸悉焉

　　　　平，三朝本、汲古本同。宋浙本、南監本、北監本作「乎」。

　　　　悉，南監本、汲古本同。宋浙本作「委」。

　　　　按宋浙本作「及乎弗念，大事咸委焉」是。其餘各本「乎」誤作「平」，「委」誤作「悉」，當據宋浙本改。

【注釋】

〔258〕地居姬旦：謂居輔政之位也。《史記·魯周公世家》：「周公（姓姬）旦者，周武王弟也。武王既崩，成王少，周公乃代成王攝行政當國。」本書卷三十二〈殷不佞傳〉：「及世祖崩，廢帝嗣立，高宗為太傅。錄尚書輔政。」

〔259〕情存太伯：謂欲傳位於弟也。《史記·吳太伯世家》：「吳太伯，太伯弟雍仲，皆周太王之子，而王季歷之兄也。季歷賢，而有聖子昌，太王欲立季歷以及昌，於是太伯、雍仲二人乃犇荊蠻，以避季歷。季歷果立，是為王季，而昌為文王。」

陳書校注卷六

本紀第六
後主

後主諱叔寶，字元秀，小字黃奴，高宗嫡長子也。梁承聖二年十一月戊寅生于江陵。明年，江陵陷，高宗遷關右，留後主于穰城〔1〕。天嘉三年，歸京師〔2〕，立為安成王世子。天康元年，授寧遠將軍，置佐史。光大二年，為太子中庶子，尋遷侍中，餘如故。

【注釋】

〔1〕穰城：《讀史方輿紀要》卷五十一〈南陽府・鄧州〉：「後魏盛時置荊州於穰城，以控臨沔北。其後宇文泰欲經略江、漢，使楊忠都督三荊，鎮穰城。」《周書・楊忠傳》：「時侯景渡江，梁武喪敗，朝廷因之，將經略漢、沔，乃授忠都督三荊二襄二廣南雍平信隨江二郢浙十五州諸軍事，鎮穰城。及于瑾伐江陵，忠為前軍。江陵平，朝廷立蕭詧為梁主，令忠鎮穰城以為掎角之勢。」穰城故城在今河南鄧縣外城東南。

〔2〕天嘉三年，歸京師：本書卷二十九〈毛喜傳〉云：「江陵陷，喜及高宗俱遷關右。世祖即位，喜自周還，進和好之策，朝廷乃遣周弘正等通聘。及高宗反國，喜於郢州奉迎。又遣喜入關，以家屬為請……，仍迎柳皇后及後主還。天嘉三年，至京師。」

太建元年正月甲午，立為皇太子。十四年正月甲寅，高祖〔一〕崩。乙卯，始興王叔陵作逆，伏誅〔3〕。丁巳，太子即皇帝位於太極前殿。詔曰：「上天降禍，大行皇帝奄棄萬國，攀號擗踊〔4〕，無所迨及。朕以哀煢，嗣膺寶歷，若涉巨川，罔知攸濟，方賴羣公，用匡寡薄。思播遺德，覃被億兆。凡厥遐邇，咸與惟新，可大赦天下。在位文武及孝悌力田為父後者，竝賜爵一級。孤老鰥寡不能自存者，賜穀人五斛、帛二匹。」

【校證】

〔一〕十四年正月甲寅，高祖崩

高祖，北監本、汲古本同。宋浙本、三朝本、南監本並作「高宗」。

按作「高宗」是。高宗於太建十四年正月甲寅，崩于宣福殿（見卷五〈宣帝紀〉）。此處汲古本與殿本「高宗」誤作「高祖」，當據宋浙本及南監本改。

【注釋】

〔3〕始興王叔陵作逆，伏誅：卷三十六〈始興王叔陵傳〉：「高宗不豫，太子諸王並入侍疾。高宗崩于宣福殿，翌日旦，後主哀頓俯伏，叔陵以剉刀斫後主中項，太后馳來救焉，又斫太后數下。長沙王叔堅手搤叔陵，奪去其刀。叔陵奮袖得脫，突出雲龍門，馳車還東府，率人馬數百，自小航渡，欲趨新林，以舟艦入北。行至白楊路，為臺軍所邀，蕭摩訶馬容陳智深迎刺叔陵，僵斃于地，馬容陳仲華就斬其首，送于臺。叔陵諸子，即日並賜死。前衡陽內史彭暠、諮議參軍兼記室鄭信、中錄事參軍兼記室韋諒、典籤俞公喜，並伏誅。」

〔4〕攀號擗踊：樊援號泣，搥胸頓足，悲極之狀也。

癸亥，以侍中、翊前將軍、丹陽尹、長沙王叔堅為驃騎將軍、開府儀同三司、揚州刺史，右衛將軍蕭摩訶為車騎將軍、南徐州刺史，鎮西將軍、荊州刺史樊毅進號征西將軍，平南將軍、豫州刺史〔二〕任忠進號鎮南將軍，護軍將軍沈恪為特進、金紫光祿大夫〔5〕，平西將軍魯廣達進號安西將軍，仁武將軍〔6〕、豐州刺史章大寶為中護軍。

【校證】

〔二〕平南將軍、豫州刺史任忠進號鎮南將軍

豫州刺史，宋浙本、三朝本、南監本、北監本、汲古本同。

按卷五〈宣帝紀〉云：「太建十二年正月戊戌，以散騎常侍、左衛將軍任忠為平南將軍、南豫州刺史。」卷三十一〈任忠傳〉亦云「太建十二年，遷平南將軍、南豫州刺史」明此「豫州刺史」上，各本脫一「南」字，當據〈宣帝紀〉及本傳補。

【注釋】

〔5〕金紫光祿大夫：魏、晉以來，以左右光祿大夫、光祿三大夫皆銀章青綬，其重者詔加金章紫綬，則謂之金紫光祿大夫。梁、陳以功高老疾者為之，諸所賜給，與特進同。陳金紫光祿大夫第三品，秩中二千石（見《通典》卷三十

　　四〈職官十六・文散官〉及《隋書・百官志上》）。
〔6〕仁武將軍：陳仁武將軍第四品，秩中二千石。

　　乙丑，尊皇后為皇太后，宮曰弘範。丙寅，以冠軍將軍、晉熙王叔文為宣惠將軍、丹陽尹。丁卯，立弟叔重為始興王，奉昭烈王祀。己巳，立妃沈氏為皇后。辛未，立皇弟叔儼為尋陽王，皇弟叔慎為岳陽王〔7〕，皇弟叔達為義陽王，皇弟叔熊〔三〕為巴山王〔8〕，皇弟叔虞為武昌王。壬申，侍中、中權將軍、開府儀同三司、鄱陽王伯山進號中權大將軍，軍師將軍、尚書左僕射、晉安王伯恭進號翊前將軍、侍中，翊右〔四〕將軍、中領軍、廬陵王伯仁進號安前將軍，鎮南將軍、江州刺史、豫章王叔英進號征南將軍，平南將軍、湘州刺史、建安王叔卿進號安南將軍，以侍中、中書監、安右將軍徐陵為左光祿大夫，領太子少傅。甲戌，設無㝵大會於太極前殿。

【校證】
〔三〕皇弟叔熊為巴山王

　　叔熊，宋浙本、三朝本、南監本、北監本、汲古本、《南史・陳後主紀》同。按卷二十九〈毛喜傳〉云：「世祖嘗謂高宗曰：『我諸子皆以「伯」為名，汝諸兒宜用「叔」為稱。』高宗以訪于喜，喜即條牒自古名賢杜叔英、虞叔卿等二十餘人以啓世祖，世祖稱善。」茲就高宗諸子取名叔寶、叔英、叔堅、叔文等觀之，無一以動物之名為名者，則此叔熊為巴山王之「熊」，各本作「熊羆」之「熊」，有誤可知。考古人取名，恆與其字相應。茲更就〈高宗二十九王傳〉所載「宜都王叔明，字子昭；義陽王叔達，字子聰；南安王叔儉，字子約；巴山王叔雄，字子猛。」觀之，「明」之與「昭」，「達」之與「聰」，「儉」之與「約」，名與字，無不取義相應。「叔雄」字「子猛」，「猛」與「雄」義正相應，明此「皇弟叔熊為巴山王」之「熊」，乃「雄」字之誤，當據卷二十八本傳改。

〔四〕翊右將軍、中領軍、廬陵王伯仁進號安前將軍

　　翊右將軍，宋浙本、三朝本、南監本、北監本、汲古本同。按卷五〈宣帝紀〉太建十二年三月壬辰下，及卷二十八〈廬陵王伯仁傳〉，竝云伯仁為「翊左將軍、中領軍」，而不言為「翊右將軍」。明此各本作「翊右將軍」者，「翊右」乃「翊左」之誤。

【注釋】
〔7〕岳陽：《隋書・地理志》：「巴陵郡湘陰縣，梁置岳陽郡。」故治在今湖南湘陰

縣西南。

〔8〕巴山：《隋書‧地理志》：「臨川郡崇仁縣，梁置巴山郡。」故治在今江西崇仁
縣西南。

三月辛亥，詔曰：「躬推為勸，義顯前經；力農見賞，事昭往誥。斯乃國儲是資，民命攸屬，豐儉隆替，靡不由之。夫入賦自古，輸藁惟舊，沃饒貴于十金，磽确至於三易，腴埆既異，盈縮不同，詐偽日興，簿書歲改，稻田使者，著自西京，不實峻刑，聞諸東漢。老農懼於祗應，俗吏因以侮文。輟耒成羣，游手為伍，永言妨蠹，良可太息。今陽和在節，膏澤潤下，宜展春耨，以望秋坻。其有新關塍畎，進墾蒿萊，廣麥勿得度量，征租悉皆停免。私業久廢，咸許占作；公田荒縱，亦隨肆勤。儻良守教耕，淳民載酒，有茲督課，議以賞擢，外可為格班下，稱朕意焉。」

癸亥，詔曰：「夫體國經野〔9〕，長世字氓，雖因革儻殊，馳張或異，至於旁求俊乂〔10〕，爰逮側微〔11〕，用適和羹〔12〕，是隆大廈〔13〕，上智中主，咸由此術。朕以寡薄，嗣膺景祚，雖哀疚在躬，情慮惽舛，而宗社任重，黎庶務殷，無由自安拱默，敢忘康濟？思所以登顯髦彥〔14〕，式備周行〔15〕。但空勞宵夢，屢勤史卜，五就莫來，五能不至〔五〕。是用甲〔六〕旦凝慮，丙夜損懷。豈以食玉炊桂〔16〕，無因自達？將懷寶迷邦〔17〕，咸思獨善？應內外眾官九品已上，可各薦一人，以會彙征之旨。且取備實難，舉長或易，小大之用，明言所施，勿得南箕北斗，名而非實。其有負能仗氣，擯壓當時，著〈賓戲〉以自憐〔18〕，草〈客難〉以慰志〔19〕，人生一世，逢遇誠難，亦宜去此幽谷，翔茲天路，趨銅馳以觀國〔20〕，望金馬而來庭〔21〕，便當隨彼方圓，飭之矩矱。」

【校證】

〔五〕五就莫來，五能不至

五能，宋浙本、三朝本、南監本、北監本、汲古本同。

按《後漢書‧律曆志上》：「天子常以日冬夏至御前殿，合八能之士，陳八音。」「八能之士」，謂能調陰陽律曆八音之士也。此作「五能不至」。錢大昕《廿二史考異》卷二十七云：「五能，當作八能。」

〔六〕是用甲旦凝慮，丙夜損懷

甲旦，宋浙本、三朝本、南監本、北監本、汲古本、《陳後主集》同。《冊府》卷二一三作「申旦」。

按《冊府》卷二一三作「申旦」是。《文選》宋玉〈九辯〉：「獨申旦兮而不

寐。」「申旦」，謂自夜達旦也。各本「申旦」譌作「甲旦」，當據《冊府》卷二一三改。

【注釋】

〔9〕體國經野：謂建設國都，區畫鄉邑也。《周禮・天官冢宰》：「體國經野，設官分職，以爲民極。」

〔10〕俊乂：謂才德過人者，《尚書・說命下》：「旁招俊乂，列于庶位。」

〔11〕側微：《尚書・舜典序》：「虞舜側微。」孔穎達《正義》：「不在朝廷謂之側，其人貧賤謂之微。」

〔12〕用適和羹：謂諸侯能用道輔成君德也。《詩・商頌・烈祖》：「亦有和羹，既戒平旦。」

〔13〕是隆大廈：大廈，喻國家也。

〔14〕登顯髦彥：《爾雅・釋言》：「髦，俊也。」《釋訓》：「美士爲彥。」

〔15〕式備周行：《左傳・襄公十五年》：「詩云：『嗟我懷人，寘彼周行。』能官人也。王及公、侯、伯、子、男、甸、采、衛大夫，各居其列，所謂周行也。」

〔16〕食玉炊桂：喻物價昂貴也。《戰國策・楚策》：「蘇秦對楚王曰：『楚國之食貴於玉，薪貴於桂，今令臣食玉炊桂。』」

〔17〕懷寶迷邦：《論語・陽貨》：「陽貨謂孔子曰：『懷其寶而迷其邦，可謂仁乎？』」何晏《集解》引馬融曰：「言孔子不仕，是懷寶也；知國不治而爲政，是迷邦也。」

〔18〕著〈賓戲〉以自憐：《文選》有東漢班固著〈答賓戲〉一文。固以兩世才術，位不過郎，感東方朔〈答客難〉、揚雄〈解嘲〉之作，亦設爲賓戲問答，作〈答賓戲〉一文以自憐。

〔19〕草〈客難〉以慰志：《漢書・東方朔傳》：「朔上書陳農戰強國之計，用自訟獨不得大官，欲求試用，……辭數萬言，終不見用。朔因著論，設客難己，用位卑以自慰喻。」《文選》揚雄〈解嘲序〉：「哀帝時，丁傅董賢用事，諸附離之者，起家至二千石。時雄方草創《太玄》，有以自守，泊如也。人有嘲雄以玄之尚白，雄解之，號曰〈解嘲〉。」

〔20〕趨銅駞以觀國：《洛陽記》：「洛陽有銅駞街，漢鑄銅駞三枚，在宮西四會道相對，俗語曰：『金馬門外集眾賢，銅駞陌上集少年。』」

〔21〕望金馬而來庭：《三輔黃圖》卷之三〈未央宮〉：「金馬門（未央宮北宮門），武帝得大宛馬，以銅鑄像，立於署門，因以以爲名。東方朔、主父偃、嚴安、徐樂皆待詔金馬門。」

又詔曰：「昔睿后宰民，哲王御寓，雖德稱汪濊〔22〕，明能普燭〔23〕，猶復紆己乞言，降情訪道，高咨岳牧〔24〕，下聽輿臺〔25〕，故能政若神明，事無悔吝。朕纂承丕緒，思隆大業，常懼九重〔26〕已邃，四聰〔27〕未廣，欲聽昌言〔28〕，不疲痺足，若逢廷折〔29〕，無憚批鱗〔30〕。而口柔之辭，儻聞於在位；腹誹之意，或隱於具僚，非所以弘理至公，緝熙帝載〔31〕者也。內外卿士，文武眾司，若有智周政術，心練治體，救民俗之疾苦，辯禁網之疏密者，各進忠讜，無所隱諱，朕將虛己聽受，擇善而行，庶深鑒物情，匡我王度。」

【注釋】

〔22〕德稱汪濊：《漢書·司馬相如傳》：「湛恩汪濊。」師古注：「汪濊，深廣也。」

〔23〕明能普燭：燭，照也。梁簡文帝〈大法頌序〉：「慧日普照，毒霜並消。」

〔24〕岳牧：《尚書·周官》：「唐虞稽古，建官惟百，內有百揆四岳，外有州牧侯伯。」

〔25〕輿臺：位卑之人也。《左傳·昭公七年》：「人有十等：王臣公、公臣大夫、大夫臣士、士臣皁、皁臣輿、輿臣隸、隸臣僚、僚臣僕、僕臣臺。」

〔26〕九重：天子居所也。以王城之門有九重，故謂之也。《楚辭·九辯》：「豈不鬱陶而思君兮，君之門以九重。」

〔27〕四聰：《尚書·舜典》：「明四目，達四聰。」孔安國《傳》：「廣視聽於四方，使天下無壅塞。」

〔28〕昌言：《尚書·皋陶謨》：「禹拜昌言曰：『俞。』」蔡沈《傳》：「昌言，盛德之言。」

〔29〕廷折：謂於朝廷中當眾折辱人主也。

〔30〕批鱗：謂觸犯人主之惡也。《韓非·說難》：「夫龍之為蟲也，柔可狎而騎也，然其喉下有逆鱗徑尺，若人有嬰之者，則必殺人。人主亦有逆鱗，說者能無嬰人主之逆鱗，則幾矣！」

〔31〕緝熙帝載：《詩·大雅·文王》：「穆穆文王，於緝熙敬止。」毛《傳》：「緝熙，光明也。」《尚書·舜典》：「舜曰：『咨！四岳，有能奮庸，熙帝之載。』」孔安國《傳》：「載，事也。」

己巳，以侍中、尚書左僕射、新除翊前將軍、晉安王伯恭為安南將軍、湘州刺史，新除翊左將軍、永陽王伯智為尚書僕射，中護軍章大寶為豐州刺史。

夏四月丙申，立皇子永康〔32〕公胤為皇太子，賜天下為父後者爵一級，王公已下賚帛各有差。

【注釋】

〔32〕永康：縣名。《宋書·州郡志》：「永康，（三國吳）赤烏八年，分烏傷上浦立。」
　　　故治即今浙江永康縣治。

　　　庚子，詔曰：「朕臨御區宇，撫育黔黎，方欲康濟澆薄，蠲省繁費，奢僭
乖衷，實宜防斷。應鏤金銀薄及庶物化生土木人綵花之屬，及布帛幅尺短狹
輕疎者，竝傷財廢業，尤成蠹患。又僧尼道士，挾邪左道，不依經律，民間
淫祀祆書諸珍怪事，詳為條制，竝皆禁絕。」

　　　癸卯，詔曰：「中歲克定淮、泗，爰涉青、徐，彼土酋豪，竝輸罄誠款，
分遣親戚，以為質任。今舊土淪陷，復成異域，南北阻遠，未得會同，念其分
乖，殊有愛戀。夷狄吾民，斯事一也，何獨譏禁，使彼離析？外可即檢任子館
及東館并帶保任〔33〕在外者，竝賜衣糧，頒之酒食，遂其鄉路，所之阻遠，便
發遣船仗衛送，必令安達。若已預仕宦及別有事義不欲去者，亦隨其意。」

【注釋】

〔33〕保任：《晉書·元經傳》：「自蘇峻反後，諸將多以子為質，謂之保任。」

　　　六月癸酉朔，以明威將軍、通直散騎常侍孫瑒為中護軍。
　　　秋七月辛未，大赦天下。
　　　是月，江水色赤如血，自京師至于荊州。
　　　八月癸未夜，天有聲如風水相擊。乙酉夜，亦如之。丙戌，以使持節、
都督緣江諸軍事、安西將軍魯廣達為安左將軍。
　　　九月丙午，設無遮大會於太極殿，捨身及乘輿御服，大赦天下。辛亥夜，
天東北有聲如蟲飛，漸移西北。乙卯，太白晝見。丙寅，以驃騎將軍、開府
儀同三司、揚州刺史、長沙王叔堅為司空，征南將軍、江州刺史、豫章王叔
英即本號開府儀同三司。

至德元年（癸卯、五八三）

　　　春正月壬寅，詔曰：「朕以寡薄，嗣守鴻基，哀悼切慮，疹恙纏織，訓俗
少方，臨下靡算，懼甚踐氷，慄同馭朽。而四氣易流，三光遄至，纓紱列陛，
玉帛充庭，貝物匪新，節序疑舊，緬思前德，永慕昔辰，對軒闈而哽心，顧
辰筵〔34〕而悽氣，思所以仰遵遺構，俯勵薄躬，陶鑄九流，休息百姓，用弘
寬簡，取叶陽和，可大赦天下，改太建十五年為至德元年。」以征南將軍、
江州刺史、新除開府儀同三司、豫章王叔英為中衛大將軍，驃騎將軍、開府

儀同三司、揚州刺史、長沙王叔堅為江州刺史，征東將軍、開府儀同三司、東揚州刺史司馬消難進號車騎將軍，宣惠將軍、丹陽尹、晉熙王叔文為揚州刺史，鎮南將軍、南豫州刺史任忠為領軍將軍，安左將軍魯廣達為平南將軍、南豫州刺史，祠部尚書江總為吏部尚書。癸卯，立皇子深為始安〔35〕王。

【注釋】

〔34〕 扆筵：《文選》張衡〈東京賦〉：「負斧扆。」薛綜注：「扆，屏風，樹之坐後也。」

〔35〕 始安：郡名。《宋書·州郡志》：「吳孫皓甘露元年，分零陵南部都尉立始安郡。」故治即今廣西桂林縣治。

二月丁丑，以始興王叔重為揚州刺史。

夏四月戊辰，交州刺史李幼榮獻馴象。己丑，以前輕車將軍、揚州刺史、晉熙王叔文為江州刺史。

秋八月丁卯，以驃騎將軍、開府儀同三司、長沙王叔堅為司空。

九月丁巳，天東南有聲如蟲飛。

冬十月丁酉，立皇弟叔平為湘東〔36〕王、叔敖為臨賀王、叔宣為陽山〔37〕王，叔穆為西陽〔38〕王。戊戌，侍中、安右將軍、左光祿大夫、太子少傅徐陵卒。癸丑，立皇弟叔儉為南安〔39〕王，叔澄為南郡〔40〕王，叔興為沅陵〔41〕王，叔韶為岳山〔42〕王，叔純為新興〔43〕王。

【注釋】

〔36〕 湘東：郡名。《隋書·地理志》：「衡山郡衡山縣，舊置湘東郡。」故治即今湖南衡陽縣治。

〔37〕 陽山：《隋書·地理志》：「熙平郡桂陽縣，梁置陽山郡。」故治在今廣東陽山縣東。

〔38〕 西陽：《隋書·地理志》：「永安郡黃岡縣，舊置西陽郡。」故治在今湖北黃岡縣東。

〔39〕 南安：《隋書·地理志》：「建安郡南安縣，舊置南安郡。」故治即今福建南安縣治。

〔40〕 南郡：《隋書·地理志》：「南郡江陵縣，舊置南郡。」《讀史方輿紀要》卷七十八〈荊州府·江陵縣〉：「自晉以後，皆為州（荊州）郡（南郡）治。」又〈荊州府·公安縣〉：「陳失江陵，與後梁分江為界，亦置荊州治此。」南郡

當亦移治公安。故治在今湖北公安縣東北。

〔41〕沅陵：《隋書・地理志》：「沅陵郡沅陵縣，舊置沅陵郡。」故治即今湖南沅陵
縣治。

〔42〕岳山：《通鑑》卷一七五〈陳紀九〉胡三省注：「《郡縣志》：『巴陵，一名天岳
山。』岳山蓋即巴陵，以封叔韶。」

〔43〕新興：《通鑑》卷一七五〈陳紀九〉胡注：「《五代志》：『信安郡新興縣，梁置
新興郡。』」故治即今廣東新興縣治。

十二月丙辰，頭和國〔44〕遣使獻方物。司空長沙王叔堅有罪免〔45〕。戊午
夜，天開自西北至東南，其內有青黃色，隆隆若雷聲。

【注釋】

〔44〕頭和國：按《魏書》、《梁書》、《南史》等〈四夷傳〉中，俱不見有頭和國，《陳
書》亦僅此一見，乃陳後主時，始遣使來獻方物。《通典》卷一八八〈海南
諸國〉，及《新唐書・南蠻傳》並有投和國，蓋即此頭和國也。《通典》云：
「投和，隋時聞焉（陳後主之禎明元年，即隋之開皇七年），在海南大洲中，
眞臘之南。王姓投和羅，名脯邪迄遙，理數城，覆屋以瓦，並爲閣而居。有
州及郡、縣，國無賦稅，俱隨意貢奉，無多少之限。多以農商爲業。國人乘
象及馬。有佛道，有學校，文字與中夏不同。大唐貞觀中，遣使奉表，以金
函盛之。又獻金榼、金鎖、寶帶、犀、象、海物等數十品。」

〔45〕司空、長沙王叔堅有罪免：卷二十八〈長沙王叔堅傳〉云：「高宗崩，後主患
創，不能視事，政無大小，悉委叔堅決之。於是勢傾朝廷，因肆驕縱，事多
不法，後主由是疎而忌之。至德元年，乃詔令即本號用三司之儀，出爲江州
刺史。未發，尋有詔又重爲司空，實欲去其權勢。叔堅不自安，稍怨望，乃
爲左道厭魅，刻木爲偶人，晝夜於日月下醮之，祝詛於上。其年多，有人上
書告其事，案驗並實，免所居官，以王還第。」

二年（甲辰、五八四）

春正月丁卯，分遣大使巡省風俗。平南將軍、豫州刺史〔七〕魯廣達進號安
南將軍。癸巳，大赦天下。

【校證】

〔七〕平南將軍、豫州刺史魯廣達進號安南將軍

豫州刺史，宋浙本、三朝本、南監本、北監本、汲古本同。

按豫州刺史，卷三十一〈魯廣達傳〉作「南豫州刺史。」本卷上文亦云：「至德元年春正月壬寅，安左將軍魯廣達爲平南將軍、南豫州刺史。」明此「豫州刺史」上，各本脫一「南」字，當據上文及本傳補。

夏五月戊子，以尚書僕射、永陽王伯智爲平東將軍、東揚州刺史，輕車將軍、江州刺史、晉熙王叔文爲信威將軍、湘州刺史，仁威將軍、揚州刺史、始興王叔重爲江州刺史，信武將軍、南琅邪彭城二郡太守、南平王嶷爲揚州刺史，吏部尚書江總爲尚書僕射。

秋七月戊辰，以長沙王叔堅爲侍中、鎮左將軍〔46〕。壬午，太子加元服，在位文武賜帛各有差，孝悌力田爲父後者各賜一級，鰥寡癃老〔47〕不能自存者人穀五斛。

【注釋】

〔46〕鎮左將軍：陳鎮左將軍第二品，秩中二千石。

〔47〕癃老：《史記·平原君傳》：「臣不幸有罷癃之病。」《索隱》：「罷癃謂背疾，言腰曲而背隆高也。」

九月癸未，太白晝見。

冬十月己酉，詔曰：「耕鑿自足，乃曰淳風，貢賦之興，其來尚矣。蓋〈由庚〉〔48〕亟務，不獲已而行焉。但法令滋章。姦盜多有，俗尚澆詐，政鮮惟良。朕日昃夜分，矜一物之失所，泣辜罪己〔49〕，愧三千之未措。望訂初下，使彊蔭兼出，如聞貧富均起，單弱重弊，斯豈振窮扇暍〔50〕之意歟？是乃下吏箕歛之苛也，故云『百姓不足，君孰與足？』自太建十四年望訂租調逋未入者，竝悉原除。在事百僚，辯斷庶務，必去取平允，無得便公害民，為己聲績，妨紊政道。」

【注釋】

〔48〕〈由庚〉：《詩·小雅·由庚序》：「由庚，萬物得由其道也。」

〔49〕泣辜罪己：《說苑·君道篇》：「禹出見罪人，下車問而泣之。」《南齊書·竟陵文宣王子良傳》：「禹泣辜表仁，菲食旌約。」《左傳·莊公十一年》：「禹、湯罪己，其興也浡焉。」

〔50〕振窮扇暍：梁簡文帝〈大法頌〉：「起泣辜之澤，行扇暍之慈。」

十一月丙寅，大赦天下。壬申，盤盤國遣使獻方物〔51〕。戊寅，百濟國遣使獻方物〔52〕。

三年（乙巳、五八五）

春正月戊午朔，日有蝕之。庚午，以鎮左將軍、長沙王叔堅即本號開府儀同三司，征西將軍、荊州刺史樊毅為護軍將軍，守吏部尚書、領著作陸瓊為吏部尚書，金紫光祿大夫袁敬加特進。

三月辛酉，前豐州刺史章大寶舉兵反〔53〕。

【注釋】

〔51〕盤盤國遣使獻方物：有陳一代，盤盤國曾二次遣使向陳進獻方物。第一次在宣帝太建三年（571）五月辛亥，第二次在後主至德二年（584）十一月壬申。

〔52〕百濟國遣使獻方物：有陳一代，百濟國曾三次向陳進獻方物。第一次在廢帝光大元年（567）九月丙辰，第二次在宣帝太建九年（577）七月己卯，第三次在後主至德二年（584）十一月戊寅。

〔53〕前豐州刺史章大寶舉兵反：卷十一〈章昭達傳〉云：「昭達子大寶，襲封邵陵郡公，出為豐州刺史。在州貪縱，百姓怨酷，後主以太僕卿李暈代之。暈將到州，大寶乃襲殺暈，舉兵反。」

夏四月庚戌，豐州義軍主陳景詳斬大寶，傳首京師。

秋八月戊子夜，老人星見。己酉，以左民尚書謝伸為吏部尚書。

九月甲戌，特進、金紫光祿大夫袁敬卒。

冬十月己丑，丹丹國遣使獻方物〔54〕。

十一月己未，詔曰：「宣尼誕膺上哲，體資至聖，祖述憲章之典〔55〕，竝天地而合德；樂正雅頌之奧〔56〕，與日月而偕明，垂後昆之訓範，開生民之耳目。梁季湮微，靈寢忘處，鞠為茂草，三十餘年，敬仰如在，永惟愴息！今〈雅〉道雍熙，〈由庚〉得所，斷琴故履，零落不追，閱笥開書，無因循復，外可詳之禮典，改築舊廟，蕙房桂棟，咸使惟新，芳蘩潔潦，以時饗奠。」辛巳，輿駕幸長干寺〔57〕，大赦天下。

【注釋】

〔54〕丹丹國遣使獻方物：有陳一代，丹丹國曾四次遣使向陳進獻方物。第一次在宣帝太建三年（571）五月辛亥，第二次在太建三年冬十月己亥，第三次在太建十三年（581）冬十月壬寅，第四次在後主至德三年（585）冬十月己丑。

〔55〕祖述憲章之典：《禮記‧中庸》：「仲尼祖述堯、舜，憲章文、武。」

〔56〕樂正雅頌之奧：《論語‧子罕》：「子曰：『吾自衛返魯，然後樂正，雅頌各得其所。』《史記‧孔子世家》：「古者詩三千餘篇，及至孔子，去其重，取可施於禮義，……以求合韶武雅頌之音，禮樂自此可得而述，以備王道，成六藝。」

〔57〕長干寺：張敦頤《六朝事蹟‧寺院門》：『長干寺，今名天禧寺。長干，是秣陵縣東里巷名，江東謂山隴間曰干。建康南五里有山岡，其間平地，庶民雜居，有大長干，小長干，並是地名。今天禧寺乃大長干也，』」

　　十二月丙戌，太白晝見。辛卯，皇太子出太學，講《孝經》。戊戌，講畢。辛丑，釋奠于先師，禮畢，設金石之樂，會宴王公卿士。癸卯，高麗國遣使獻方物〔58〕。

　　是歲，蕭巋死，子琮代立〔59〕。

【注釋】

〔58〕高麗國遣使獻方物：有陳一代，高麗國曾六次遣使向陳進獻方物。第一次在文帝天嘉二年（561）十一月乙卯，第二次在廢帝天康元年（566）十二月甲子，第三次在宣帝太建二年（570）十一月辛酉，第四次在太建三年（571）五月辛亥，第五次在太建六年（574）春正月甲申，第六次在後主至德三年（585）十二月癸卯。

〔59〕蕭巋死，子琮代立：本書〈文帝紀〉云：「天嘉三年，是歲周所立梁王蕭詧死，子巋代立。」《周書‧蕭巋傳》：「隋文帝（開皇）五年，巋薨，太子蕭琮嗣位，年號廣運。」

四年（丙午、五八六）

　　春正月甲寅，詔曰：「堯施諫鼓〔60〕，禹拜昌言〔61〕，求之異等，久著前徽〔八〕，舉以淹滯，復聞昔典，斯乃治道之深規，帝王之切務。朕以寡昧，丕承鴻緒，未明虛己，日旰興懷，萬機多紊，四聰弗達，思聞謇諤〔62〕，採其謀計。王公已下，各薦所知，旁詢管庫，爰及輿皁，一介〔63〕有能，片言可用，朕親加聽覽，佇於啟沃〔64〕。」中權大將軍、開府儀同三司、鄱陽王伯山進號鎮衛將軍〔65〕，中衛大將軍、開府儀同三司、豫章王叔英進號驃騎大將軍〔九〕，鎮左將軍、開府儀同三司、長沙王叔堅進號中軍大將軍，安南將軍、晉安王伯恭進號鎮右將軍，翊右將軍、宜都王叔明進號安右將軍。

【校證】

〔八〕求之異等，久著前徽

前徽，南監本、北監本、汲古本、《陳後主集》同。宋浙本、三朝本作「前無」，《江令君集》、《初學記》卷二十引竝作「前冊」。

按《江令君集》及《初學記》卷二十引作「前冊」是。「久著前冊」，與下句之「復聞昔典」，正相對為義。宋浙本、南監本作「前無」，義不可通。「無」字當是「冊」字之形誤。汲古本、《陳後主集》作「前徽」，不知何據？或睹「久著前無」不可解，遂臆改「前無」為「前徽」。後之殿本從南監本出，亦沿其誤作「前徽」，實與原意相去遠甚，此當據《江令君集》及《初學記》改。

〔九〕中衛大將軍、開府儀同三司、豫章王叔英進號驃騎大將軍

驃騎大將軍，宋浙本、三朝本、南監本、北監本、汲古本同。

按下文載豫章王叔英於禎明元年九月乙亥，始以驃騎將軍進號驃騎大將軍，前此豫章王叔英未為「驃騎大將軍」可知。明此「驃騎」下，各本衍一「大」字，當據刪。

【注釋】

〔60〕堯施諫鼓：《淮南子·主術訓》：「堯置敢諫之鼓，舜立誹謗之木。」《後漢書·楊震傳》：「臣聞堯、舜之世，諫鼓謗木立之於朝。」

〔61〕禹拜昌言：《尚書·皋陶謨》：「皋陶曰：『慎厥身修，思永。惇敘九族，庶明勵翼，邇可遠，在茲。』禹拜昌言曰：『俞』。」蔡沈《傳》：「昌言，盛德之言。」

〔62〕謇諤：亦作謇愕。《文選》潘岳〈笙賦〉：「終鬼崇以謇愕。」李善注：「謇愕，正直之貌。」

〔63〕一介：謂小才也。《文選》陸倕〈石闕銘序〉：「一介之才必記，無文之典咸秩。」

〔64〕啓沃：《尚書·說命上》：「啓乃心，沃朕心。」孔穎達《疏》：「當開汝心所有，以灌沃我心。」

〔65〕鎮衛將軍：陳置諸將軍之號為九品，鎮衛將軍第一品，秩中二千石。諸將軍中，鎮衛班位最高。

二月丙戌，以鎮右將軍、晉安王伯恭為特進。丙申，立皇弟叔謨為巴東〔66〕王，叔顯為臨江〔67〕王，叔坦為新會〔68〕王，叔隆為新寧〔69〕王。

夏五月丁巳，立皇子莊為會稽王。

【注釋】

〔66〕巴東：《隋書·地理志》：「巴東郡人復縣，舊置巴東郡。」故治在今四川奉節
　　　縣東北。

〔67〕臨江；《隋書·地理志》：「歷陽郡烏江縣，陳爲臨江郡。」故治在今安徽和縣
　　　東北。

〔68〕新會：《宋書·州郡志》：「晉元熙二年，分南海立。」故治即今廣東新會縣治。

〔69〕新寧：《宋書·州郡志》：「晉永和七年，分蒼梧立。」故治在今廣東高要縣南。

　　　秋九月甲午，輿駕幸玄武湖，肄〔一〇〕艫艦閱武，宴羣臣賦詩。戊戌，以
鎮衛將軍、開府儀同三司、鄱陽王伯山爲東揚州刺史，智武將軍、岳陽王叔
愼爲丹陽尹。丁未，百濟國遣使獻方物〔70〕。

【校證】

〔一〇〕輿駕幸玄武湖，肄艫艦閱武

　　　　肄，南監本、汲古本、《南史·陳後主紀》同。宋浙本、北監本、《建康實
　　　　錄》卷二十並作「肆」。

　　　　按宋浙本作「肆」字是。「肆」謂陳列，陳列艫艦閱武，文義並無不妥，汲
　　　　古本及殿本不知何據作「肄」？「肄」訓習，義雖亦可通，然究非古本《陳
　　　　書》原文之舊，此當據早出之宋浙本回改作「肆」爲是。

【注釋】

〔70〕百濟國遣使獻方物：有陳一代，百濟國曾四次遣使向陳進獻方物。第一次在
　　　廢帝光大元年（567）九月丙辰。第二次在宣帝太建九年（577）秋七月己卯，
　　　第三次在後主至德二年（584）十一月戊寅，第四次在至德四年（586）秋九
　　　月丁未。

　　　冬十月癸亥，尚書僕射江總爲尚書令，吏部尚書謝伸〔一一〕爲尚書僕射。

【校證】

〔一一〕吏部尚書謝伸爲尚書僕射

　　　　謝伸，三朝本、南監本、北監本、汲古本同。宋浙本、《南史·陳後主紀》
　　　　並作「謝伷」。

　　　　按《集韻》：「伷，直祐切。音胄，胄或作伷。」此處謝伸之「伸」，宋浙本
　　　　作「伷」，《通鑑》卷一七六〈陳紀十〉同，元胡三省並有音注云：「伷，直

祐翻。」是宋元以前所見版本，原作「伷」也。下文：「禎明二年夏六月辛丑，尚書僕射謝伷爲特進」之「伷」，宋浙本、南監本、汲古本殿本亦竝同作「伷」，明此謝伷之「伷」，各本誤作「伸」，當據宋浙本、《南史·陳後主紀》改。

　　十一月己卯，詔曰：「惟刑止暴，惟德成物，三才是資，百王不改。而世無抵角，時鮮犯鱗，渭橋驚馬〔71〕，弗聞廷爭。桃林逸牛〔72〕，未見其旨。雖剽悍輕侮，理從鉗鈇，蠢愚杜默，宜肆矜弘，政乏良哉，明懸則哲，求諸刑措，安可得乎？是用屬寐寐以軫懷〔73〕，負黼扆而於邑〔74〕。復茲合璧輪缺〔75〕，連珠緯舛，黃鍾〔76〕獻呂，和氣始萌，玄英〔77〕告中，履長〔78〕在御，因時宥過，抑乃斯得。可大赦天下。」

【注釋】

〔71〕渭橋驚馬，弗聞廷爭：《史記·張釋之傳》：「釋之爲廷尉，頃之，上行出中渭橋，有一人從橋下走出，乘輿馬驚。於是使騎捕，屬之廷尉。釋之治問，曰：『縣人來，聞蹕，匿橋下。久之，以爲行已過，即出，見乘輿車騎，即走耳。』廷尉奏當，一人犯蹕，當罰金。文帝怒曰：『此人親驚吾馬，吾馬賴柔和，令他馬，固不敗傷我乎？而廷尉乃當之罰金。』釋之曰：『法者，天子所與天下公共也。今法如此而更重之，是法不信於民也。且方其時，上使立誅之則已。今既下廷尉，廷尉，天下之平也，一傾而天下用法皆爲輕重，民安所措其手足？唯陛下察之。』良久，上曰：『廷尉當是也。』」

〔72〕桃林逸牛：《史記·周本紀》：「武王革殷，乃罷兵西歸，縱馬於華山之陽，放牛於桃林之虛，偃干戈，振兵釋旅，示天下不復用也。」《集解》：「孔安國曰：『桃林，在華山東。』」

〔73〕軫懷：《楚辭·九章·哀郢》：「出國門而軫懷。」王逸《章句》：「軫，痛也。懷，思也。」

〔74〕負黼扆而於邑：負，背也。《尚書·顧命》：「狄設黼扆、綴衣。」蔡沈《傳》：「黼扆，屏風畫爲斧文者。」《楚辭·九章·悲回風》：「傷太息之愍憐兮，氣於邑而不可止。」王逸《章句》：「於邑，氣逆憤懣，結不下也。」

〔75〕合璧輪缺：《漢書·律歷志》：「宦者淳于陵渠復覆太初歷晦朔弦望，皆最密，日月如合璧，五星如連珠。」注：「孟康曰：『謂太初上元甲子夜半朔旦冬至時，七曜皆會聚斗、牽牛分度，夜盡如合璧連珠也。』」師古曰：「言其應候不差也。」

〔76〕黃鍾〔鐘〕：音律名，十二律之一。六律六呂之基本音，配陰曆十一月，因
　　　以黃鐘爲十一月之異稱。《禮記・月令》：「仲冬之月，其音羽，律中黃鐘。」

〔77〕玄英：《爾雅・釋天》：「冬爲玄英。」

〔78〕履長：謂時值冬至也。《玉燭寶典》卷十一〈十一月仲冬〉：「十一月建子，周
　　　之正月，律當黃鐘，其管最長，爲萬物之始，故至節有長履之賀。」

禎明元年（丁未、五八七）

　　春正月丙子，以安前將軍、衡陽王伯信進號鎮前將軍，安東將軍、吳興
太守、廬陵王伯仁爲特進〔一二〕，智武將軍、丹陽尹、岳陽王叔愼爲湘州刺史，
仁武將軍、義陽王叔達爲丹陽尹。

【校證】

〔一二〕安東將軍、吳興太守、廬陵王伯仁爲特進

　　　　安東將軍，宋浙本、三朝本、南監本、北監本、汲古本同。

　　　　特進，宋浙本、南監本、北監本、汲古本同。

　　　　按宣帝太建十四年正月壬申，廬陵王伯仁由翊右將軍、中領軍進號「安前
　　　　將軍」。至後主禎明二年五月壬午，仍爲「安前將軍」，則此禎明元年正月
　　　　丙子，云廬陵王伯仁爲「安東將軍」者，「安東」當是「安前」之誤。

　　　　又按下文言「禎明二年五月壬午，以安前將軍廬陵王伯仁爲特進。」此亦
　　　　云「伯仁爲特進」，前後重出「伯仁爲特進」，此中必有一誤。考卷二十八
　　　　伯仁本傳，但言伯仁於禎明元年加侍中，不言爲特進，是知「禎明二年五
　　　　月壬午」，「伯仁爲特進」，而「禎明元年正月丙子」，伯仁則是加「侍中」，
　　　　而非爲「特進」也。

　　戊寅，詔曰：「柏皇、大庭〔79〕，鼓淳和於曩日；姬王、嬴后〔80〕，被澆
風於末載。刑書已鑄，善化匪融，禮義既乖，姦宄斯在〔一三〕，何其淳朴不反，
浮華競扇者歟？朕居中御物，納隍在睠，頻恢天網〔81〕，屢絕三邊〔82〕，元元
黔庶，終罹五辟〔83〕。蓋乃康哉寡薄，抑焉法令滋章。是用當寧弗怡，矜此
向隅〔84〕之意。今三元具序，萬國朝辰，靈芝獻於始陽，膏露凝於聿歲，從
春施令，仰乾布德，思與九有〔85〕，惟新七政〔86〕。可大赦天下，改至德五年
爲禎明元年。」乙未，地震。癸卯，以鎮前將軍、衡陽王伯信爲鎮南將軍、
西衡州刺史。

【校證】

〔一三〕禮義既乖，姦宄斯在

斯在，宋浙本、三朝本、南監本、北監本、汲古本、《冊府》卷二〇八竝作「斯作」。

按作「斯作」是。《禮記·禮運》：「是故謀閉而不興，盜竊亂賊而不作。」「不作」，謂不興也。「姦宄斯作」即是姦宄斯興。殿本「斯作」譌作「斯在」，當據各本改。

【注釋】

〔79〕柏皇、大庭：上古之帝王也。《莊子·胠篋》：「昔者容成氏、大庭氏、伯皇氏、中央氏、栗陸氏、驪畜氏、伏羲氏、神農氏，當是時也，民結繩而用之，甘其食，美其服，樂其俗，安其居，鄰國相望，雞狗之音相聞，民至老死而不相往來，若此之時，則至治已。」

〔80〕姬王、嬴后：謂周、秦之君也。《史記·周本紀》：「周后稷，名棄，別姓姬氏。」《秦本紀》：「秦之先大費，佐舜調馴鳥獸，鳥獸多馴服，是爲柏翳，舜賜姓嬴氏。」

〔81〕頻恢天網：《老子》七十三章：「天網恢恢，疏而不失。」恢恢，寬大也。

〔82〕屢絕三邊：《史記·殷本紀》：「湯出，見野張網四面，祝曰：『自天下四方皆入吾網。』湯曰：『嘻！盡之矣！』乃去三面，祝曰：「欲左，左。欲右，右。不用命，乃入吾網。」諸侯聞之，曰：『湯德至矣，及禽獸。』」

〔83〕五辟：《漢書·霍光傳》：「五辟之屬，莫大不孝。」師古注：「五辟即五刑也。」《尚書·舜典》：「五刑有服。」孔安國《傳》：「五刑：墨、劓、剕、宮、大辟。」

〔84〕向隅：面向室之角隅也，喻人之單獨觖望也。《文選》潘岳〈笙賦〉：「眾滿堂而飲酒，獨向隅以掩淚。」

〔85〕九有：《詩·商頌·玄鳥》：「奄有九有。」毛《傳》：「九有，九州也。」

〔86〕七政：《尚書大傳·唐傳》：「正月上日，受終于文祖，在璇璣玉衡，以齊七政。齊，中也。七政者，謂春秋冬夏、天文、地理、人道，所以爲政也。」

　　二月丁未，以特進、鎮右將軍、晉安王伯恭進號中衛將軍，中書令、建安王叔卿爲中書監。丁卯，詔至德元年望訂租調逋未入者，竝原之。

　　秋八月癸卯，老人星見。丁未，以車騎將軍蕭摩訶爲驃騎將軍。

九月乙亥，以驃騎將軍、開府儀同三司、豫章王叔英爲驃騎大將軍。

庚寅，蕭琮所署尚書令〔一四〕、太傅、安平王蕭巖，中軍將軍、荊州刺史、義興王〔一五〕蕭瓛，遣其都官尚書沈君公詣荊州刺史陳紀〔十六〕請降〔87〕。辛卯，巖等率文武男女十萬餘口濟江〔一七〕。甲午，大赦天下。

【校證】

〔一四〕蕭琮所署尚書令、太傅安平王蕭巖

尚書令，宋浙本、三朝本、南監本、北監本、汲古本同。

按尚書令，卷十五〈陳慧紀傳〉作「尚書左僕射」。

〔一五〕中軍將軍、荊州刺史、義興王蕭瓛

義興王，宋浙本、三朝本、南監本、北監本、汲古本同。

按「義興王」，〈陳慧紀傳〉作「晉熙王」。

〔一六〕詣荊州刺史陳紀請降

陳紀，宋浙本、三朝本、南監本、北監本、汲古本同。

按「陳慧紀」，本書卷十五有傳。此作「陳紀」，「紀」上當有一「慧」字爲是。

〔一七〕辛卯，巖等率文武男女十萬餘口濟江

十萬，宋浙本、三朝本、南監本、北監本、汲古本同。

按羅振玉《陳書斠議》云：「『十萬』，〈陳慧紀傳〉作『二萬』。」

【注釋】

〔87〕蕭琮所署尚書令蕭巖、荊州刺史蕭瓛詣荊州請降句：《周書・蕭琮傳》：「琮及嗣位，隋文帝徵琮叔父岑入朝，因留不遣，復置江陵總管以監之。琮之二年，隋文帝又徵琮入朝。琮率其臣下二百餘人朝於長安。隋文帝仍遣武鄉公崔弘度將兵戍江陵。軍至都州，琮叔父巖及弟瓛等懼弘度掩襲之，遂虜居民奔於陳。」

冬十一月乙亥，割揚州吳郡置吳州，割錢塘縣爲郡屬焉。丙子，以蕭巖爲平東將軍、開府儀同三司、東揚州刺史，蕭瓛爲安東將軍、吳州刺史〔88〕。丁亥，以驃騎大將軍、開府儀同三司、豫章王叔英兼司徒。

【注釋】

〔88〕以蕭巖爲東揚州刺史，蕭瓛爲吳州刺史：《通鑑》卷一七六〈陳紀十〉云：「初，上以蕭巖、蕭琮，梁之宗室，擁眾來奔，心忌之，故遠散其眾，以巖爲東揚州刺史，瓛爲吳州刺史；使領軍任忠出守吳興郡，以襟帶二州。」

　　十二月丙辰，以前鎮衛將軍、開府儀同三司、東揚州刺史鄱陽王伯山為鎮衛大將軍〔一八〕、開府儀同三司，前中衛將軍、晉安王伯恭為中衛將軍、右光祿大夫〔89〕。

【校證】

〔一八〕十二月丙辰，以前鎮衛將軍、開府儀同三司、東揚州刺史鄱陽王伯山爲鎮
　　　　衛大將軍
　　　　鎮衛大將軍，宋浙本、三朝本、南監本、北監本、汲古本同。
　　　　按卷二十八〈鄱陽王伯山傳〉云伯山於禎明元年，丁所生母憂，去職。明
　　　　年，始起爲「鎮衛大將軍」。

【注釋】

〔89〕前中衛將軍、晉安王伯恭爲中衛將軍、右光祿大夫：卷二十八〈晉安王伯恭
　　　　傳〉云：「至德元年，爲侍中、中衛將軍、光祿大夫，丁所生母憂，去職。
　　　　禎明元年，起爲中衛將軍、右光祿大夫。」

二年（戊申、五八八）

　　春正月辛巳，立皇子恮爲東陽王，恬爲錢塘王。

　　是月，遣散騎常侍周羅睺帥兵屯峽口〔90〕。

【注釋】

〔90〕遣散騎常侍周羅睺帥兵屯峽口：周羅睺，九江尋陽人。宣帝時，以功授開遠
　　　　將軍、句容令。後從大都督吳明徹進師徐州，與周將戰於彭城，勇冠三軍。
　　　　明徹之敗也，羅睺全眾而歸。至德中，出督湘州諸軍事，還拜散騎常侍。至
　　　　是隋師伐陳，後主遂遣周羅睺都督巴峽緣江諸軍事，屯峽口以拒之（詳見《隋
　　　　書》卷六十五〈周羅睺傳〉）。

　　夏四月戊申，有羣鼠無數，自蔡洲岸入石頭渡淮，至于青塘〔91〕兩岸，數日死，隨流出江。戊午，以左民尚書蔡徵爲吏部尚書。

　　是月，郢州南浦水黑如墨。

【注釋】

〔91〕青塘：《讀史方輿紀要》卷二十〈江寧府・江寧縣〉：「青溪，在上元縣東六里。
　　　　溪發源鍾山，下入秦淮。青塘，蓋迫近淮渚，在青溪之南岸。」

　　五月壬午，以安前將軍、廬陵王伯仁爲特進。甲午，東冶〔92〕鑄鐵，有物赤色如數斗〔一九〕，自天墜鎔所，有聲隆隆如雷，鐵飛出牆外燒民家。

【校證】

〔一九〕東冶鑄鐵，有物赤色如數斗，自天墜鎔所

　　　　如數斗，宋浙本、三朝本、南監本、北監本、汲古本同。《南史·陳後主紀》作「大如數升」。

　　　　按各本「如數斗」上無「大」字，疑係後世傳刻譌奪，當據《南史·陳後主紀》補。惟「大如數斗」，《南史》作「大如數升」，「升」字則是與「斗」字形近而譌。「大如數斗」，究指大如二斗，抑大如九斗？造語如此，文義有欠分明。《隋書·五行志上》引此作「大如斗」，文義則甚明確，知此當從《隋志》作「大如斗」爲是。

【注釋】

〔92〕東冶：《輿地紀勝》卷十七〈建康府·景物上〉：「六朝有東西冶，在宮城西。」《隋書·五行志》：「東冶者，陳人鑄兵之所。」

　　六月戊戌，扶南國遣使獻方物〔93〕。庚子，廢皇太子胤爲吳興王，立軍師將軍、揚州刺史、始安王深爲皇太子〔94〕。辛丑，平南將軍、江州刺史、南平王嶷進號鎮南將軍，忠武將軍、南徐州刺史、永嘉王彥進號安北將軍，會稽王莊爲翊前將軍、揚州刺史，宣惠將軍、尚書令江總進號中權將軍，雲麾將軍、太子詹事袁憲爲尚書僕射，尚書僕射謝伷爲特進，寧遠將軍、新除吏部尚書蔡徵進號安右將軍。甲辰，以安右將軍〔二○〕魯廣達爲中領軍。丁巳，大風至自西北激濤水入石頭城，淮渚暴溢，漂沒舟乘。

【校證】

〔二○〕以安右將車魯廣達爲中領軍

　　　　安右將軍，宋浙本、三朝本、南監本、北監本、汲古本同。

　　　　按卷三十一〈魯廣達傳〉云廣達於後主即位後，入爲「安左將軍」。尋授平南將軍，南豫州刺史。至德二年，授安南將軍，徵拜侍中，又爲安左將軍，尋爲中領軍。而未言廣達曾爲「安右將軍」，則此作「安右將軍」者，當依本傳作「安左將軍」爲是。

【注釋】

〔93〕扶南國遣使獻方物：有陳一代，扶南國曾三次遣使向陳進獻方物。第一次在

武帝永定三年（559）五月丙寅，第二次在宣帝太建四年（572）三月乙丑，第三次在後主禎明二年（588）六月戊戌。

〔94〕廢皇太子胤爲吳興王，立始安王深爲皇太子：胤，後主長子，母孫姬因產卒，沈皇后哀而養之，以爲己子。後主即位，立爲皇太子。深，後主第四子，以母張貴妃故，特爲後主所愛。至德二年，封始安王。是時，張貴妃、孔貴妃並愛幸，沈皇后無寵，而張、孔二貴妃又日夜構成后及太子之短，孔範之徒又於外合成其事，至是遂廢胤爲吳興王，立深爲太子（詳見《南史》卷六十五〈後主諸子傳〉）。

冬十月己亥，立皇子蕃爲吳郡王。辛丑，以度支尚書、領大著作姚察爲吏部尚書。己酉，輿駕幸莫府山大校獵。

十一月丁卯，詔曰：「夫議獄緩刑，皇王之所垂範；勝殘去殺，仁人之所用心。自畫冠既息，刻吏斯起，法令滋章，手足無措。朕君臨區宇，屬當澆末，輕重之典，在政未康，小大之情，興言多愧。眷茲狴犴〔95〕，有軫哀矜，可克日於大政殿訊獄。」

【注釋】

〔95〕狴犴：揚雄《法言·吾子》：「狴犴使人多禮乎？」宋咸注：「狴犴，牢獄也。」

壬申，以鎮南將軍、江州刺史、南平王嶷爲征西將軍、郢州刺史，安北將軍、南徐州刺史、永嘉王彥爲安南將軍、江州刺史，軍師將軍、南海王虔爲安北將軍〔二一〕、南徐州刺史。丙子，立皇弟叔榮爲新昌〔96〕王，叔匡爲太原〔97〕王。

【校證】

〔二一〕軍師將軍、南海王虔爲安北將軍、南徐州刺史

安北將軍，宋浙本、三朝本、南監本、北監本、汲古本同。

按「安北將軍」，卷二十八〈南海王虔傳〉作「平北將軍」。

【注釋】

〔96〕新昌：《隋書·地理志》：「江都郡清流縣，舊置新昌郡。」故治即今安徽滁縣治。

〔97〕太原：《隋書·地理志》：「九江郡彭澤縣，梁置太原郡。」故治在今江西湖口縣東。

是月，隋遣晉王廣眾軍來伐，自巴、蜀、沔、漢下流至廣陵，數十道俱入〔98〕。緣江鎮戍，相繼奏聞。時新除湘州刺史施文慶、中書舍人沈客卿掌機密用事〔99〕，竝抑而不言，故無備禦。

【注釋】

〔98〕隋遣晉王廣率眾來伐，數十道俱入：《隋書・高祖紀》：「開皇八年（588）冬十月甲子，命晉王廣、秦王俊、清河公楊素並爲行軍元帥以伐陳。於是晉王廣出六合，秦王俊出襄陽，清河公楊素出信州，荊州刺史劉仁恩出江陵，宜陽公王世積出蘄春，新義公韓擒虎出廬江，襄邑公賀若弼出吳州，落叢公燕榮出東海，合總管九十，兵五十一萬八千，皆受晉王節度，東接滄海，西拒巴、蜀，旌旗舟楫，橫亙數千里。」

〔99〕施文慶、沈客卿掌機密用事：卷三十一〈任忠傳〉云：「時有沈客卿者，吳興武康人，性便佞忍酷，爲中書舍人，每立異端，唯以刻削百姓爲事，由是自進。有施文慶者，吳興烏程人，起自微賤，有吏用，後主拔爲主書，選中書舍人，俄擢爲湘州刺史。未及之官，會隋軍來伐，四方州鎮，相繼以聞。文慶、客卿俱掌機密，外有表啓，皆由其呈奏。文慶心悅湘州重鎮，冀欲早行，遂與客卿共爲表裏，抑而不言，後主弗之知也，遂以無備，至乎敗國，寔二人之罪。」

三年（己酉、五八九）

春正月乙丑朔，霧氣四塞。是日，隋總管賀若弼自北道廣陵濟京口，總管韓擒虎趣橫江〔100〕濟采石，自南道將會弼軍。丙寅，采石戍主〔二二〕徐子建馳啓告變。丁卯，召公卿入議軍旅。戊辰，內外戒嚴，以驃騎將軍蕭摩訶、護軍將軍樊毅、中領軍魯廣達并爲都督，遣南豫州刺史樊猛帥舟師出白下，散騎常侍皐文奏將兵鎮南豫州〔101〕。庚午，賀若弼攻陷南徐州。辛未，韓擒虎又陷南豫州。文奏敗還。至是隋軍南北道竝進。

【校證】

〔二二〕采石戍主徐子建馳啓告變

戍主，宋浙本、三朝本、南監本、北監本、汲古本、《南史・陳後主紀》、《通鑑》卷一七七〈隋紀一〉竝作「戍主」。

按作「戍主」是。「戍主」，類今要塞司令。殿本「戍」譌作「戊」，當據各本改。

【注釋】

〔100〕橫江：在今安徽和縣東南。《讀史方輿紀要》卷二十九〈和州・橫江〉：「建
康、姑孰，皆以橫江爲噤吭。亦曰橫江浦，直江南采石渡處，自昔濟江之津
要也。」

〔101〕鎮南豫州：《通鑑》卷一七七〈隋紀一〉胡注：「陳南豫州治宣城，時徙鎮姑
孰。」

　　後主遣驃騎大將軍、司徒、豫章王叔英屯朝室〔二三〕，蕭摩訶屯樂遊苑，
樊毅屯耆闍寺，魯廣達屯白土岡，忠武將軍孔範屯寶田寺。己卯，鎮東大將
軍〔102〕任忠自吳興入赴，仍屯朱雀門。

【校證】

〔二三〕後主遣驃騎大將軍、司徒、豫章王叔英屯朝室

　　　　朝室，宋浙本、南監本、北監本、汲古本同。《通鑑》卷一七七〈隋紀一〉
作「朝堂」。

　　　　按《通鑑》作「朝堂」是。卷二十八〈豫章王叔英傳〉亦作「朝堂」。此處
各本誤作「朝室」，當據《通鑑》及本傳改。

【注釋】

〔102〕鎮東大將軍：陳鎮東將軍第二品，秩中二千石。加大，則進一階。

　　辛巳，賀若弼進據鍾山，頓白土岡之東南。甲申，後主遣衆軍與弼合戰，
衆軍敗績〔103〕，弼乘勝至樂遊苑，魯廣達猶督散兵力戰，不能拒。弼進攻宮
城，燒北掖門。

【注釋】

〔103〕後主遣衆軍與弼合戰，衆軍敗績：按卷三十一〈蕭摩訶傳〉云：「若弼進軍
鍾山，……後主謂摩訶曰：『公可爲我一決。』令中領軍魯廣達陳兵白土岡，
居衆軍之南偏，鎮東大將軍任忠次之，護軍將軍樊毅、都官尚書孔範次之，
摩訶軍最居北。衆軍南北亘二十里，首尾進退，各不相知。賀若弼初謂未戰，
將輕騎登山觀望形勢，及見衆軍，因馳下置陣，更分軍趣北突諸將；孔範出
戰，兵交而走，諸將支離，陣猶未合，騎卒潰散，駐之弗止，摩訶無所用力
焉，爲隋軍所執。」

　　是時，韓擒虎率眾自新林〔104〕至于石子岡〔105〕，任忠出降於擒虎，仍引擒虎經朱雀航趣宮城，自南掖門〔106〕而入。於是城內文武百司皆遁出，唯尚書僕射袁憲在殿內；尚書令江總、吏部尚書姚察、度支尚書袁權、前度支尚書王瑗、侍中王寬在省中。

【注釋】

〔104〕新林：即新林浦，在江寧縣西南。《讀史方輿紀要》卷二十〈江寧府‧新林浦〉：「在府城西南十八里。合大勝河，濱大江，亦曰新林港。」

〔105〕石子岡：《太平寰宇記》卷九十〈昇州‧江寧縣〉：「石子岡，在縣南十五里，周迴二十里。」

〔106〕南掖門：史若川《六朝故城圖考》：「臺城南面四門，中大司馬門，次東南掖門。」

　　後主聞兵至，從宮人十餘出後堂景陽殿，將自投于井，袁憲侍側，苦諫不從，後閣舍人夏侯公韻又以身蔽井，後主與爭，久之，方得入焉。及夜，為隋軍所執。丙戌，晉王廣入據京城。

　　三月己巳，後主與王公百司發自建業，入于長安。

　　隋仁壽四年十一月壬子，薨於洛陽，時年五十二，追贈大將軍，封長城縣公，諡曰煬〔107〕，葬河南洛陽之芒山〔108〕。

【注釋】

〔107〕諡曰煬：《通鑑》卷一八〇〈隋紀四〉胡三省注：「諡法：『好內怠政曰煬。』」

〔108〕芒山：即北邙山。《讀史方輿紀要》卷四十八〈河南府‧洛陽縣〉：「北邙山，在府北十里，山連偃師、鞏、孟津三縣，綿亘四百餘里，古陵寢多在其山。邙一作『芒』。」

　　史臣侍中、鄭國公魏徵〔109〕曰：

　　高祖拔起壟畝，有雄桀之姿。始佐下藩，奮英奇之略，弭節南海，職思靜亂。援旗北邁，義在勤王。掃侯景於既成，拯梁室於已墜。天網絕而復續，國步屯而更康，百神有主，不失舊物，魏王之延漢鼎祚〔110〕，宋武之反晉乘輿〔111〕，懋績鴻勳，無以尚也。于時內難未弭，外鄰勍敵，王琳作梗於上流，周、齊搖蕩於江、漢，畏首畏尾，若存若亡，此之不圖，遽移天歷〔二四〕，雖皇靈有睠，何其速也？然志度弘遠，懷抱豁如，或取士於仇讎〔112〕，或擢才

於亡命，掩其受金之過，宥其吠堯〔113〕之罪，委以心腹爪牙，咸能得其死力，故乃決機百勝，成此三分，方諸鼎峙之雄，足以無愧權、備矣。

【校證】

〔二四〕遠移天歷，雖皇靈有晩，何其速也

　　遠，宋浙本、三朝本、南監本、北監本、汲古本並作「遽」。

　　按「遽」字與下句之「速」字正相對為義。殿本「遽」譌作「遠」，當據各本改。

【注釋】

〔109〕史臣侍中、鄭國公魏徵：《舊唐書・姚思廉傳》云：「貞觀初年，遷著作郎。三年，受詔與秘書監魏徵同撰梁、陳二史。」又〈魏徵傳〉：「貞觀二年，遷秘書監。七年，為侍中。初，有詔遣令狐德棻、岑文本撰《周史》，孔穎達、許敬宗撰《隋史》，姚思廉撰《梁》、《陳史》，李百藥撰《齊史》。徵受詔總加撰定，《隋史》序論，皆徵所作，《梁》、《陳》、《齊》各為總論，時稱良史。史成，進封鄭國公。」

〔110〕魏王之延漢鼎祚：漢獻帝建安二十一年五月，曹操進爵為魏王（見《三國志・魏書・魏武帝紀》）。初，董卓之亂，洛陽殘破，羣雄割據，漢室即將傾覆，而曹操迎獻帝於許昌，破袁紹於官渡，一統北方，漢之鼎祚，遂得延續。

〔111〕宋武之反晉乘輿：宋武，謂南朝宋武帝劉裕也。晉安帝元興二年十二月，桓玄纂位，帝蒙塵于尋陽。裕舉義兵討玄，玄眾潰而逃，逼帝西上至江陵。五月壬午，裕平玄亂，乘輿反正於江陵（詳見《晉書・安帝紀》）。

〔112〕取士於仇讎，或擢才於亡命：趙翼《廿二史劄記》卷十二：「陳武帝起自寒微，數年有天下，其將帥自侯安都、黃法氍、胡穎、徐度、杜稜、吳明徹諸人外，其餘功臣，皆出於仇敵中者。杜僧明、周文育則起兵圍廣州，為帝所擒者也；歐陽頠亦事蕭勃，為周文育擒送於帝者也；侯瑱、周鐵虎、程靈洗，則王僧辯故將也；魯悉達、孫瑒、周炅、樊毅，則王琳故將也。或臨陣擒獲，或力屈來降，帝皆釋而用之，委以心膂，卒得其力，以成偏安之業。」

〔113〕吠堯：《史記・淮陰侯傳》：「蹠之狗吠堯，堯非不仁，狗因吠非主。」

　　世祖天姿叡哲，清明在躬，早預經綸，知民疾苦，思擇令典，庶幾至治。德刑竝用，戡濟艱虞，羣兇授首，彊鄰震懾。雖忠厚之化未能及遠，恭儉之

風足以垂訓。若不尚明察，則守文之良主也。

臨川年長於成王，過微於太甲。宣帝有周公之親，無伊尹之志，明辟不復〔114〕，桐宮遂往〔115〕，欲加之罪，其無辭乎！

【注釋】

〔114〕明辟不復：《爾雅·釋詁》：「皇、王、后、辟，君也。」《後漢書·杜根傳贊》：「鄧不明辟。」李賢注：「《尚書》曰：『朕復子明辟。』孔安國注：『復還明君之政於成王也。』言鄧后臨朝，不還政於安帝也。」

〔115〕桐宮遂往：《史記·殷本紀》：「太甲既立三年，不遵湯法，亂德，於是伊尹放之於桐宮。伊尹攝行政當國，以朝諸侯。帝太甲居桐宮三年，悔過自責，反善，於是伊尹迺迎帝太甲而授之政。」桐宮遂往者，謂遭廢黜，遂不得還主國政也。

高宗爰自在田，雅量宏廓，登庸御極，民歸其厚。惠以使下，寬以容眾。智勇爭奮，師出有名，揚旆分麾，風行電掃，闢土千里，奄有淮、泗，戰勝攻取之勢，近古未之有也。既而君侈民勞，將驕卒惰，帑藏空竭，折衄師徒，於是秦人方彊，遂窺兵於江上矣。李克以為吳之先亡，由乎數戰數勝。數戰則民疲，數勝則主驕，以驕主御疲民，未有不亡者也。信哉言乎！高宗始以寬大得人，終以驕侈致敗，文、武之業，墜于茲矣。

後主生深宮之中，長婦人之手，既屬邦國殄瘁，不知稼穡艱難。初懼阽危，屢有哀矜之詔；後稍安集，復扇淫侈之風。賓禮諸公，唯寄情於文酒；昵近羣小，皆委之以衡軸。謀謨所及，遂無骨鯁之臣；權要所在，莫匪侵漁之吏。政刑日紊，尸素盈朝〔116〕，耽荒為長夜之飲，嬖寵同豔妻之孽，危亡弗恤，上下相蒙，眾叛親離，臨機不寤，自投於井，冀以苟生，視其以此求全，抑亦民斯下矣〔117〕！

【注釋】

〔116〕尸素盈朝：《漢書·朱雲傳》：「今朝廷大臣，上不能匡主，下亡以益民，皆尸位素餐。」師古注：「尸，主也。素，空也。尸位者，不舉其事，但主其位也。素餐者，德不稱官，空當食祿。」

〔117〕民斯下矣：《論語·季氏》：「生而知之者，上也；學而知之者，次也；困而學之，又其次也；困而不學，民斯為下矣。」

　　遐觀列辟，纂武嗣興，其始也皆欲齊明日月，合德天地，高視五帝，俯協三王。然而靡不有初，克終蓋寡，其故何哉？竝以中庸之才，懷可移之性，口存於仁義，心忱於嗜慾〔118〕。仁義利物而道遠，嗜欲遂性而便身。便身不可久違，道遠難以固志。佞諂之倫，承顏候色，因其所好，以悅導之，若下坂以走丸，譬順流而決壅。非夫感靈辰象，降生明德，孰能遺其所樂，而以百姓為心哉？此所以成、康、文、景千載而罕遇，癸、辛〔119〕、幽、厲靡代而不有，毒被宗社，身嬰戮辱，為天下笑，可不痛乎！古人有言：亡國之主，多有才藝。考之梁、陳及隋，信非虛論。然則不崇教義之本，偏尚淫麗之文，徒長澆偽之風，無救亂亡之禍矣。

【注釋】

〔118〕忱於嗜慾：忱，誘也。《文選》賈誼〈鵩鳥賦〉：「忱迫之徒兮，或趨西東。」李善注引孟康曰：「忱，為利所誘忱也。」

〔119〕癸、辛：《史記·夏本紀》：「帝發崩，子帝履癸立，是為桀。」〈殷本紀〉：「帝乙崩，子辛立，是為帝辛，天下謂之紂。」

　　史臣曰：「後主昔在儲宮，早標令德，及南面繼業，寔允天人之望矣！至於禮樂刑政，咸遵故典，加以深弘六藝，廣闢四門，是以待詔之徒，爭趨金馬；稽古之秀，雲集石渠〔120〕。且梯山航海，朝貢者往往歲至矣。自魏正始、晉中朝以來，貴臣雖有識治者，皆以文學相處，罕關庶務，朝章大典，方參議焉，文案簿領，咸委小吏，浸以成俗，迄至于陳。後主因循，未遑改革，故施文慶、沈客卿之徒，專掌軍國要務，姦黠左道，以哀刻為功，自取身榮，不存國計，是以朝經墮廢，禍生鄰國。斯亦運鍾百六〔121〕，鼎玉遷變，非唯人事不昌，蓋天意然也。」

【注釋】

〔120〕石渠：《困學記聞》卷十六〈考史〉：「宣帝甘露三年，詔諸儒講五經於石渠閣。《三輔故事》：『石渠閣在未央宮殿北，藏秘書之府。』《黃圖》云：『蕭何造，其下礱石為渠以導水，所藏入關所得秦之圖籍。』」

〔121〕運鍾百六：《漢書·谷永傳》：「遭〈无妄〉之卦運，直百六之災阸。」《音義》：「四千五百歲為一元，一元之中有九阸，陽阸五，陰阸四。陽為旱，陰為水。一百六歲有陽阸，故曰百六會。」

徵引書目

1. 《周易正義》，魏王弼、韓康伯注，唐孔穎達正義，藝文印書館，1965 年。
2. 《尚書正義》，漢孔安國傳，唐孔穎達正義，藝文印書館，1965 年。
3. 《毛詩正義》，漢毛公傳、鄭玄箋，唐孔穎達正義，藝文印書館，1965 年。
4. 《周禮正義》，漢鄭玄注，唐賈公彥疏，藝文印書館，1965 年。
5. 《禮記正義》，漢鄭玄注，唐孔穎達正義，藝文印書館，1965 年。
6. 《春秋左傳正義》，晉杜預注，唐孔穎達正義，藝文印書館，1965 年。
7. 《春秋公羊傳注疏》漢何休解詁、唐徐彥疏，藝文印書館，1965 年。
8. 《論語注疏》，魏何晏注，宋邢昺疏，藝文印書館，1965 年。
9. 《孟子注疏》，漢趙岐注，宋孫奭疏，藝文印書館，1965 年。
10. 《爾雅注疏》，晉郭璞注，宋邢昺疏，藝文印書館，1965 年。
11. 《尚書大傳》，漢伏勝撰，藝文印書館百部叢書集成本，1967 年。
12. 《詩集傳》，宋朱熹撰，臺灣商務印書館，1966 年。
13. 《書經集傳》，宋蔡沈撰，世界書局，1963 年。
14. 《左傳會箋》，日本竹添光鴻撰，廣文書局，1961 年。
15. 《說文解字注》，漢許慎撰，清段玉裁注，藝文印書館，1955 年。
16. 《廣雅》，三國張揖撰，臺灣商務印書館，1966 年。
17. 《字林》，晉呂忱撰，清道光乙未年朝邑劉氏刊本，1835 年。
18. 《玉篇》，梁顧野王撰，新興書局，1963 年。
19. 《經典釋文》，唐陸德明撰，臺灣商務印書館，1970 年。
20. 《五經文字》，唐張參撰，上海商務印書館叢書集成初編本，1936 年。
21. 《廣韻》，宋陳彭年等修，臺灣商務印書館，1968 年。
22. 《集韻》，宋丁度等撰，中華書局，1965 年。
23. 《說文通訓定聲》，清朱駿聲撰，世界書局，1962 年。
24. 《說文新附考》，清鄭珍撰，上海商務印書館，1936 年。
25. 《經傳釋詞》，清王引之撰，世界書局，1962 年。
26. 《國語》，三國韋昭注，臺灣商務印書館，1956 年。

27. 《戰國策》，漢高誘注，臺灣商務印書館，1956 年。

28. 《史記》，漢司馬遷撰，劉宋裴駰《集解》，唐司馬貞《索隱》，唐張守節《正義》，藝文印書館，1962 年。

29. 《漢書》，唐顏師古注，清王先謙補注，藝文印書館，1962 年。

30. 《後漢書》，唐章懷太子李賢注，清王先謙集解，藝文印書館，1962 年。

31. 《三國志》，劉宋裴松之注，藝文印書館，1962 年。

32. 《晉書》，唐房玄齡等撰，藝文印書館，1962 年。

33. 《宋書》，梁沈約撰，藝文印書館，1962 年。

34. 《南齊書》，梁蕭子顯撰，藝文印書館，1962 年。

35. 《梁書》，唐姚思廉撰，藝文印書館，1962 年。

36. 《陳書》，唐姚思廉撰，藝文印書館，1962 年。

37. 《魏書》，北齊魏收撰，藝文印書館，1962 年。

38. 《北齊書》，唐李百藥撰，藝文印書館，1962 年。

39. 《周書》，唐令狐德棻撰，藝文印書館，1962 年。

40. 《南史》，唐李延壽撰，藝文印書館，1962 年。

41. 《北史》，唐李延壽撰，藝文印書館，1962 年。

42. 《隋書》，唐魏徵等撰，藝文印書館，1962 年。

43. 《舊唐書》，後晉劉昫撰，藝文印書館，1962 年。

44. 《新唐書》，宋歐陽修等撰，藝文印書館，1962 年。

45. 《帝王世紀》，晉皇甫謐撰，藝文印書館百部叢書集成本，1966 年。

46. 《竹書紀年》，梁沈約注，世界書局，1967 年。

47. 《資治通鑑》，宋司馬光撰，元胡三省注，世界書局，1962 年。

48. 《漢舊儀》，東漢衛宏撰，藝文印書館百部叢書集成本，1967 年。

49. 《漢官儀》，東漢應劭撰，藝文印書館百部叢書集成本，1967 年。

50. 《建康實錄》，唐許嵩撰，清光緒二十八年金陵甘氏桑泊堂刊本，1902 年。

51. 《通典》，唐杜佑撰，新興書局，1963 年。

52. 《通志》，宋鄭樵撰，新興書局，1963 年。

53. 《文獻通考》，元馬端臨撰，新興書局，1963 年。

54. 《陔餘叢考》，清趙翼撰，世界書局，1965 年。

55. 《廿二史箚記》，清趙翼撰，世界書局，1956 年。

56. 《廿二史考異》，清錢大昕撰，藝文印書館百部叢書集成本，1964 年。

57. 《諸史考異》，清洪頤煊撰，藝文印書館，1964 年。

58. 《陳書斠議》，羅振玉撰，光緒癸卯年刊本，1903 年。

59. 《校史隨筆》，張元濟撰，臺灣商務印書館，1967 年。

60. 《水經注》，漢桑欽撰，北魏酈道元注，世界書局，1965 年。

61. 《三輔黃圖》，不著撰人，世界書局，1963 年。

62. 《洛陽伽藍記》，後魏楊衒之撰，世界書局，1962 年。

63. 《荊楚歲時記》，梁宗懍撰，藝文印書館百部叢書集成本，1965 年。

64. 《元和郡縣志》，唐李德裕撰，臺灣商務印書館，1968 年。

65. 《太平寰宇記》，宋樂史撰，文海出版社，1963 年。

66. 《輿地記勝》，宋王象之撰，文海出版社，1962 年。

67. 《六朝事跡》，宋張敦頤撰，藝文印書館百部叢書集成本，1966 年。

68. 《雍錄》，宋程大昌撰，藝文印書館百部叢書集成本，1966 年。

69. 《讀史方輿紀要》，清顧祖禹撰，新興書局，1956 年。

70. 《大清一統志》，清穆彰阿撰，商務印書館，1966 年。

71. 《通鑑地理今釋》，清吳熙載撰，新興書局，1959 年。

72. 《補梁疆域志》，清洪齮孫撰，開明書局，1967 年。

73. 《四庫全書總目提要》，清永瑢、紀昀等撰，臺灣商務印書館，1965 年。

74. 《南江書錄》，清邵晉涵撰，藝文印書館叢書集成續編本，1970 年。

75. 《皕宋樓藏書志》，清陸心源撰，廣文書局，1968 年。

76. 《儀顧堂續跋》，清陸心源撰，廣文書局，1967 年。

77. 《雙鑑樓善本書目》，傅增湘撰，廣文書局，1969 年。

78. 《藏園群書題記》，傅增湘撰，廣文書局，1967 年。

79. 《文祿堂訪書記》，王文進撰，廣文書局，1967 年。

80. 《靜嘉堂祕籍志》，日本河田熊編，日本大正六年靜嘉堂排印本，1917 年。

81. 《日本宮內省圖書寮漢籍善本書目》，宮內省圖書寮出版社，1930 年。

82. 《管子》，春秋管子撰，唐尹知章注，世界書局，1955 年。

83. 《老子》，春秋老子撰，魏王弼注，新興書局，1959 年。

84. 《莊子》，戰國莊子撰，唐成玄英疏，清郭慶藩集釋，世界書局，1962 年。

85. 《孫子》，春秋孫武撰，中華書局，1965 年。

86. 《荀子》，戰國荀子撰，唐楊倞注，清王先謙集解，世界書局，1962 年。

87. 《韓非子》，戰國韓非撰，清王先慎集解，世界書局，1962 年。

88. 《呂氏春秋》，秦呂不韋撰，漢高誘注，藝文印書館，1959 年。

89. 《淮南子》，漢劉安撰，漢高誘注，世界書局，1955 年。

90. 《說苑》，漢劉向撰，世界書局，1962 年。

91. 《論衡》，漢王充撰，世界書局，1955 年。

92. 《白虎通》，東漢班固撰，藝文印書館百部叢書集成本，1968 年。

93. 《獨斷》，東漢蔡邕撰，藝文印書館百部叢書集成本，1965 年。

94. 《琴操》，東漢蔡邕撰，藝文印書館百部叢書集成本，1967 年。

95. 《神異經》，漢東方朔撰，藝文印書館百部叢書集成本，1967 年。

96. 《山海經》，晉郭璞注，新興書局，1962 年。

97. 《拾遺記》，前秦王嘉撰，藝文印書館百部叢書集成本，1966 年。

98. 《玉燭寶典》，隋杜臺卿撰，藝文印書館百部叢書集成本，1965 年。

99. 《歷代名畫記》，唐張彥遠撰，臺灣商務印書館，1966 年。

100. 《困學紀聞》，宋王應麟撰，清翁元圻注，世界書局，1963 年。

101. 《日知錄》，清顧炎武撰，世界書局，1962 年。

102. 《稱謂錄》，清梁章鉅撰，清光緒甲申年刻本，1884 年。

103. 《藝文類聚》，唐歐陽詢等撰，新興書局影印宋刊配補明刊本，1960 年。

104. 《北堂書鈔》，唐虞世南撰，文海出版社，1962 年。

105. 《初學記》，唐徐堅等撰，臺灣師範大學圖書館藏明嘉靖十年錫山安國桂坡館刊本，1531 年。

106. 《太平御覽》，宋李昉等撰，臺灣商務印書館影印宋蜀刻本，1968 年。

107. 《文苑英華》，宋李昉等撰，華文書局影印明隆慶元年胡維新等福建刊本，1965 年。

108. 《冊府元龜》，宋王欽若等撰，中華書局影印明崇禎十五年黃國琦刊本，1967 年。

109. 《事物紀原》，宋高承撰，藝文印書館百部叢書集成本，1967 年。

110. 《華嚴經音義》，唐釋慧苑撰，藝文印書館百部叢書集成本，1965 年。

111. 《楚辭章句》，漢王逸章句，藝文印書館，1967 年。

112. 《宋本六臣注文選》，唐李善、呂向、劉良，張銑、呂延濟、李周翰六家注，廣文書局，1964 年。

113. 《徐孝穆集》，陳徐陵撰，清吳兆宜箋注，新興書局四部集要本，1959 年。

114. 《陳後主集》，陳陳後主撰，國家圖書館藏明崇禎年間太倉張氏原刊本。

115. 《沈侍中集》，陳沈烱撰，國家圖書館藏明崇禎年間太倉張氏原刊本。

116. 《江令君集》，陳江總撰，國家圖書館藏明崇禎年間太倉張氏原刊本。

117. 《漢魏六朝百三名家集》，明張溥，明崇禎年間太倉張氏原刊本。

118. 《全上古三代秦漢三國六朝文》，清嚴可均輯，世界書局影印清光緒二十年黃岡毓藻刊本，1963 年。